U0949621

2021 山东网络视听蓝皮书

山东省广播电视局　山东大学新闻传播学院　编

山东大学出版社
SHANDONG UNIVERSITY PRESS
·济南·

图书在版编目(CIP)数据

2021 山东网络视听蓝皮书 / 山东省广播电视局，山东大学新闻传播学院编. —济南：山东大学出版社，2022.2
ISBN 978-7-5607-7404-6

Ⅰ. ①2… Ⅱ. ①山… ②山… Ⅲ. ①互联网络—视听传播—研究报告—山东—2021 Ⅳ. ①G206.2

中国版本图书馆 CIP 数据核字(2022)第 056546 号

策划编辑 谭婧婺
责任编辑 滕希功
文案编辑 谭婧婺
封面设计 王秋忆

出版发行 山东大学出版社
社　　址 山东省济南市山大南路 20 号
邮政编码 250100
发行热线 (0531)88363008
经　　销 新华书店
印　　刷 山东和平商务有限公司
规　　格 720 毫米×1000 毫米 1/16
　　　　 16 印张 272 千字
版　　次 2022 年 2 月第 1 版
印　　次 2022 年 2 月第 1 次印刷
定　　价 98.00 元

《2021山东网络视听蓝皮书》编辑人员

主　　编　李昌文

副 主 编　刘国华　刘明洋

执行主编　李广昌　许翠兰　孙晓翠

编　　辑　（以姓氏笔画为序）

刘　聪　许　丽　牟　珂　李玉建　李丹阳

沙　金　孟　丽　胡学蕾　郭亚丹　唐锡光

曹改革　路　鹏　戴元初

前言

为服务支撑国家《"十四五"规划纲要》中"推动媒体深度融合，做强新型主流媒体"的国家战略，推动我省网络视听行业可持续、高质量发展，山东大学新闻传播学院受山东省广播电视局委托，开展山东省网络视听发展的研究项目，形成这本《2021山东网络视听蓝皮书》。

山东大学新闻传播学院课题组由刘明洋教授牵头，课题组成员包括山东大学新闻传播学院其他教授和硕博士生等二十余人。为确保课题成果的学术性和权威性，课题组邀请国家广播电视总局、山东省广播电视局、中国人民大学、复旦大学等主管部门和高校的领导同志及学者组建专家团队，对课题项目给予全方位、系统性指导。

整个项目实施历时约一年，课题组期间深入山东省济南、青岛、烟台、潍坊、临沂和济宁等市网络视听机构开展广泛实地调研，同时也采取网络问卷调研、专家访谈等研究方法进行调研。

《2021山东网络视听蓝皮书》采取"总—分—总"的体例结构：一是对全国包括山东在内的网络视听整体发展状况进行调研；二是基于产业链视角，从重点机构、从业者、精品生产和用户四个维度，调研山东省网络视听具体发展状况；三是结合以上调研内容，对山东省网络视听发展提出提升策略建议。其主要内容涵盖山东省网络视听发展成果、发展困境及未来发展趋势，力求通过多角度、全方位的数据、案例及对其的梳理、总结分析，综合反映山东省网络视听发展现状。

受多方原因影响，《2021 山东网络视听蓝皮书》在调研内容上侧重市级广播电视台、区县融媒体中心等主流媒体的网络视听发展，民营企业和平台机构等涉及较少。如有不妥和未尽之处，还请各位读者包涵并不吝指正。

衷心感谢山东省网络视听节目服务行业协会、各调研机构对《2021 山东网络视听蓝皮书》的指导和支持，并对广大网络视听工作者表示最为诚挚的敬意！

课题组

2021 年 11 月

目 录

全国网络视听三年(2018～2020年)发展报告

康培培　张晶　杨雅童*

2018～2020年,我国网络视听蓬勃发展,网络视听用户规模及网民使用率总体呈增长态势。2021年6月2日,中国网络视听节目服务协会发布的《2021中国网络视听发展研究报告》显示,截至2020年12月,我国网络视听用户规模达9.44亿,较2020年6月增长4321万,网民使用率为95.4%。泛网络视听领域市场规模超6000亿元,较2019年增长32.3%。① 2019年8月,国家广播电视总局官网发布的《关于推动广播电视和网络视听行业高质量发展的意见》提出:"到2025年,广播电视和网络视听内容创作生产更加繁荣,作品质量更加精良,不断推出更多符合新时代要求,既能在思想上、艺术上取得成功,又能在市场上受到欢迎的精品佳作。"②

一、发展概况

当前,以5G、人工智能、虚拟现实等为代表的新一代信息技术向网络视听领域加速渗透,为网络视听领域带来不少新变化,即更加沉浸式的体验,更加智能化的交互,更具创意、更具传播力的内容。网络播放平台从电脑端

* 康培培,山东大学新闻传播学院2020级博士生;张晶、杨雅童,山东大学新闻传播学院2020级硕士生。

① 参见中国网络视听节目服务协会:《2021中国网络视听发展研究报告》,2021年6月,http://www.cnsa.cn/module/download/down.jsp? i_ID=27774&colID=1589。

② 《总局印发〈关于推动广播电视和网络视听行业高质量发展的意见〉的通知》,2019年8月19日,http://www.nrta.gov.cn/art/2019/8/19/art_113_47132.html。

延伸到手机、平板电脑、投影、户外/电影超大屏，内容创作者从简单的用户生产内容（User Generated Content，UGC）发展成为网络综艺、网络电影、纪录片、短视频、互联网音频、二次元内容、影游联动内容等专业生产内容（Professional Generated Content，PGC）。

我国逐步注重加强网络视听节目精品创作，网络视听节目和短视频快速发展。互联网视听技术的演进正驱动着高质量内容的生产，通过实现技术和内容的完美融合，更好地满足人民的精神文化需要。

国家广播电视总局《2020 年全国广播电视行业统计公报》显示，2020 年持证及备案机构网络视听收入①持续快速增长。573 家持证机构及 70 家备案机构的网络视听收入达 2943.93 亿元，同比增长 69.37%。其中：用户付费、节目版权等服务收入大幅增长，达 830.8 亿元，同比增长 36.36%；短视频、电商直播等其他收入增长迅猛，达 2113.13 亿元，同比增长 87.18%。2020 年全国互联网音视频节目增量 2.2 亿小时，其中获得上线备案号重点网络电影 745 部、网络剧 211 部、网络动画片 112 部、网络纪录片 25 部、网络综艺 251 部。推出《毛驴上树》《中国飞侠》等网络视听作品，丰富人民群众精神文化生活。② 加强网络视听节目精品创作，网络视听节目和短视频快速发展。

国家广播电视总局《2019 年全国广播电视行业统计公报》显示，2019 年持证及备案机构网络视听收入 1738.18 亿元，同比增长 111.31%，其中广播电视机构网络视听收入 152.82 亿元，同比增长 49.38%。在网络视听收入中：用户付费、节目版权等服务收入增长迅猛，达 609.28 亿元，同比增长 172.07%；短视频、电商直播等其他收入大幅增长，达 1128.9 亿元，同比增长 88.58%。持证及备案机构网络视听收入持续增长，已经成为广播电视行业发展的生力军。全国持证及备案的 620 家网络视听服务机构新增购买及自制网络剧 1911 部，同比下降 10.41%。其中：新增自制网络剧 498 部，同比下降 16.02%；网络视听机构用户生产上传节目（UGC）存量达到 16.73 亿，同比增长 61.64%；网络视听付费用户达 5.47 亿户。加强网络视听节目精

① 网络视听收入指网络视听机构开展与互联网视听相关业务的各项收入，包括网络视听节目服务收入（版权收入、用户付费收入等）、其他网络视听收入（短视频、电商直播等）。

② 参见国家广播电视总局：《2020 年全国广播电视行业统计公报》，2021 年 4 月 19 日，http://www.nrta.gov.cn/art/2021/4/19/art_113_55837.html。

品创作,坚持网上网下统筹建设和管理。[①]

国家广播电视总局《2018年全国广播电视行业统计公报》显示,2018年,网络视听节目服务收入[②] 223.94亿元,比2017年(142.98亿元)增长56.62%。其中:用户付费收入187.96亿元,比2017年(112.75亿元)增长66.71%;节目版权收入29.4亿元,比2017年(21.99亿元)增长33.7%,网络视听节目服务成为行业发展新的增长点。网络视听节目服务繁荣发展,内容创作持续活跃,服务模式不断创新,影响力与日俱增,行业规模继续扩大。网络视听付费用户规模达3.47亿人,比2017年(2.8亿人)增加0.67亿人,同比增长23.93%,付费用户群体不断扩大,消费习惯逐步形成。网络视听机构新增购买及自制网络剧2133部,与2017年基本持平。其中:新增自制网络剧593部,比2017年(409部)增加184部,同比增长44.99%;网络视听机构用户生产上传节目(UGC)存量达到10.35亿,比2017年(8.36亿)增加1.99亿,同比增长23.8%。[③]

2018～2020年网络视听收入对比见图1。

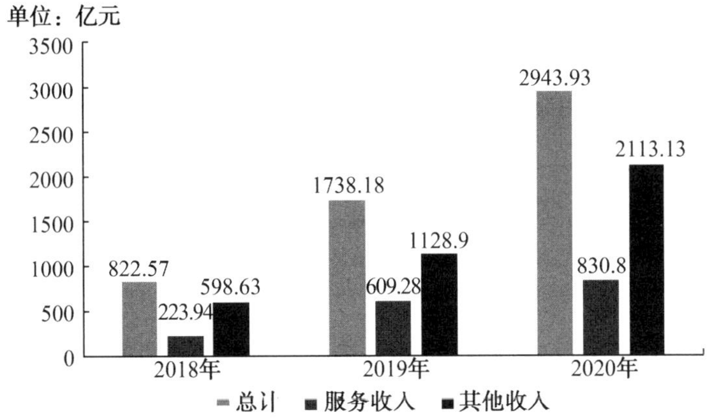

图1　2018～2020年网络视听收入对比

资料来源:国家广播电视总局:《2018年全国广播电视行业统计公报》,2019年4月23日,http://www.nrta.gov.cn/art/2019/4/23/art_113_42604.html。

① 参见国家广播电视总局:《2019年全国广播电视行业统计公报》,2020年7月8日,http://www.nrta.gov.cn/art/2020/7/8/art_113_52026.html。

② 网络视听节目服务收入为网络视听节目服务机构开展与互联网视听节目服务相关业务的各项收入之和,包括版权收入、用户付费收入及其他相关收入等。

③ 参见国家广播电视总局:《2018年全国广播电视行业统计公报》,2019年4月23日,http://www.nrta.gov.cn/art/2019/4/23/art_113_42604.html。

2018～2020 年网络视听收入用户规模对比见图 2。

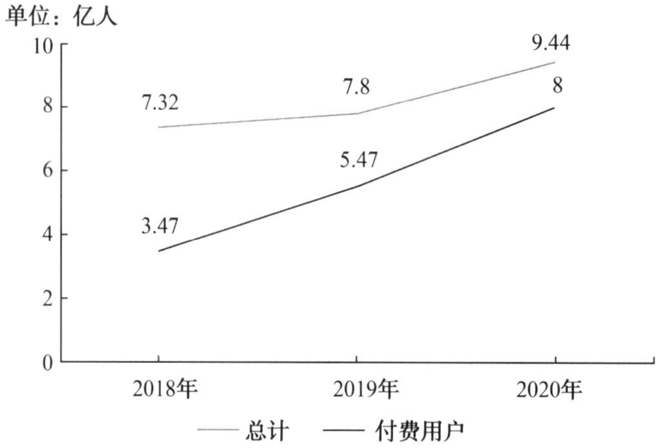

图 2　2018～2020 年网络视听收入用户规模对比

资料来源：中国网络视听节目服务协会《2021 中国网络视听发展研究报告》、国家广播电视总局 2018～2020 年《全国广播电视行业统计公报》。

二、指标分析

随着网络视频用户增长速度放缓，人口红利逐渐消失，加强生态布局成为主要网络视听平台挖掘既有用户价值、延伸作品及产品长尾效应的重要战略。

（一）产业指标

网络视听行业正在由高速增长阶段走向高质量发展新阶段，产业规模不断壮大、活力进一步释放。用户继续保持增长，截至 2020 年 12 月，网络视听用户规模达到 9.44 亿，占网民整体的 95.4%。① IPTV 总用户数超过 3 亿，同比增长 6.9%；互联网电视终端激活规模达 2.6 亿台，同比增长 21%，覆盖用户超过 6.1 亿人。有的视听平台付费会员数已经过亿，发展模式更加丰富。② 接下来将从宏观、中观和微观三个层面来做具体分析。

① 参见中国网络视听节目服务协会：《2021 中国网络视听发展研究报告》，2021 年 6 月，http://www.cnsa.cn/module/download/down.jsp? i_ID=27774&colID=1589。

② 参见聂辰席：《坚持守正创新赋能美好生活　推动网络视听持续健康发展——在第八届中国网络视听大会上的主旨演讲》，《中国有线电视》2020 年第 11 期。

1.以市场和资本运作实现生态战略布局

商业网络视听平台以投融资的形式积极布局网络直播、游戏、动漫等新兴领域。鲸准洞见公布的数据显示，文娱行业的投资数自2016年(2635起)以来呈逐年下降趋势。IT桔子数据显示，截至2020年12月共有318家公司获得共计367.77亿元的投资。视听领域仍保持较高的投资活跃度，出现腾讯投资虎牙直播、新华网战略投资梨视频、小米集团战略投资蜻蜓FM等多起投资事件。IT桔子数据统计显示，2020年仅视频/直播电商等领域的投融资事件便达52起，占总投资金额约20%。围绕网络视听内容的生态布局，仍然是资本市场的投资热点。

2.积极推进长短共融和大小屏共生的生态布局

一是传统长视频平台纷纷发力短视频，爱奇艺、优酷、腾讯三家均已布局短视频业务。2020年初，腾讯视频为内容创作者打造独立账号体系“腾讯视频号”，集各方优势资源助推短视频业务；2020年4月，爱奇艺上线“随刻”App，与爱奇艺App形成长短视频的战略协同；2020年6月，优酷以双瀑布流形式在首页下方“推荐”版块呈现短视频等专业用户生产内容(Professional Generated Content＋User Generated Content，PUGC)，加强长短互促的内容布局。

二是短视频平台大力进军长视频领域，在影视、短剧等方面均有发力。2020年初，北京字节跳动科技有限公司(以下简称“字节跳动”)重金获得电影《囧妈》网络版权并免费首映，加强长视频市场布局。旗下西瓜视频通过购买、自制等方式进入长视频竞争赛道，并与BBC Studio、Discovery Channel等合作增强内容竞争力。快手专设小剧场，收录超2万部短剧，其中播放量破亿的剧集超2500部，显示出强劲发展势头。

三是中视频、微剧、微综艺等融合长短视频优势的产品形态日渐兴起，成为各平台重点布局的新领域。随着5G商用的快速推进，时长覆盖1～30分钟的中视频迎来更广阔的发展空间。以深耕中视频较早的哔哩哔哩为例，其董事长陈睿在2021年世界互联网大会乌镇峰会发表演讲说到，目前B站月均活跃用户达2.37亿，每个月活跃着超240万创作者，创作出840万条视频。面对新的风口，短视频平台抖音和快手在2020年均开放了5～10分钟或更长的视频时长，长视频平台爱奇艺、腾讯视频、优酷等也纷纷布局中视频“赛道”。

四是强化对互联网电视的布局，长视频主战场呈现向大屏回归态势。奥维互娱相关数据显示，2020 年中国 OTT 激活总规模约 3 亿台，其中智能电视激活量约 2.5 亿台，OTT 盒子激活量约 5000 万台，为视听服务回归大屏奠定了技术条件基础和用户规模基础。平台数据显示，2020 年初，用户在互联网电视上消费爱奇艺的总时长超过手机；“十一”期间，互联网电视上消费爱奇艺的总时长超过了手机加平板电脑。在观看网络电影方面，优酷于 2021 年 1 月发布的《2020 年度优酷网络电影数据报告》显示，其互联网电视端的用户占比为 31.5%，同比增长 32%；移动端用户则同比减少近 11%。随着 5G 的规模应用，超高清、3D 立体声、互动技术等飞速发展，大屏幕与长视频的天然适配性日益增强，电视大屏正成为视听平台新的布局重点。

3.商业模式更加成熟多元

一是会员付费人数和收入稳步提升。付费收入和广告收入是长视频平台的主要营收。2020 年，受疫情及经济大环境影响，视听平台的广告业务普遍下降，但会员营收持续向上。据各家机构财报，截至 2020 年底，爱奇艺的总会员数为 1.017 亿，腾讯视频的会员人数达到 1.23 亿，芒果超媒有效会员数超过 3600 万，比 2019 年(1837 万)翻了一番。随着超前点播、分层会员服务等探索日益普遍，付费收入在总收入中的占比也日渐提高。以爱奇艺为例，“迷雾剧场”收官当季，会员付费收入在平台总收入中的占比达到 56%。此外，“银发群体”成为会员拉高新的增长点。中国互联网络信息中心(China Internet Network Information Center，CNNIC)第 47 次《中国互联网络发展状况统计报告》数据显示，截至 2020 年 12 月，50 岁以上网民群体占比由 2020 年 3 月的 16.9%提升至 26.3%，互联网进一步向中高龄人群渗透。在喜马拉雅平台，2020 年“60 后”付费人数同比增长 154%，增速超过其他所有年龄段。

二是围绕 IP 的生态开发更加成熟多元。2020 年，围绕线上 IP，进行实体经济投资和商业合作的案例日渐增多。如优酷围绕《这！就是街舞》拓展节目 IP，联动发力线下培训、比赛、衍生节目等，目前该 IP 开发的营业额已超过 2.35 亿元。哔哩哔哩以网络纪录片《人生一串》为 IP 布局官方授权烧烤连锁店，以动漫 IP 为核心布局实体书店，这些都成为很多青年人的打卡地标。2020年12月,芒果TV旗下视频内容电商平台"小芒"App开启公测,主要提供以短视频为主的内容创作分享和以推荐种草为特色的电商购物平台功能,以期形成"视频＋内容＋电商"式的全新视频内容电商模式。

(二)内容指标

全国网络视听行业逐步呈现以影视内容为核心、衍生内容为辅助的视听生态,布局日益成熟。内容、平台和品牌的深度联合,正推动大视听产业的形成。

1.短视频成为网络视频行业发展的生力军

中国网络视听节目服务协会发布的《2021中国网络视听发展研究报告》显示,短视频在2020年网络视听行业市场构成中占比最高,达34.1%;增速最快,同比增长57.5%。2018年起,短视频快速兴起并逐步走向主流,加速了媒体生态变革。《2019中国网络视听发展研究报告》指出,2018年短视频在用户日均使用时长上首次反超长视频,对新增网民的拉动作用最为明显。从用户构成上来看,短视频忠实用户主要为"90后""00后",用户群体主要集中分布在二、三、四线城市,忠实用户在五线城市占比较高。从性别分布上来看,短视频忠实用户性别占比中,男性占比高于女性。此外,高收入、高学历群体对短视频的使用率增长迅速。优质短视频内容可以满足人们的兴趣需求,尤其由算法助推的短视频内容已经成为用户的时间"杀手",不断延长其短视频使用时长。

《2019中国网络视听发展研究报告》指出,未来一年即2020年人们使用短视频平台主要是为了娱乐,其次是出于社交、记录生活、购物、获得信息等需求。移动互联网接入后,网络信息呈现"短、平、快"的特点。"文字＋图片"的方式已经无法满足用户需求,加之其碎片化时间的增多,短视频应运而生。短视频移动化、碎片化、社交化、低门槛的特性满足了用户放松休闲、信息获取、社交互动、自我表达的需求。未来随着技术和硬件设备的进一步发展,短视频将成为网络视听行业发展的生力军。

2.网络直播、综艺带货及"直播＋"构建行业发展新动能

《2018～2019中国在线直播行业研究报告》显示,"直播＋"主要包括"直播＋电商""直播＋电竞""直播＋音乐""直播＋公益"四个方面。在用户红

利消失之后，直播平台发展进入下半场，“直播＋”优质内容建设直播生态体系建设成为新的突破口。“直播＋”模式可以推动直播平台与其他行业进行合作，促进平台内容创新和产品创新，为直播平台带来新的增长点。例如，斗鱼直播与京东合作推出“斗鱼剁手趴”、快手举办“快手卖货节”、微视携手虎牙直播举办电竞直播赛事、直播平台推出音乐选秀节目、花椒直播助力贫困村县脱贫等活动，都在一定程度上推动了网络直播行业进一步发展。[①]

2020 年 11 月，国家广播电视总局发布的《关于加强网络秀场直播和电商直播管理的通知》，进一步明确了电商直播等新兴业态的管理归属，强调管建同步的同时鼓励电商平台组织主题活动助力“经济发展、民生改善、脱贫攻坚、产业升级和供需对接”。这是从监管层面，对 2020 年井喷式发展的电商直播做出明确回应。

网络直播带货，构建行业新发展格局的新动能。作为网络直播与电子商务两种新兴互联网业态的强强联合，直播电商具有较强的经济属性。《天眼查大数据：电商行业企业数据报告（2020）》显示，截至 2020 年 10 月，我国新增直播相关企业超过 2.8 万家，为 2019 年全年新增数量的 5 倍。[②]

央视频“搭把手　为爱买买买”大型融媒体公益直播活动、芒果 TV“芒果扶贫云超市”等彰显主流媒体影响力，为网络直播带货赋予更多的价值寓意。相关商业视听平台在行业主管部门的指导下扶贫扶智，让贫困地区的人民搭上网络视听行业快速发展的列车。快手在全国 30 余个县城推出“百城县长　直播助农”活动，开设 160 余场直播，销售金额近 2 亿元；淘宝开展“村播计划”，累计举办 160 余万场公益直播，覆盖 2200 个县域，带动农产品销售 60 亿元。[③] 这些网络直播活动，不仅实现了社会效益与经济效益的有机统一，也为网络视听行业发展培育了新的增长极。

网络综艺带货——视听行业商业模式创新的新举措。国家广播电视总

---

① 参见艾媒咨询：《2018～2019 中国在线直播行业研究报告》，2019 年 1 月 23 日，https://www.iimedia.cn/c400/63478.html。

② 参见《天眼查大数据：电商行业企业数据报告（2020）》，2020 年 11 月 16 日，https://baijiahao.baidu.com/s? id=1683493005313522545&wfr=spider&for=pc。

③ 参见《国家广播电视总局多措并举助力消费扶贫》，2020 年 7 月 7 日，http://www.nrta.gov.cn/art/2020/7/7/art_114_52016.html。

局监管中心数据显示,2020年全网共上线播出《爆款来了2》《鹅外惊喜》《奋斗吧主播》《爆款星主播》《你的带货王2020》《来自手机的你》等9档网络带货综艺。这些节目在形式上兼具娱乐性和互动性,把商品售卖与综艺内容巧妙融合,为网络综艺的商业模式创新带来了新思路。

可以预期,无论是网络直播带货还是网络综艺带货,都将推动"人""场""物"结合的商业模式成为网络视听行业新的增长极,推动行业形成会员收入、广告收入、版权收入、销售收入并存的多元商业格局。这或许帮助主要视听平台终结连年亏损的状态。

3.付费用户数量逐年提升,网络音视频成为网络视听付费主力军

近年来,付费内容渐渐被网民接受,主流音视频网站付费用户数量呈增长趋势。《2019中国网络视听发展研究报告》显示,流媒体的主要收入是广告收入和会员收入。近几年广告收入在总收入中的占比基本持平,但会员收入逐年上涨成为视频平台的重要盈利点。以爱奇艺为例,早在2018年10月,会员收入已经成为爱奇艺最大的收入来源。从财报内容看,付费用户对头部内容有着较强的依赖,对视频平台的内容生产和呈现提出更高的要求。根据《2021中国网络视听发展研究报告》公布的数据,2020年有45.5%的用户曾为网络视频节目付费。优质内容、免广告是用户付费的主要原因,而连续包月、单月付费、超前点播是最常用的付费形式。

许多网络音频平台积极在付费内容方面布局,通过打造IP等方式进行内容输出。有声阅读市场发展迅速,用户付费意愿强烈,成为继知识付费之后网络音频行业又一个重要的盈利增长点。随着网络音频用户规模的不断加大,行业受众结构发生巨大改变:30岁以下的年轻群体成为网络音频消费的主力军。为满足年轻人的消费喜好,网络音频内容将越来越多元化。在内容上,新闻资讯、人文历史、情感生活、休闲娱乐、二次元等将更加丰富;在形式上,有声书、广播剧、有声电影、脱口秀等将全面呈现。

(三)用户指标

简单来说,多频道网络(Multiple Channel Network,MCN)就是一种网红经济运作模式,是多频道网络机构公司将专业生产内容(Professional Generated Content,PGC)联合起来形成的网红矩阵。2018年,中国短视频

MCN 机构数量超过 3000 家。但数据显示，2018 年只有 29.5%的短视频 MCN 机构实现获利，有近一半 MCN 机构尚未获利。短视频平台补贴的缩减使得 MCN 机构变现的问题越发凸显。

1.用户倾向“小微短”，互动视频暴增凸显用户需求

为了适应网民快节奏、碎片化的使用习惯，网络视听内容进一步朝着短小精悍的趋势演进，时长较短的微剧、中视频和集数较少的短剧都有新发展。网络剧的内容更精练，叙事更紧凑。2020 年上线的网络剧中，83%(192 部)的作品单部集数在 30 集以内，35%(80 部)的作品单部集数在 12 集以内。10 分钟以内的微短剧也日渐兴起，如快手的“快手小剧场”收录短剧已超 20000 部，其中播放量破亿的短剧超 2500 部。① 网络视听行业还充分利用互联网的强交互特点，加入互动功能，提高节目的趣味性和观众的参与感。如网络剧《龙岭迷窟之最后的搬山道人》加入分支选项、动作模拟等多种互动玩法，共有 6 个支线结局；网络综艺《我＋》融合影视剧、互动游戏及综艺等多种元素。但从实际发展情况看，互动视频的市场尚在孕育，整体呈现出概念较热、实践较少，观望者多、入局者谨慎的特点。

2.网剧日益走入用户主流评价体系

2020 年，网络视听行业把精品创作摆在了更加重要的位置。行业主管部门进一步夯实内容引导和扶持举措，围绕脱贫攻坚、抗“疫”、抗战、抗美援朝等主题，加大重点视听内容选题规划指导力度，取得了不俗成绩。② 网络视听机构积极转变创作态度，更加自觉肩负社会责任，积极关照社会现实，创作了一批映照现实、讴歌时代、贴近生活、倡导正能量的精品之作，在艺术性、社会反响、市场认可度方面都实现较大突破。网络视听内容逐渐受到权威奖项的认可，上海电视节白玉兰奖、中国电视剧飞天奖、中国电视金鹰奖等传统上针对电视节目的奖项逐步将网络视听节目纳入评选范围。如第 26 届白玉兰奖的 10 部“最佳中国电视剧”入围名单中，就有《破冰行动》《长安十二时辰》《庆余年》《鬓边不是海棠红》4 部网络剧，网络纪录片《但是还有书

① 参见钟新平：《2020 网络剧发展概览：精品化趋势明显，短剧崛起》，2021 年 2 月 24 日，https://lmtw.com/mzw/content/detail/id/198231。

② 参见赵京文：《生产结构优化、网生特色凸显，网络视听内容发展新态势》，2021 年 2 月 28 日，https://www.sohu.com/a/453229872_120044757。

籍》获得第30届金鹰奖“最佳电视纪录片”。

(四)技术指标

网络视听行业的发展离不开技术的创新。随着移动互联网的不断发展,媒介技术和媒介形态逐渐从网络化、数字化向智能化演进。视频平台利用大数据技术,分析用户对内容、对主创的选择偏好,为整个拍摄和制作过程提供准确的数据参考,在自制内容上发挥了巨大优势。在节目形态创新上,越来越多的综艺节目加入人工智能元素,如优酷的自制综艺《这!就是铁甲》、爱奇艺的《机器人争霸》等。

当前,不管是主流视频平台,还是以抖音、快手为代表的短视频平台以及网络直播、网络音频平台,均采用了算法推荐技术,依靠大数据获取“千人千面”的个性化信息,满足用户不同的内容偏好。在网络视听内容的审核方面,人工智能技术毫无疑问提升了审核的准确性和效率,解决了部分依靠劳动力去做重复性工作的问题。同时,新技术也将助力品牌营销,各平台可利用大数据精准获取用户需求,利用人工智能和虚拟现实技术搭建逼真的营销场景,实现传播效果最大化。

三、整体特点

习近平总书记指出,互联网是一个社会信息大平台,亿万网民在上面获得信息、交流信息,强调要把网上舆论工作作为宣传思想工作的重中之重来抓。我们要深入学习领会习近平总书记的重要论述,深刻认识网络视听在舆论格局中的重要地位和作用,自觉担当宣传引导之责,把准方向导向、传播主流舆论、凝聚思想共识,巩固壮大网络视听宣传新阵地。

(一)唱响时代旋律,为巩固壮大主流思想舆论赋能

要聚焦主题主线,努力做强网上正面宣传。继续深化网络视听“首页首屏首条”建设,用心用情用功宣传习近平总书记的重要思想和活动。特别是要发挥网络视听的独特优势,瞄准年轻一代,不断把习近平新时代中国特色社会主义思想的宣传阐释引向深入。全方位、多层次、立体化展现新时代脱贫攻坚的伟大创举,展现中国共产党领导中国人民不懈奋斗的伟大历程、伟大成就、伟大经验。

全国网络视听媒体要继续紧扣重要时间节点，坚持一体化统筹、结构化编排，有步骤、有重点地开展系列宣传，做到亮点聚合、高潮迭起，形成正面宣传的强大声势。网络视听受众多、影响大，网络视听机构必须增强责任意识，坚持“正能量是总要求”，不断创新改进网上宣传。要遵循新闻宣传规律和网络传播规律，发挥互动性、浸入式、智能化等特点，推进宣传理念、内容、形式、方法、手段创新，把握“时、度、效”，增强宣传的权威性、时效性、针对性和吸引力、感染力。主流媒体要发挥引领作用，向互联网汇集、向移动端倾斜，打通“两个舆论场”，以正面声音引领多元多样多变的网上舆论，用网民喜闻乐见的方式宣传主流价值，彰显时代精神，引领道德风尚，让党的主张始终成为网络空间最强音，构建网上网下同心圆。①

（二）监管力度逐步加强，行业内容规范日益形成

为进一步规范网络视听节目的传播秩序，2018 年 3 月 16 日，国家新闻出版广电总局办公厅下发《关于进一步规范网络视听节目传播秩序的通知》，提出以下四点要求：坚决禁止非法抓取、剪拼改编视听节目的行为，加强网上片花、预告片等视听节目管理，加强对各类节目接受冠名、赞助的管理，严格落实属地管理责任。② 当前，我们正身处辉煌的新时代，比任何时期都需要视听影像作品去讲述、去反映、去呈现、去记录这个伟大时代。

（三）加强技术创新，为推动行业优化升级赋能

习近平总书记强调：“我国经济社会发展和民生改善比过去任何时候都更加需要科学技术解决方案，都更加需要增强创新这个第一动力。”③科技始终是网络视听发展的重要动力源。我们要顺应科技趋势，始终牢牢把握这一“先手棋”“牛鼻子”，不断向科技创新的广度和深度进军，努力形成整个视听行业的创新策源地，并深化行业融合发展。2020 年 9 月，中办国办印发了

① 参见聂辰席：《坚持守正创新赋能美好生活 推动网络视听持续健康发展——在第八届中国网络视听大会上的主旨演讲》，《中国有线电视》2020 年第 11 期。

② 参见国家新闻出版广电总局办公厅：《关于进一步规范网络视听节目传播秩序的通知》，2018 年 3 月 16 日，https://www.cnrmobile.com/home/newsdetail/id=313342。

③ 习近平：《在科学家座谈会上的讲话》，人民出版社 2020 年版，第 4 页。

《关于加快推进媒体深度融合发展的意见》[①](以下简称《意见》)。

为响应《意见》提出的“以先进技术引领驱动融合发展”的要求，要研究运用区块链、大数据等新技术，打通网络视听和广播电视之间、视听节目制作传播各环节之间的信息孤岛，并以此把网络视听媒体和广播电视媒体的优势有效结合起来，把两方面资源有效利用起来，推动内容生产、传播分发、技术应用、平台终端、运行管理等各个环节共享互通，形成竞合发展、共创共赢的良好局面。

为全力推进广电5G建设，中国广电网络股份有限公司已经正式成立。全国有线电视网络整合和广电5G建设一体化发展进入快车道，这是全行业的大事。要以5G应用为契机，深入研究探索5G条件下网络视听发展的新模式、新路径，加快推动有线无线卫星协同、共建共享共用，并与互联网互联互通、可管可控，加快构建新一代全媒体融合传播体系，强化技术支撑，催化融合质变。要促进行业迭代升级，网络视听在技术开发上有先天优势，对整个广电行业迭代升级起着先导性作用。要坚持需求导向和问题导向，加强对核心技术、基础技术、颠覆技术的前瞻性研究和布局，不断提升科技自主创新和应用能力。

要围绕人工智能、大数据、云计算、区块链、虚拟现实/增强现实(VR/AR)、全息、超高清视频等领域开展研发，大力推进原始创新、集成创新和应用创新，加快关键标准制定，努力占据制高点、掌握主动权。要促进创新链、产业链、价值链的深度融合，加快推进科研成果从实验室走向实践场，不断孵化创新项目和案例，不断为行业转型升级提供新动能。需要强调的是，技术是工具。我们要善于运用技术、改造技术，但绝对不能被技术所绑架。要始终坚持人文关怀与科技创新同向而行，充分发挥文化引领风尚的作用，让科技创新更有温度，不断增强人民群众的获得感、幸福感、安全感。[②]

---

① 《中共中央办公厅、国务院办公厅印发〈关于加快推进媒体深度融合发展的意见〉》，2020年9月26日，http://www.gov.cn/zhengce/2020-09/26/content_5547310.htm。

② 参见聂辰席：《坚持守正创新赋能美好生活　推动网络视听持续健康发展——在第八届中国网络视听大会上的主旨演讲》，《中国有线电视》2020年第11期。

四、现存问题

网络视听节目服务，是指制作、编辑、集成并通过互联网向公众提供视音频节目，以及为他人提供上载传播视听节目服务的活动。中国网络视听节目服务协会发布的《2021 中国网络视听发展研究报告》指出，我国泛网络视听市场规模在 2020 年已达 6009.1 亿元，成为我国网络娱乐产业的核心支柱。作为社会主义文化的重要组成部分与文化传播的重要载体，新时代网络视听在媒体深度融合的大背景下，虽在服务党和国家工作大局、实现高质量创新性发展中发挥重要作用，但也存在不少现实问题。

（一）网络视听内容“大而全”，亟须高质量发展引领带动

我国网络视频行业发展始于 2005 年。2005 年 4 月 15 日，土豆网正式上线，开启了中国网络视频时代。这一时期网络视频的生产以用户上传内容的 UGC 模式为主，视频平台仅承担管理者的角色。但由于 UGC 流量分散、宽带成本高，商业价值难以变现，并且版权侵权高频多发，平台逐步向以版权内容为主的长视频过渡。此时的网络视频平台主要将内容运营重点放在电影、电视剧、综艺节目、动画等长视频内容上，通过外部采买和自制，不断扩大长视频的内容储备和各类内容布局。随着移动互联网快速发展和智能终端的迅速普及，整个网络视频行业迎来了爆发式增长，视频内容能够触达到更多的用户，也能够占据用户更多的生活场景。同时，技术的发展让用户生产制作内容的门槛逐步降低，内容质量也更有保证。2016 年，以快手、抖音、秒拍等为代表的移动短视频平台崛起，短视频内容生产者团队也在平台推动下迅速壮大。加之垂类视频直播的纷纷崛起，网络视听行业发展到今天，已形成了长视频与“短视频+直播复合模式”的社交娱乐视频“双雄并进”的新格局。

“圈层时代”的来临要求我们对内容品类地图的管理更加垂直化、细分化，深入圈层文化中，引发圈层共鸣。除了用户的主动选择之外，视频平台在运营模式上的精细化与专业化，也显得尤为重要。面对千人千面，如何快速识别、挖掘并进行精准推送，是平台需要努力的方向。目前海量内容带给受众极大的满足，未来视频平台还需要在提供更为丰富、优质的高质量内容

方面继续发力。

(二)版权问题不断凸显

内容创作是影视节目发展的基石,对其版权的保护便至关重要。与长视频平台定位相同的“奈飞”(Netflix)之所以得以盈利,除了美国受众长期以来的付费习惯之外,还与美国严格的版权保护制度有关,其使得侵犯长视频版权的行为较为罕见。

在我国,短视频版权侵权现象仍较为普遍。根据相关版权监测机构发布的数据,2019年到2020年10月,在国内上映的136部院线电影,共监测到短视频侵权链接6.42万条。热播和经典电视剧(包括网络剧)方面,《甄嬛传》《亮剑》等热门电视剧短视频侵权量分别达到26.11万条、17.67万条,独家原创作者被侵权率高达92.9%。热门影视剧、综艺节目、体育赛事都已成为短视频侵权重灾区。

随着5G时代的来临,短视频产能将进一步释放。法律规范、行业准则、短视频创作相关约束条款需要进一步完善,以合力净化、优化短视频平台和公众账号生产运营者的版权环境,形成“先授权后使用”的良性网络视频版权生态。

(三)娱乐碎片化倾向明显

《2020中国网络视听发展研究报告》显示,短视频人均单日使用时长增幅显著。2018年下半年,短视频应用的日均使用时长超过综合视频应用,成为网络视听应用领域之首。截至2020年6月,短视频以人均单日110分钟的使用时长超越了即时通信。

相对于长视频,短视频更多通过内容的丰富性和社交性吸引特定的受众。其生产门槛更低,内容往往是不具备情节的生活场景和个人才艺。以算法带来的定制化内容吸引用户,呈现出更加强大的娱乐化属性,体现碎片娱乐的特点。

虽然短视频适应了空闲时间少的短暂需求,但是从数据中看,在其中所消耗的时间却并不短暂,容易形成非理性依赖。长此以往,于用户而言,其高度的互动性和参与性容易使其脱离现实空间,降低其思考能力和批判能力。

（四）商业模式陈旧，网络视听盈利模式需要创新

目前，我国网络视听的商业模式依然比较陈旧，主流视频网站除广告、付费、流量变现、版权分销、会员增值服务等，一直未开发出行之有效的、更新的商业模式。2021 年 9 月，视频平台 VIP 会员服务和超前点播机制引发社会热议，不少消费者对平台满含套路的操作表示质疑和不满。对此，中国消费者协会曾发表观点，视频平台 VIP 服务应依法合规、质价相符。视频平台贴合用户需求，提供 VIP 会员服务，应当尊重广大消费者；超前点播重自愿，逐集限制要取消，广告特权应保障，计费规则要公平。

“超前点播”模式目前在行业内仍处于“野蛮生长”阶段，收费规则存在隐蔽化、自制化问题，行业内对点播的内容和形式尚没有统一的收费标准和管理条例，这都给各大视频平台提供了更大的操作空间与攫利机会。即使用户愿意选择向视频网站付费，会员、超级会员、超前点播等层出不穷的付费内容还是让不少观众产生逆反心理，容易导致盗版内容流传，两败俱伤。目前，爱奇艺、腾讯视频等主流视频网站已取消付费超点服务。在新的技术革命背景下，网络视听行业的全新商业模式仍待探索。视频内容本身是否具备吸引力，才是一众长视频平台能否长远可持续发展的关键。

五、发展趋势

新时代网络视听在媒体深度融合的大背景下稳步发展。伴随着行业发展大趋势，其将面临在提升中国文化对外传播效能、加强舆论主阵地、注重“科技＋文化”及与其他行业从“相加到相融”方面的深层变革。

（一）讲好中国故事，不断提升中国文化的传播力和影响力

中国网络视听内容凭借独特的美学价值、文化内涵、传播特点为全球用户带来丰富的视觉体验，也为国际内容市场注入活力，其海外营销、发行、放映渠道不断拓宽。在中国网络视听内容规模化国际传播的同时，我们也应注意到，由于对国际市场规则和用户需求缺乏了解，加之文化差异等因素的制约，中国网络视听内容的传播效果还存在很多不尽如人意的地方。

未来，网络视听行业要坚定文化自信，挖掘人类共同精神追求和价值理念，探求中国内容与全球用户在情感上的共同点和共通点，向世界展示真

实、立体、全面的中国。网络视听内容创作要关注现实、关注人民、关注生活，融入公益、融入文化、融入价值观，要主动引领方向、传承历史、传播文化、展现形象，生产出反映时代最强音的网络视听精品。

(二)网络视听主阵地的战略地位将进一步加强，高质量内容不断呈现

未来，以网络剧、网络综艺、网络电影、网络动画片、网络纪录片、网络专题节目为代表的网络视听节目形态，以短视频、网络直播、互动视频、VR视频等为代表的网络视听新兴业态，将在贯彻落实“举旗帜、聚民心、育新人、兴文化、展形象”的使命任务中扮演更重要的角色，在推动主流舆论格局中发挥更重要的作用。这意味着网络视听行业管理将不断落实落细，内容治理将不断精细精准，网上网下同一标准的机制将进一步完善，网络视听平台的主体责任将进一步增强。

根据党的十九大报告“打造共建共治共享的社会治理格局”的要求，网络视听的良性发展不可能仅依靠政府的单向努力便可达成，秩序与效益功能之间的合理互构需要社会各个层面的参与。网络视听的环境随着技术发展与市场需求呈现出越来越明显的复杂性和灵活性，政府、网络视听平台、行业协会和受众自身均应积极行动，为构建风清气正的网络视听环境、促进网络视听行业高质量发展投入一分力量。

(三)“科技＋文化”助力网络视听行业继续深耕细作

习近平总书记指出：“文化和科技融合，既催生了新的文化业态、延伸了文化产业链，又集聚了大量创新人才，是朝阳产业，大有前途。”[①]当前网络视听行业蒸蒸日上的“云＋”，只是“科技＋文化”的牛刀小试。未来随着通信和智能技术的进一步发展，网络视听在生产、传播、消费各个领域都将出现革命性的变化，真正迎来腾“云”而起、心中有“数”、“智”造未来的时代，推动行业发展走向更广阔的天地。

全生态布局将是行业主体赢得竞争的战略重点。当互联网的人口红利逐渐消失，围绕场景展开的生态布局将成为网络视听行业各主体的争夺重点。深耕专长、重构路径，通过生态布局实现资源的联动协同；开放共赢、强

① 《习近平在湖南考察时强调　在推动高质量发展上闯出新路子　谱写新时代中国特色社会主义湖南新篇章》，《人民日报》2020年9月19日。

强联合，通过全场景覆盖形成新的增长点和增长极。未来，长短视频平台的界限将进一步模糊，线上线下的互动交流将更加便捷，大屏小屏的联动布局将更加普遍，视听内容与电商、教育、出行、智能家居等不同领域的内嵌将更加紧密。在生态布局的赛道上，网络视听行业的现有格局或将出现新的变化。

（四）从相加到相融，网络视听逐步融合其他业态稳健发展

我国网络视听行业迎来向高质量创新性发展加快迈进的拐点，原创内容品质提升显著，各平台都加大了对信息革命技术成果的综合应用。网络视听领域走在了探索艺术与技术有机结合的创新前沿，内容付费模式开启并逐渐走向成熟，精细化运营不断探索。与此同时，网络视听平台加速“出海”，海外影响力不断提升。

2020 年，我国网络视听行业协同发展能力持续增强，其中短视频行业的快速发展推动了市场格局的变化。预计未来，短视频和网络直播将成为网络视听行业的主要增长点，其渗透率将持续扩大。与此同时，在运营模式上，差异化付费模式将逐步推广，优质内容将成为主要竞争力；云计算、5G、VR/AR、8K 等技术将加速赋能，也将带动行业拓展新的赛道。

短视频行业加速发展，抖音、快手第一梯队竞争将加剧。据中国网络视听节目服务协会《2021 中国网络视听发展研究报告》数据，截至 2020 年 12 月，在网络视听行业构成中短视频的市场规模占比最大，达 2051.3 亿元，同比增长 57.5%，占网络视听行业市场规模的比重达 34.1%，是网络视听行业中增长最快、占比最大的细分行业。该报告指出，目前，我国短视频行业的竞争格局基本形成。抖音、快手稳居第一梯队，抖音和快手两者活跃用户规模约占整体的 54.4%；字节跳动旗下的西瓜视频、抖音火山版、快手极速版、腾讯旗下的微视处于第二梯队，活跃用户规模占 31.6%；百度旗下的好看视频、爱奇艺随刻、刷宝等短视频 App 处于第三梯队，活跃用户规模占 7.7%。未来，这种一、二、三梯队的极化现象将更加明显，头部视频网站的竞争将愈发剧烈。

综合视频行业的竞争更加激烈。综合视频平台的内容选择十分丰富，包括电影、电视、综艺、纪录片等。CNNIC 公布的数据显示，截至 2020 年

12月,我国综合视频用户规模为9.27亿人。

智能电视进入规范发展新阶段。近年来,电视机向“高清化”“网络化”“智能化”的趋势发展,有望成为继计算机、手机之后的第三种信息访问终端。我国智能电视规模正在不断扩大。2019年,在主管部门的引导管理下,互联网电视内容更加绿色健康,应用更加成熟多元,市场更加规范有序,成为重要的融合生态新媒体平台和舆论宣传阵地。智能电视也进入规范发展的新阶段。勾正数据显示,截至2019年,我国智能电视(OTT TV,不包括OTT Box)累计覆盖终端2.86亿,激活终端2.19亿,激活率为76.6%。

网络直播迅速崛起,电商直播成为增长最快的互联网应用。CNNIC公布的数据显示,截至2020年12月,我国网络直播用户规模达6.17亿人。其中自2019年兴起并实现快速发展的电商直播用户规模已经达到3.88亿,较2020年3月增加1.23亿,占网民整体的39.2%,是2020年增长最快的互联网应用。电商直播的快速发展,推动网络直播行业市场规模的不断扩大。

山东省网络视听行业发展状况报告

崔志源*

本报告从政策、经济、社会、技术四个维度，对山东省网络视听行业进行概述。根据山东省广播电视局发布的数据，对山东省网络视听行业用户情况进行可视化呈现。通过对山东省重点网络视听机构的调研，总结山东省网络视听创作路径，展现网络视听行业成果，梳理行业发展困境，归纳未来发展趋势。

一、行业发展背景

（一）政策层面

山东省高度重视网络视听行业的发展，出台了一系列的政策对网络视听行业发展进行方向指导、鼓励支持。

1.省政府“十四五”规划强调提升发展网络视听

2021 年 4 月 25 日，山东省人民政府发布《山东省国民经济和社会发展第十四个五年规划和 2035 年远景目标纲要》（以下简称《规划纲要》）。《规划纲要》在第四篇“坚定不移推动新旧动能转换　塑强现代产业新优势”中提出要“优化提升传统产业”。对于文化创意，要丰富新型文化业态，提升发展网络视听、移动传媒、数字出版、动漫游戏、影视演艺、创意设计、文化制造，创建国家文化和科技融合示范基地。

---

* 崔志源，山东大学新闻传播学院 2020 级硕士生。

网络视听是文化创意产业的重要一环,《规划纲要》指出要对其进行提升发展,体现了山东省对网络视听行业的重视。网络视听行业的发展,将有助于加快构建新动能主导的现代产业体系,提升现代产业体系竞争力、引领力。

2.省政府规划鼓励网络视听节目创新发展

《山东省影视产业发展规划(2018～2022年)》强调,要加强创作引导。鼓励引导传统影视制作公司和专业团队参与网络影视剧摄制。办好山东青年微电影创作大赛、山东省原创网络视听节目大赛,每年推出10部以上优秀微电影、网络视听节目作品。积极推动网络剧、网络大电影、网络综艺等方面取得突破。引导更多专业化制作团队参与,不断加大投入、提升品质、打磨精品,实现网络视听节目精品化。突出"95后"甚至"00后"新一代观众,把握年轻人审美特点,实现弘扬中华优秀传统文化和传递正能量的有机结合。

强化资金扶持。统筹省级文化领域相关资金,加强对优秀原创网络视听节目的扶持引导。举办优秀网络电影、网络视听原创作品展播活动,推荐参加国家级评选。发挥龙头企业带动作用,每年投入500万元进行短视频生产,培养和挖掘新生代团队。①

3.山东省广播电视局开展网络视听(短视频)基地建设工作

2020年10月,山东省广播电视局为推进山东省网络视听(短视频)行业高质量发展,积极开展网络视听(短视频)基地建设工作,评选了短视频内容生产传播、短视频行业发展研究、短视频行业服务培育三类网络视听(短视频)基地。

其中,短视频内容生产传播类基地5个,以短视频创作传播为主要业务,围绕主题主线,突出舆论宣传,创作生产讲好中国故事、讲好山东故事的优秀网络视听(短视频)作品;短视频行业发展研究类基地1个,以短视频行业调研与技术研发为主要业务,围绕全国及山东省网络视听(短视频)发展进行调研,提供可以加强山东省网络视听(短视频)内容建设、提升网络视听

① 参见山东省人民政府办公厅:《山东省影视产业发展规划(2018～2022年)》,2018年12月18日,http://www.shandong.gov.cn/art/2018/12/18/art_2259_29306.html。

(短视频)平台影响力、扩大产业规模、提高监管能力、提出山东省网络视听(短视频)品牌的建设性意见;短视频行业服务培育类基地4个,以网络直播、短视频专业人才培育为主要业务,以培育新兴文化力量,满足互联网人才需要为目标,围绕乡村振兴、助农扶贫、促进消费、增强短视频创新创优活力等方面开展针对性培训。

网络视听(短视频)基地将集聚特色产业高端要素,将重点加强内容制作、分发传播、技术支撑、行业调研、人才培育、产业扶贫等领域,涉及高新视频、科技创新、融合发展、链条重构、平台云化等方面的资源集聚,增强规模效应,促进行业做大做优做强,推动网络视听(短视频)创新,发挥示范引领和辐射带动作用。

(二)经济层面

2020年,山东省经济发展逆势上扬,经济质量稳步提升,数字经济打造经济复苏新动能,音视频服务业保持较快增长,为网络视听行业发展奠定了良好的经济基础。

1.2020年山东省经济运行逆势上扬

2020年,全省上下坚持以习近平新时代中国特色社会主义思想为指导,认真贯彻落实习近平总书记对山东工作的重要指示要求,聚焦"走在前列、全面开创"目标定位,深入实施八大发展战略,强力推进九大改革攻坚,统筹推进疫情防控和经济社会发展,扎实做好"六稳"工作、全面落实"六保"任务,疫情防控取得重大战略成果。全省经济发展逆势上扬,经济质量稳步提升,主要经济指标好于预期和全国平均水平。据山东省人民政府统计数据、山东省地区生产总值统一核算结果显示,全年实现生产总值73129亿元,按可比价格计算,比上年增长3.6%。分产业看,第一产业增加值5363.76亿元,增长2.7%;第二产业增加值28612.19亿元,增长3.3%;第三产业增加值39153.05亿元,增长3.9%。三次产业结构由上年的7.3∶39.9∶52.8调整为7.3∶39.1∶53.6。

2.数字经济打造经济复苏新动能

2020年突如其来的新冠肺炎疫情,成为冲击全球经济的最大不确定性因素。据中国信息通信研究院《中国数字经济发展白皮书(2021)》显示,

2020年在疫情冲击和全球经济下行叠加影响下，我国数字经济依然保持9.7%的高位增长，是同期GDP名义增速的3.2倍多，成为稳定经济增长的关键动力。疫情下，各地政府纷纷将数字经济作为经济发展的稳定器。从总量上看，山东省数字经济规模超过1万亿元，山东省数字经济占GDP比重超过全国平均水平。

据中国信息通信研究院《中国区域与城市数字经济发展报告(2020年)》显示，2019年山东数字经济竞争力指数为76.46，全国排名第六位(前五名为:广东85.56、北京84.19、上海82.17、江苏81.83、浙江78.4)。特别是2020年，面对新冠肺炎疫情，数字经济更在疫情防控、复工复产、提振产业中展现出强大抗冲击能力和发展韧性。

3.音视频服务业保持较快增长

据中国信息通信研究院《中国数字经济发展白皮书(2021)》，2020年互联网和相关服务业发展态势平稳，业务收入稳中有落，利润保持两位数增长。细分领域呈现不同增长态势，音视频服务企业、在线教育平台等保持较快增长，生活服务平台等受疫情影响较大。网络视频作为数字化新业态新模式在疫情的倒逼下蓬勃涌现，产业数字化发展深入推进。

据2021年3月10日山东省政府新闻办召开的“展望‘十四五’”主题系列新闻发布会，“十三五”期间，山东数字经济核心产业持续走强，对数字经济带动作用不断增加。互联网行业发展势头渐盛，网络视听等领域创新活跃，海看网络科技(山东)股份有限公司等企业进入全国互联网百强。

(三)社会层面

由于互联网技术的普及，加之疫情防控需要，人们的生活方式发生转变，网络视听用户范围日益广泛。

1.网络视听用户范围广泛

据CNNIC第47次《中国互联网络发展状况统计报告》显示，截至2020年12月，我国网民规模为9.89亿，互联网普及率达70.4%。我国互联网基础设施完善，互联网普及率高，为用户收看网络视听节目提供了基础保障。与文字阅读相比，用户更倾向于使用视听阅读，网络视频用户规模达9.27亿，其中短视频用户规模为8.73亿，占网民整体的88.3%。网络视听拥有数量庞大的用户市场。

2.疫情扩大用户线上需求

一方面，疫情改变了人们的消费习惯，经济加速向线上迁移。依托于微博、微信等社交媒体及抖音、快手等网络视频平台的直播电商已经成为一种广受用户喜爱的新兴购物方式。

另一方面，疫情期间“非必要不外出”的观念深入人心，人们居家期间容易感到枯燥乏味，加强了精神需求。网络视听平台以此为机遇，通过各种方式鼓励产出优质网络视听内容，满足用户精神需求，增加用户黏性。

（四）技术层面

新型媒体技术的使用，使得山东省网络视听行业的发展水平在全国范围内表现突出。

1.强化新技术应用

山东省广播电视局要求，全省网络视听工作应当顺应数字化发展趋势，在大数据应用、短视频、5G 高新视频、VR/AR 等领域积极发力、主动探索，改造提升传统业态、模式。强化与科研院所、科技龙头企业的合作，打造创新创业共同体和技术服务平台，促进“政产学研金服用”创新要素有效集聚、优化配置。转变网络收入、广告收入单一来源模式，向内容营销、政企服务、直播等领域拓展。山东正推进高新视频发展。

【案例】 中国广电·青岛 5G 高新视频实验园区建设发展扎实推进①

中国广电·青岛 5G 高新视频实验园区，由国家广播电视总局与山东省人民政府、青岛市人民政府三方共建，于 2019 年揭牌成立。自园区设立以来，山东抢抓机遇、狠抓落实，加快推动园区建设发展，园区列入山东省重大产业平台项目、新旧动能转换重大项目库优选项目和重点文化产业项目，获评省、市数字经济试点园区和省级创新创业共同体，取得阶段性成效。

一是科学合理布局。结合 5G 和高新视频产业特点，制定园区发展三年行动计划，确定“一区五园”空间布局（“一区”即 5G 高新视频实验园区，“五

① 参见《中国广电·青岛 5G 高新视频实验园区建设发展扎实推进》，2021 年 4 月 19 日，http://gd.shandong.gov.cn/articles/ch02364/202107/f1f8826b-2255-4019-9456-f72be01f3812.shtm/。

园”即创智产业园、影视产业园、VR产业园、星创岛、5G高新视频软硬件设备研发基地)，建设5G高新视频研发制作、中小企业总部集聚和配套服务三大功能区，瞄准高新视频内容产品、高新视频云、高新视频软硬件设备研发生产、高新视频应用集成、内容监测监管和数字版权服务以及高新视频产业运营六大板块，着力打造具有示范引领作用的世界级5G高新视频产业集群高地。

二是促进协同发展。搭建“六个一”影视供应链体系(影视产业园和外景地、产教融合基地、“1+N”个上市公司、影视科技平台、5G高新视频园区、影视产业基金)与5G高新视频产业联动一体化发展。联合华为建设的国内领先的影视工业化云平台上线运营，整合产业链生态企业10余家。发起设立产业基金，撬动社会资本促进产业集聚发展，构建高新视频产业新生态。研究推出人才新政，打造集聚人才的市场化运作平台。

三是精准实施“双招双引”。紧盯行业龙头企业、资源，实施精准招商、定向招商，已签约引进高新视频企业70余家，其中，京东方、华为、浪潮等行业头部企业和机构20余家。引进京东方智慧系统创新中心、山东省超高清视频制造业创新中心，沉浸式演播室系统入选青岛市5G“十佳场景示范”。签约落地冰鉴高端人才大数据云平台，24家企业集中入驻。设立张国伟院士工作站，引进院士2名。

2.推进媒体融合发展

一是推进县级融媒体中心建设。全省139家县级广播电视台全部整合到县级融媒体中心、实现挂牌运行，通过融媒体指挥中心或“中央厨房”开展业务，提前一年完成中国共产党中央委员会宣传部(以下简称“中宣部”)、国家广播电视总局部署任务。[①]

二是搭建省级技术平台。建成全国首个全流程打通的县级融媒体中心省级技术平台，各县级融媒体中心全部完成分平台建设，实现省、市、县三级互联互通，形成“一次采集、多种生成、多元传播”格局。

三是推动市级台融合创新。济南广播电视台打造“智慧全媒体平台”，

---

① 参见山东省广播电视局:《山东加快推进媒体深度融合发展》,2021年5月7日,http://sd.iqilu.com/share/article/7761664.html。

构建"6＋1"智慧媒体生态圈，建设 5G 新媒体港、中国（济南）新媒体产业园。青岛广播电视台整合构建新媒体生态，实施超高清视频云平台、智慧广电综合管理平台等重点项目。

四是打造省级广电媒体融合发展品牌。山东广播电视台建成全国领先的融媒体"中央厨房"，"闪电新闻"开展"5G＋4K＋VR＋AI"业务，成为国内头部省级新媒体平台。在全球首次实现海上超远距离 5G 信号覆盖，成功打通省内、跨省 5G 高清视频电话，开展涵盖港口、海事、林场等行业 5G 场景应用。

2020 年 12 月 18 日，国家广播电视总局官网发布《国家广播电视总局办公厅关于公布 2020 年度全国广播电视媒体融合先导单位、典型案例、成长项目征集评选结果的通知》。由山东广播电视台融媒体资讯中心报送的"五智融合"案例获评全国广播电视媒体融合典型案例。为加快推进媒体深度融合，山东广播电视台主动拥抱新技术，实现由融媒体向"智媒体"转型。融媒体资讯中心围绕传播的全链条，探索出了智云、智品、智传、智网、智库的"五智模式"，分别从内容生产、内容创意、内容传播、内容聚合和政务服务等方面出发，全面提升舆论引导能力，成为智媒发展潮流中的主力军之一。

【案例】 山东广播电视台县级融媒体中心省级技术平台被评为"全国广播电视媒体融合典型案例"

2020 年 1 月 17 日，国家广播电视总局发布了《广电总局办公厅关于公布全国广播电视媒体融合先导单位、典型案例、成长项目征集评选结果的通知》。山东广播电视台县级融媒体中心省级技术平台被评为"全国广播电视媒体融合典型案例"。

山东省委明确由山东广播电视台负责山东县级融媒体中心省平台建设工作后，山东广播电视台充分发挥媒体融合改革实践经验、技术平台、技术团队等方面的优势，在自主研发了山东广播电视台融媒体平台基础上，继续开发升级，承担起山东省县级融媒体中心省级技术平台建设工作。

通过梳理省市县融媒体生产流程，将省级技术平台建成可适应县级媒体融合发展的多租户系统，县区融媒体中心可以使用"策、采、编、审、发、评"于一体的融媒体采编全流程。搭建起省市县三级共享的综合性开放云平台，实现全省统一建设、统一调度、融合联动、共建共享、联合运营。

省平台通过建设新闻通联系统、内容生产系统、指挥调度系统、融媒直播系统、舆情监测系统、数据分析系统、新闻服务系统、人才培训、营销传播、环境搭建等十大模块，打造省市县三级互联互通、移动优先、高效实用的融媒体采编发整体运营技术平台。平台全面支撑县级融媒体中心建好一个采编中心，加速主力军向主阵地的转移；提供“一县一端”解决方案，打造市县政务服务的“总入口”，形成“媒体＋政务＋服务”的立体布局，不仅聚合了完备的新闻“策、采、编、审、发、评”工作流程，还全面支撑面向县区群众的政务服务、民生服务、党建服务等服务职能，创造性地搭建了省、市、县三级互联互通的技术支撑体系。

二、行业发展现状

山东省网络视听行业保持繁荣有序发展，新媒体业务收入增长迅速。据山东省广播电视局数据显示，2020 年，全省实现新媒体业务收入 10.76 亿元，较 2019 年增加 1.73 亿元，增长 19.16％。其中，IPTV 收入 8.87 亿元，较 2019 年增加 0.74 亿元，增长 9.10％；互联网视听节目服务收入 0.21 亿元，较 2019 年增加 0.19 亿元，增长 10.96 倍；其他新媒体业务收入 1.68 亿元，较 2019 年增加 0.80 亿元，增长 91.02％。从地区分布来看，省级新媒体业务为主，市县级新媒体业务发展势头良好，发展潜力较大。省级新媒体业务收入 9.24 亿元，较 2019 年增加 0.70 亿元，增长 8.24％；市级新媒体业务收入 1.48 亿元，较 2019 年增加 1.02 亿元，增长 2.21 倍；县级新媒体业务收入 0.04 亿元，较 2019 年增加 0.01 亿元，增长 22.9％。

（一）网络视听行业用户

根据山东省广播电视局数据显示，互联网视频用户成为山东网络视听的主力军。

1.网络视听用户数量

据山东省广播电视局 2021 年 4 月 15 日发布的《2020 年山东广播电视和网络视听服务业发展情况》，将网络视听分为 IPTV、互联网视频、互联网音频、短视频四大类进行了数据公布。互联网视频用户成为山东网络视听的主力军，约占山东网络视听用户的 42％；其次是短视频累计用户，约占 27％；互联网音频累计用户约占 25%;省 IPTV 用户占比较低,约为 6%(见图 1)。

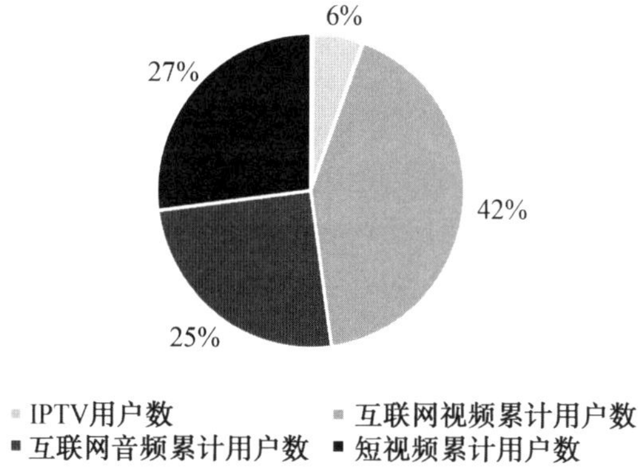

图 1　山东网络视听用户对比

资料来源:《2020 年山东广播电视和网络视听服务业发展情况》,2021 年 4 月 15 日,http://gd.shandong.gov.cn/articles/ch06279/202107/f8418717-25fe-4103-8df7-1c36a1cc1bfc.shtml。

2.年度月均独立访客数(Unique Visitor,UV)

2020 年,山东省互联网视频年度月均独立访客数 5423.08 万户,互联网音频年度月均独立访客数 863.7 万户,短视频年度月均独立访客数 3581.45 万户(见图 2)。

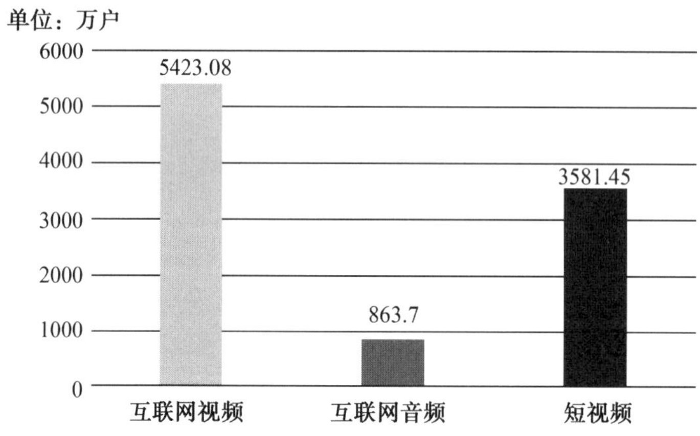

图 2　山东省互联网视频年度月均独立访客数(UV)

资料来源:《2020 年山东广播电视和网络视听服务业发展情况》,2021 年 4 月 15 日,http://gd.shandong.gov.cn/articles/ch06279/202107/f8418717-25fe-4103-8df7-1c36a1cc1bfc.shtml。

3.平均月度活跃用户数(Monthry Active User,MAU)

2020 年,山东省互联网视频平均月度活跃用户数 732.77 万户、互联网音频平均月度活跃用户数 419.32 万户、短视频平均月度活跃用户数 400.03 万户(见图 3)。

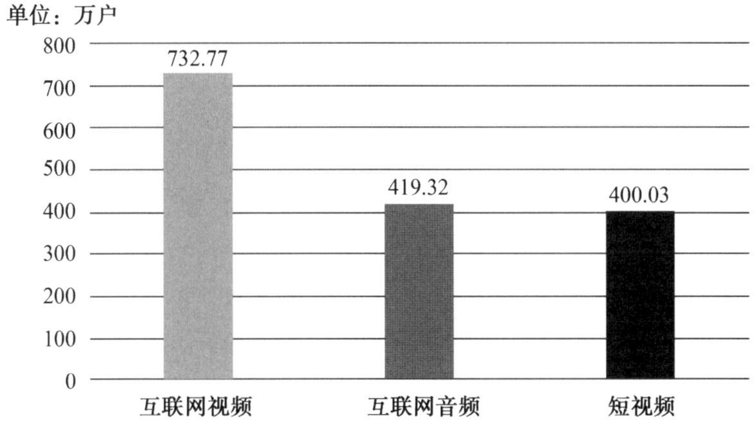

图 3　山东省互联网视频平均月度活跃用户数(MAU)

资料来源:《2020 年山东广播电视和网络视听服务业发展情况》,2021 年 4 月 15 日,http://gd.shandong.gov.cn/articles/ch06279/202107/f8418717-25fe-4103-8df7-1c36a1cc1bfc.shtml。

(二)网络视听创作路径

在主管部门的方向引导与政策扶持之下,山东省各网络视听机构发挥自身优势,产出一批优秀成果。

1.主管部门:方向引导+政策扶持

围绕"十四五"规划,山东省广播电视局制定印发了《山东省广播电视和网络视听"十四五"发展规划编制工作方案》,成立专门起草工作队伍,开展"十四五"规划编制起草工作。《山东省广播电视和网络视听"十四五"发展规划》已于 2021 年 12 月 30 日发布。

该文件指出,要引导全省网络视听从业机构,以抓好剧本为重点,加强选题策划,提升原创能力,着力提升作品质量,每年推出优秀网络影视作品 1～3部,打造并做大做强"网络鲁剧"品牌。

统筹协调全省网络视听制作资源，创作一批传播主流价值、文化特色鲜明、体现山东特色、叫好又叫座的优秀网络视听文艺作品。充分利用网络直播、短视频、公众号等新视听媒体形式，强化在移动端、社交平台的精准化投放。支持进行多语种翻译制作，鼓励扶持并推动在海外媒体平台推广播出，积极打造海外新媒体“视听山东专区”“视听山东专栏”，在国际知名影视节展上设立“视听山东”展台，提升“视听山东”在全球的知名度和影响力，彰显齐鲁文化风韵，展示山东发展成就。

2.市场主体：内容为王＋科技创新

近年来云计算、大数据、物联网、区块链、人工智能、5G 等快速发展，移动应用、社交媒体、问答社区、网络直播、聚合类平台、自媒体公众号等不断涌现，媒体格局、舆论生态、传播格局发生深刻变革。全媒体时代的内容创新、形式创新、手段创新都是不可或缺的，但内容创新是第一位的。无论传播方式怎样变化，内容生产始终是媒体生存发展的根本。

在官方媒体方面，以青岛广播电视台旗下的“蓝睛”客户端为例。“蓝睛”是以直播为核心，视频新闻首发为特色，面向移动客户端推出的官方新媒体发布平台。它依托于青岛电视台的品牌优势和新闻资源，第一时间把最新、最全的视讯新闻带给用户。“蓝睛”在内容上以大型政务活动直播为优势，以成立工作室小团队的方式，开设政策深度解读文章与政务访谈栏目，以高质量的政务内容吸引了大量稳定用户。在技术上，“蓝睛”注重直播的安全性，直播团队专业化水平高，以高规格、高质量立足。据青岛广播电视台表示，跨国公司领导人青岛峰会、青岛国际啤酒节等大型活动，四五十家机构均使用“蓝睛”的直播信号转播。“蓝睛”以内容和技术站稳了青岛直播市场。

在私有企业方面，以青岛古麦嘉禾科技有限公司（以下简称“古麦嘉禾”）为例。古麦嘉禾深耕移动互联网多年，是业内领先的网红内容生产机构。古麦嘉禾在内容、流量、变现能力、品牌孵化等多个业务领域都具有极大的影响力和专业度，始终关注内容领域，发展垂类栏目，拓展 IP 方向。据古麦嘉禾官方宣传资料表示，其全网累计 12 亿粉丝，布局短视频、抖音、微视、微博、B 站等多个媒体平台。古麦嘉禾秉持内容创造价值，赋能品牌营销的原则，持续在内容创作领域深耕，把内容放在首位。其抓垂类用户痛点生产内容，用好内容创造 IP，而不是以网红吸引粉丝。古麦嘉禾拥有完善的新媒体 IP 达人孵化和发展机制，为旗下达人、主播提供全方位的扶持以及内容赋能，现旗下达人 95%均为自孵化。

（三）网络视听行业成果

山东省网络视听行业培育出大量网络视听精品佳作与颇有影响力的 MCN 机构和关键意见领袖（Key Opinion Leader，KOL）孵化平台。2020 年，全年制作网络视频节目 9261 小时。按制作节目类型分，全年制作网络剧 751 小时，占网络视频节目制作时间的 8.11%；制作网络电影 45 小时、65 部，占网络视频节目制作时间的 0.49%；制作网络综艺 81 小时，占网络视频节目制作时间的 0.87%；制作网络动画片 92 小时，占网络视频节目制作时间的 0.99%；制作网络纪录片 336 小时，占网络视频节目制作时间的 3.63%；制作其他专业类节目 7956 小时，占网络视频节目制作时间的 85.91%（见表 1、图 4）。

表 1　网络视听节目创作情况

指标	单位	2020 年
制作网络视频节目时间	小时	9261
制作网络剧时间	小时	751
制作网络电影时间	小时/部	45/65
制作网络综艺时间	小时	81
制作网络动画片时间	小时	92
制作网络纪录片节目时间	小时	336
制作其他专业类节目时间	小时	7956

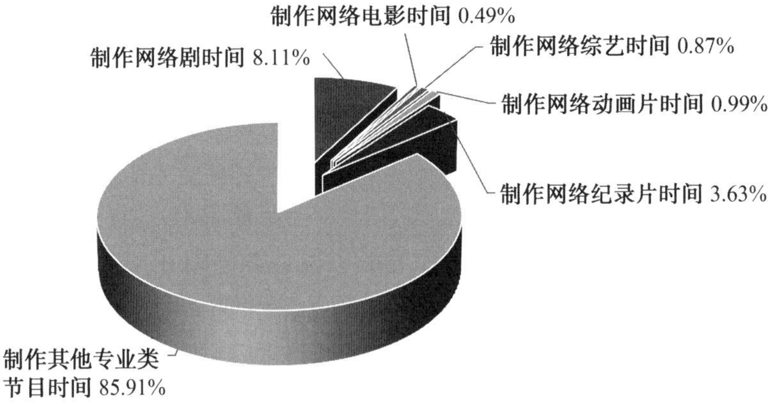

图 4　网络视频节目制作时间类型分布

资料来源:山东省广播电视局。

按行政区划划分,省级节目 367 小时,占电视节目制作时间的 3.96%;市级节目 6892 小时,占电视节目制作时间的 74.42%;县级节目 2002 小时,占电视节目制作时间的 21.62%(见图 5)。

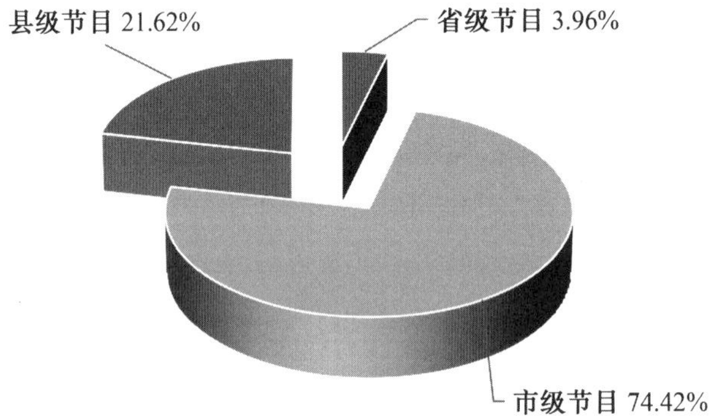

图 5　网络视频制作节目时间地区分布

资料来源:山东省广播电视局。

1.内容繁荣,企业开花

山东省努力抓好网络剧、短视频生产,把网络视听节目摆上位置、重点突破,全力打造"网络鲁剧"品牌,内容创作生产持续繁荣。网络电影《春来怒江》入选 2020 年第四季度优秀网络视听作品推选活动优秀作品,网络电影《飞夺泸定桥》入选2020年国家广播电视总局“网络视听节目精品创作传播工程”扶持项目，网络动画片《汉画故事》入选2020年国家广播电视总局中国经典民间故事动漫创作工程，短视频《山东“战”疫原创沙画　不平凡的平凡》入选国家广播电视总局2020年度优秀网络视听作品推选活动优秀作品。

反映习近平总书记两次回信、指引云南怒江独龙族整体脱贫感人故事的重点网络电影《春来怒江》被写入中宣部宣传思想工作要点，入围国家广播电视总局“精品创作传播工程”重点扶持作品、重大题材网络视听项目库、庆祝中国共产党成立100周年精品网络视听节目片单。其在全国宣传部长会上被点名推荐。2020年11月，该网络视听节目在爱奇艺热播。

网络视听成为代言齐鲁文化、助推地方经济的重要网络原生力量。在济南、青岛、日照、枣庄、济宁等地，既有山东广播电视台“Lightning TV”、济南广播电视台“鹊华”等众多广电系MCN机构，也有“贝壳视频”“红鹦鹉”“煎饼”等民营MCN机构和KOL孵化平台、“网红”产业基地。这些机构打造了“朱一旦的枯燥生活”“何仙姑夫”等一批既有质量又有流量、既接地气又时尚多元、展示悠久历史文化与现代形象的短视频账号，成为山东“网红”经济的一大亮点。

例如古麦嘉禾深耕移动互联网多年，是业内领先的网红经纪公司。其依托于抖音、快手、微博、微信、火山、美拍等几十个互联网社交媒体平台，致力于提供多元化的优质短视频内容。古麦嘉禾在短视频IP孵化、内容电商、IP商业化增值、网红经纪、营销策划等多个业务板块具有广泛的影响力。目前古麦嘉禾拥有全约优质艺人近千人，擅长打造爆款、孵化超级IP等，并连续多月获得抖音MCN综合排名第一。

2.凝心聚力，服务大局

抓好主题主线宣传。持续深化“首页首屏首条”建设，开设专栏，传播习近平新时代中国特色社会主义思想。组织山东省内重点网站整合县级融媒体中心资源，在闪电新闻、抖音、快手等平台推出“黄河滩区脱贫了”主题短视频，记录黄河滩区迁建地区百姓脱贫的幸福时刻。齐鲁网、闪电新闻客户端策划推出系列理论动漫微视频《100秒漫谈小康路》，生动展现“决胜全面小康、决战脱贫攻坚”的中国故事和山东故事。

全力服务经济社会大局。围绕全省工作大局，举办“中国梦·齐鲁情”山东省原创网络视听节目大赛，强化创作引导，深度挖掘优质内容。共收到参赛作品1283部，数量是2019年的2.5倍，推出了《大美新山东》《铸造大国重器之盾》等一大批人民群众喜闻乐见的、反映山东新时代经济社会发展的网络视听节目。[①]

坚决打好疫情防控阻击战。面对新冠肺炎疫情，山东省广播电视局迅速行动、冲锋在前，组织网络视听机构开展“抗击疫情我们在行动”优秀作品创作征集展播活动，展播了《山东“战”疫原创沙画　不平凡的平凡》等一大批优秀作品。指导IPTV平台限时免费提供7100多部、约3万小时内容，疫情期间点播用户达820万户；上线“教育云课堂”IPTV专区，收录山东全省各地同步课程2.5万节，疫情期间访问次数4000多万次，为疫情防控阻击战贡献坚实力量。[②]

三、行业发展趋势

山东省网络视听行业将继续唱响主旋律，讲好山东故事，做大做强主流媒体。为进一步促进行业发展，山东须在落实产业优惠政策、加强人才培养等方面增大力度。

（一）唱响主旋律，讲好山东故事

山东省广播电视局在《2021年全省广播电视和网络视听工作要点》（以下简称《工作要点》）中指出，要把学习宣传贯彻习近平新时代中国特色社会主义思想作为最根本的政治任务，加强网络视听媒体“首页首屏首条”建设和内容调控，落实重点网络视听平台首页首屏编排报备机制，推出形式多样、精彩纷呈的视听宣传内容。

精心做好重大主题宣传。聚焦“奋斗百年路　启航新征程”重大主题，统筹网上网下，精心策划重点报道、特别节目和专栏专区，开展全方位多层次立体化宣传。做好建党百年系列重大活动的宣传报道，生动展现百年大

① 参见国家广播电视总局网络视听节目管理司、国家广播电视总局发展研究中心编著：《中国视听新媒体发展报告（2021）》，中国广播影视出版社2021年版，第61页。

② 参见国家广播电视总局网络视听节目管理司、国家广播电视总局发展研究中心编著：《中国视听新媒体发展报告（2021）》，中国广播影视出版社2021年版，第62页。

党的梦想与追求、情怀与担当、奉献与牺牲，策划推出网络视听精品。

抓好现代化强省建设宣传。紧紧围绕省委、省政府中心工作，围绕推进“七个走在前列”“九个强省突破”，扎实做好新旧动能转换、打造乡村振兴齐鲁样板、海洋强省建设等重大部署宣传，充分展示我省经济社会发展的新成就、新气象、新变化。推出系列短视频，全景式、立体化地展现山东人、山东事。协调组织开展以劳动创造幸福为主题的宣传教育，推动形成艰苦奋斗、勤俭节约的社会风尚。

从《工作要点》可以看出，山东省广播电视局继续稳中求进、创新发展，将网络视听行业摆在突出位置，在新的舆论格局下不断巩固壮大思想舆论阵地，有力服务党和国家大局与山东经济社会发展。

（二）进一步落实优惠政策，加大扶持力度

山东省广播电视局以重点项目库的方式，对网络视听行业予以扶持。山东省启动“山东省重点网络影视剧项目库与片单库”，以发掘全省制作机构规划备案的反映当代价值追求、体现中国文化内涵、彰显齐鲁人文精神、思想精深的作品。项目库聚焦具有完整剧本进入拍摄阶段的作品，对入库作品山东省广播电视局将在拍摄等方面给予一定支持；片单库聚焦完成上线审核的成片，对入库作品山东省广播电视局将在剧本创作、宣传推广等方面给予一定支持，并优先推送省委宣传部、国家广播电视总局相关重点项目库与扶持奖励项目。

此外，注重发挥政策资金的扶持引导作用。充分运用政策引导、资金扶持和评奖评优等手段，支持网络视听制作机构创作生产精品。与山东省财政厅联合发布《山东省省级影视精品推进计划资金管理暂行办法》，采用奖励、项目补助、购买服务等方式，重点对列入国家广播电视总局或山东省重大选题创作规划项目、获得省级以上政府设立的网络视听奖项奖励的项目、取得良好社会效益和经济效益的项目进行资金扶持。

短视频是网络视听常见的形式，多数网络视听企业以制作短视频产品为主。项目式的资金扶持政策，门槛较高，能够达到标准、享受该政策的网络视听机构数量不多。山东省内有的地市虽然出台了政策，但优惠力度较低，中小型网络视听机构难以真正获益。可借鉴杭州，其作为直播电商产业的“领头兵”，在政策扶持上目标明确，不仅指出了具体的发展路径，同时还结合了地方特色，从资源整合、资金支持、人才体系搭建、舆论宣传等多方位提供政策助力。各地市应进一步细化、落实优惠政策，营造宽松营商环境，引才引智引商，为山东网络视听行业发展打造“定心丸”。

（三）做强新型主流媒体，县级媒体深度融合

山东省持续狠抓县级融媒体中心的管理和建设。按照国家广播电视总局关于县级融媒体中心管理的规定要求，将其纳入广播电视播出机构管理范畴，并依申请为涉及的市、县级地方新闻单位颁发信息网络传播视听节目许可证，落实好行业管理职责，督促落实好主管主办责任、属地管理责任。

为促进县级融媒体中心完善节目内容供给，全面提升制播能力，山东省将打造“全省广播电视和网络视听节目共享平台”，提升县级融媒体中心生存发展能力。以此优化节目供给模式、共享节目资源，减轻融媒体中心发展压力，满足群众多样化收视需求。山东省将按照“政府主导、互惠共享”的原则，建立全省广播电视和网络视听节目共享平台。该平台涵盖电视剧、纪录片、网络剧、短视频等各类节目资源，形成由省级统一搭建平台、政府购买服务、县级播出机构共享存量节目资源的内容供给模式。继续积极推进跨地区、跨层级、跨行业、跨媒体资源整合，推进县级媒体深度融合。

（四）加大人才培养，减少人才流失

人才是制约山东省网络视听行业发展的关键问题。传统媒体面临着现有人才流失、新人才引不进的双重困境。有的网络视听机构三年内流失职工百余人，其中包括中层正职干部与青年业务骨干。老职工一般流向薪资水平更高的新媒体机构、大型国企或自主创业。在引进新员工时，部分网络视听机构由于无法给出比其他行业更优渥的待遇难以引进稀缺的技术型人才。如计算机程序员，更青睐去高工资的互联网企业。县级融媒体中心规模小，人员队伍规模也较小，新媒体相关人才更为缺乏。

山东省整体上对外省人才的吸引力有所欠缺。从山东省网络视听行业的应聘人员籍贯看，以山东省籍应届生为主，外省人员报名应聘人数比例极低。下一步，山东省应当进一步完善人才引进政策，大力发展经济，提升人

才吸引力，吸引更多网络视听人才落户山东。一方面打破传统人才选聘机制、办法，加强专业人才队伍建设；另一方面优化人才培养机制，提升网络视听人才自主培养能力。

四、结语

2020年，在山东省委、省人民政府的正确领导下，全省网络视听行业坚持以习近平新时代中国特色社会主义思想为指导，稳中求进、守正创新，取得了许多新亮点、新成绩。山东省网络视听行业协调主流媒体、网络视听网站，做好主题宣传、服务现代化强省建设宣传，营造氛围、汇聚力量。

在政策方面，山东省人民政府发布的《山东省国民经济和社会发展第十四个五年规划和2035年远景目标纲要》《山东省影视产业发展规划(2018～2022年)》等政策，给予网络视听行业发展方向的引导，强化资金扶持。山东省广播电视局印发《2021年全省广播电视和网络视听工作要点》，为全年的网络视听工作奠定基调；《山东省省级广播电视和网络视听精品创作传播资金管理实施细则》出台，进一步规范省级广播电视和网络视听精品创作传播资金管理，提高资金使用效益。

在经济方面，2020年山东全省经济发展逆势上扬，经济质量稳步提升，山东数字经济核心产业持续走强，数字经济占GDP比重超过全国平均水平，互联网行业发展势头渐盛。在社会层面，互联网普及率提升，加上疫情期间“非必要不外出”的影响，网络视听受众规模扩大。在技术层面，全省网络视听在5G高新视频、高清电视和4K/8K超高清电视、VR/AR等领域积极发力。

在市场方面，山东不仅拥有“Lightning TV”“鹊华”等众多广电系MCN机构，还涌现了“贝壳视频”“古麦嘉禾”“红鹦鹉”“煎饼”等民营MCN机构和KOL孵化平台。全省网络视听市场主体深度挖掘优质内容，创作生产生机蓬勃，出品了一大批反响热烈的网络视听精品，多部影片入选国家广播电视总局重点网络视听剧目规划。《春来怒江》被写入中宣部宣传思想工作要点，可谓主旋律与市场化有效融合，社会效益与经济效益双丰收。

承前启后，继往开来。山东省网络视听工作要积极服务文化强省建设大局，围绕提升社会文明程度、传承弘扬优秀文化、提升公共文化服务、加强文化产业发展等方面，找准定位、发挥作用，展现新作为、做出新贡献。不断优化创作生产环境，提供优质服务，吸引国内知名网络视听平台、短视频创作企业、专业制作中心来鲁创业发展。秉承制作主旋律精品的优良传统，山东省网络视听行业在市场化运作上进一步阔步向前。

山东省网络视听行业社会效益报告

范铭君*

一、网络视听行业社会效益相关文件

自网络视听行业发展以来，中宣部、国家广播电视总局等相关部门相继发布了诸多规范性文件。其中有许多文件内容，对推动网络视听行业提高自身社会效益起到了积极的引导作用。

（一）网络视听行业管理相关文件

相关文件主要从意识形态、制度建设、内容建设、队伍建设等方面，对网络视听机构做出要求。

1.《互联网视听节目服务管理规定》

2007年12月20日，国家广播电影电视总局发布《互联网视听节目服务管理规定》，指出互联网视听节目服务单位组成的全国性社会团体，负责制定行业自律规范，倡导文明上网、文明办网，营造文明健康的网络环境，传播健康有益视听节目，抵制腐朽落后思想文化传播。发展互联网视听节目服务要有益于传播社会主义先进文化，推动社会全面进步和人的全面发展、促进社会和谐。从事互联网视听节目服务，应当坚持为人民服务、为社会主义服务，坚持正确导向，把社会效益放在首位，建设社会主义核心价值体系，遵守社会主义道德规范，大力弘扬体现时代发展和社会进步的思想文化，大力

* 范铭君，山东大学新闻传播学院2019级硕士生。

弘扬民族优秀文化传统，提供更多更好的互联网视听节目服务，满足人民群众日益增长的需求，不断丰富人民群众的精神文化生活，充分发挥文化滋润心灵、陶冶情操、愉悦身心的作用，为青少年成长创造良好的网上空间，形成共建共享的精神家园。从规定当中可以看出，国家从网络视听发展的初期，就要求网络视听节目服务单位以社会效益为重。

2.《关于进一步加强网络剧、微电影等网络视听节目管理的通知》

2012年7月6日，国家广播电影电视总局发布《关于进一步加强网络剧、微电影等网络视听节目管理的通知》，强调要从六个方面强化对网络剧、微电影等网络视听节目的管理：一是鼓励生产制作健康向上的网络剧、微电影等网络视听节目，把社会效益放在首位；二是强化网络剧、微电影等网络视听节目播出机构准入管理，要求网络视听节目服务单位配备合格的内容审核人员以及健全的内容编审管理制度；三是强化网络剧、微电影等网络视听节目内容审核，实行先审后播管理制度，核实视听节目上传者的真实身份信息，并规定网络视听节目不得播放的内容；四是强化网络剧、微电影等网络视听节目审核队伍建设，要求对节目审核员进行规范的业务培训和考核；五是强化网络剧、微电影等网络视听节目监管，网络视听节目服务单位要切实履行职责，坚守社会责任；六是强化退出机制，对网络视听节目服务单位的违法违规行为进行相应处罚。

3.《国家广播电视总局关于进一步加强广播电视和网络视听文艺节目管理的通知》

2018年10月31日，国家广播电视总局发布《国家广播电视总局关于进一步加强广播电视和网络视听文艺节目管理的通知》。该通知要求广播电视和网络视听文艺节目牢牢把握正确的政治方向，强化价值引领；坚持以人民为中心的创作导向，坚决遏制追星炒星、泛娱乐化等不良倾向；鼓励以优质内容取胜，不断创新节目形式，严格控制嘉宾片酬；加大电视剧网络剧（含网络电影）治理力度，促进行业良性发展；坚持同一标准、同一尺度，维护广播电视与网络视听节目的健康有序发展；加强收视率（点击率）调查数据使用管理，坚决打击收视率（点击率）造假行为；落实意识形态工作责任制，强化主管主办责任和属地管理责任。这些要求引领广播电视和网络视听文艺节目健康有序发展，注重社会效益的创造，营造良好的社会环境、媒体环境和网络环境。

4.《关于推动广播电视和网络视听行业高质量发展的意见》

2019年8月11日，国家广播电视总局发布《关于推动广播电视和网络视听行业高质量发展的意见》(以下简称《意见》)，确定了广播电视和网络视听行业高质量发展的总体要求、建设新型产业体系、优化产业布局、完善市场体系、加强政策支撑等内容。《意见》指出广播电视和网络视听高质量发展要坚持三大原则，即坚持正确导向，坚持改革创新，坚持提质升级。要加速升级新型产业体系，推动内容产业健康繁荣，深刻把握时代主题、时代脉搏，努力创作生产更多讴歌新时代的精品佳作；加速广电网络提质升级，打造网络强国、数字经济、智慧城市、智慧乡村建设的核心承载网络；加快服务能力与科技深度融合发展，加快大数据、云计算、人工智能等新技术在广播电视和网络视听节目制作播出和传输覆盖中的部署和应用。在政策支撑方面，《意见》指出要强化人才保障，加强专业人才队伍培养。这些要求和措施都能促进网络视听节目服务单位增加社会效益的产出。

(二)社会效益考核相关文件

与社会效益考核相关的文件，主要规定了不同类型服务部门的具体考核指标以及考核指标所占分值。从中可以看出，相关部门对网络视听社会效益的方向引领。

1.《网络文学出版服务单位社会效益试行评估指标和计分标准》

2017年6月14日，国家新闻出版广电总局发布《网络文学出版服务单位社会效益试行评估指标和计分标准》。其中一级指标包括出版质量、传播能力、内容创新、制度建设、社会和文化影响。出版质量指标下设价值引领和思想格调、文学价值和文化传承、编校质量、资源管理二级指标。传播能力指标下设平台首页和栏目建设、排行榜设置、投送能力、评论引导二级指标。内容创新下设丰富性和多样化、创造性和个性化二级指标。制度建设下设作者和读者服务制度、作品管理及质量控制制度、版权管理制度、队伍建设和人才培养机制、经营管理制度、党建和思想政治工作二级指标。社会和文化影响下设荣誉奖项、社会评价、文化影响、国际影响、公益服务二级指标。该评估指标和计分标准内容划分比较详细，要求网络文学弘扬核心价值观、传播主旋律、传承传统文化、注重人才培养，多方面提升社会效益。

2.《图书出版单位社会效益评价考核指标和评分标准》

2018 年 12 月，中宣部印发《图书出版单位社会效益评价考核指标和评分标准》。其中一级指标包括出版质量、文化和社会影响、产品结构和专业特色、内部制度和队伍建设。出版质量指标下设内容质量、编校印刷质量两个二级指标。文化和社会影响指标下设重点项目、奖项荣誉、社会评价、国际影响四个二级指标。产业结构和专业特色指标无下设二级指标。内部制度和队伍建设下设内部制度建设和执行、队伍建设两个二级指标，并在考核内容中明确要求体现“把社会效益放在首位，实现社会效益和经济效益相统一”的企业规章制度、机制建设和执行情况。该考核指标和评分标准对提升图书出版单位社会效益起到了促进作用。

3.《国有影视企业社会效益评价考核试行办法》

2019 年 12 月 21 日，中宣部和国家广播电视总局发布了《国有影视企业社会效益评价考核试行办法》(以下简称《办法》)。《办法》设立了三个一级指标，分别是作品创作生产、受众反应和社会影响、内部制度和队伍建设，所占分值分别为 20 分、60 分、20 分。其中作品创作生产指标下设三个二级指标，分别是电影出品数量，电视剧、动画片、纪录片出品数量，其他广播电视节目、网络视听节目出品数量。该指标评分说明中指出，对于创作重大现实、重大革命、重大历史题材的影视作品，可酌情加分。可以看出，该份考核标准引导国有影视企业创作生产弘扬主旋律，引导价值观的优秀作品。受众反应和社会影响指标下设五个二级指标，分别是传播情况、宣传报道、获奖情况、社会责任履行情况、受众满意度。二级指标中明确要求考察影视作品的国内外传播情况、正面宣传报道情况、作品获奖情况、参与公共文化服务和公益事业的情况。内部制度和队伍建设指标下设五个二级指标，分别是坚持党的领导、编委会制度建设、绩效考核制度建设、财务管理和社会责任报告、人力资源制度建设。

(三)针对现有文件的总结

网络视听行业发展以来，相关政策性文件陆续出台，对网络视听行业内容的制作、传播、影响做出相应规定，并对网络视听机构的制度建设、人才队伍、公益事业等提出要求。这些规定的引导，有助于网络视听行业牢牢把握社会效益为重的原则。使其在寻求合理的经济效益的同时，为社会和大众创造出更多的社会效益。同时，针对网络文学、图书出版、国有影视企业的社会效益评价考核试行办法也相继出台，有助于网络视听行业借鉴并形成本行业专门的社会效益考核办法。

二、山东省网络视听行业社会效益考核

网络视听行业作为文化领域的重要组成部分，其社会效益对整个社会的发展有着很大的影响。网络视听行业应注重提升社会效益，以自身的社会效益助推社会各领域的发展。

（一）山东省网络视听行业社会效益考核指标

根据网络视听行业社会效益相关文件，结合山东省网络视听行业发展现状，本报告建议其社会效益评价考核标准设立以下一级指标：内容创作、社会影响、制度建设、环境保护（见表 1）。

在内容创作方面，可考察作品数量、价值导向、文化传播、科教传播二级指标。在社会影响方面，可考察传播情况、重点项目、获奖情况、社会责任、社会评价二级指标。在制度建设方面，可考察党建思政、队伍建设、绩效考核二级指标。在环境保护方面，可考察资源节约二级指标。

表 1　山东省网络视听行业社会效益评价考核标准

一级指标	二级指标	计分标准
内容创作	作品数量	年度内独立创作完成网络视听作品总数量
	价值导向	坚持社会主义先进文化前进方向，弘扬社会主义核心价值观，注重价值引导，创作主旋律、正能量、重大主题网络视听作品
	文化传播	年度内独立创作完成弘扬优秀传统文化网络视听作品数量
	科教传播	年度内独立创作完成科普教育类网络视听作品数量

续表

一级指标	二级指标	计分标准
社会影响	传播情况	根据有关行业统计数据综合判定年度内独立创作生产网络视听作品的国内外传播情况
	重点项目	年度内独立创作生产网络视听作品入选国家级、省级资助项目并实现传播
	获奖情况	年度内独立创作生产网络视听作品获得省级(含)以上政府奖或国家级行业性奖项情况
	社会责任	年度内网络视听企业参与公共文化服务、从事社会公益事业、履行社会责任、诚信经营等情况
	社会评价	年度内独立创作生产网络视听作品受众反映良好,获得新华社、《人民日报》、中央广播电视总台、《求是》杂志、《光明日报》及其官网宣传报道,或被其他省部级以上媒体和专业领域权威媒体宣传报道
制度建设	党建思政	党组织机制健全,党风廉政建设良好,未出现人员违纪违法等情况
	队伍建设	建立并有效执行员工教育培训、任职资质管理制度,招收高学历人才、专业背景人才
	绩效考核	建立把社会效益放在首位,社会效益和经济效益相统一的企业综合绩效考核制度,以及相关制度在考核年度的具体执行情况
环境保护	资源节约	年度内生产和创作网络视听作品资源节约率

(二)山东省网络视听行业社会效益考核方向

根据网络视听行业和社会效益相关文件的具体内容,以及在山东省网络视听重点机构的实地调研情况,价值导向、文化传播、科教传播、促进就业、保护环境是网络视听行业社会效益考核的主要指标。其可作为山东省网络视听行业社会效益考核方向。

1.弘扬主流价值,引领正确导向

该方向主要是指网络视听行业作为文化产业的一部分,应该承担弘扬和宣传主流价值的责任,传播主旋律和正能量。

(1)相关背景

随着网络视听行业的发展,其内容越来越丰富,形式越来越多样,受众越来越广泛。网络视听行业的内容包括网络剧、网络电影、网络纪录片、网络动画片、网络节目、网络短片、网络直播,涉及大众日常观看和收听的所有类型内容。因其内容覆盖面广泛,网络视听行业的受众分布也比较广泛。不同年龄层次、不同性别、不同学历水平、不同职业类别的人,都在潜移默化中成为网络视听行业内容的受众。

随着智能手机的普及,网络视听行业内容传播更具便捷性、灵活性和互动性,受众随时随地能够获取符合自身需求的网络视听内容。网络视听内容逐渐成为受众享受闲暇时光的首选,网络视听行业也成为具有较大社会影响力的文化产业。一部优秀的网络视听作品能够引发全网的讨论,能够让作品中所体现的价值内涵深入人心。网络视听行业应该承担起社会责任,努力制作弘扬主流价值的优秀作品。

(2)山东省外实践案例

在国家广播电视总局等部门的管理和指导下,近年来网络视听行业涌现出许多弘扬主流价值的优秀作品。在改革开放 40 周年、中华人民共和国成立 70 周年、建党 100 周年的重要节点上,不论是主流传统媒体,还是新媒体平台,都通过多种形式推出宣传主流价值的网络视听优秀作品。有的作品通过对历史的挖掘讲述历久弥新的中国故事、中国经验,有的作品通过生动的人物刻画反映中国精神、中国品质,还有的作品通过对现实生活的写实来反映中国社会的发展与变迁。受众在观看和收听内容的同时,也在了解和认识主流价值的真正内涵。这些极具影响力和感染力的网络视听内容吸引了大批青少年的目光,让陈列在历史教科书上的中国故事和中国精神被广大青少年熟知。

(3)山东省内实践案例

山东省寿光市融媒体中心 2020 年以来,参与策划拍摄了四集纪录片《蔬菜改变中国》、央视“五一”特别节目《劳动如歌》、央视庆祝建党 100 周年特别节目《今日中国》直播等重大宣传,被山东省广播电视局作为全省广播电视媒体融合典型推荐到国家广播电视总局。疫情发生以来,寿光市融媒体中心创作生产《信心就是力量》《山东捐赠 350 吨优质蔬菜驰援武汉》抗击疫情主题作品，入围山东省广播电视局“抗击疫情　我们在行动”——山东省抗击疫情主题优秀网络视听作品评选展播活动。

据《齐鲁晚报 2020 年社会责任报告》所示，齐鲁晚报·齐鲁壹点策划《小康路上·齐鲁纪事》系列报道，共发稿件、视频、直播 160 多次，点击量超 1000 万次。策划“山东笑脸”“齐鲁志”两个系列共 20 个短视频的专题报道，策划《决战之时，决胜之势》山东脱贫攻坚收官战微纪录视频专题。

烟台市蓬莱区融媒体中心制作的《学党史传承精神　办实事为民服务》在央视《新闻联播》播出 1 分 30 秒，《肖本琦　肖作鹏父子：寻客寄照 30 年》在《新闻 24 小时》播出 8 分 40 秒，分别创下了蓬莱县级融媒体中心在央视《新闻联播》和新闻节目发稿时长新纪录。

2.根植传统文化，提升文化素养

该方向主要是指网络视听行业要注重对优秀传统文化的挖掘，生产制作传承优秀传统文化的精品内容。以此大力弘扬传统文化的精髓，提升全社会的文化素养。

(1)相关背景

中华民族传统文化源远流长、博大精深。在众多的网络视听内容中，宣扬传统文化为主的网络视听内容逐渐增多，也越来越受到大众特别是年轻群体的喜爱。网络视听内容通过新颖的表现手法，将传统文化元素融入视频、音频，通过多样化的传播渠道到达受众，让受众在娱乐中学习传统文化知识，培养对传统文化的兴趣。在平台短视频中，经常能够看到汉服、诗词、书法、戏曲、古风乐曲等传统文化相关内容。

越来越多的网络综艺节目、网络纪录片也深耕传统文化精髓，将传统文化的内涵以独特的视角展现出来，让受众对传统文化有更全面、更深入的了解，提升自身的文化素养。网络动画片以传统文化为根基，将其作为主题，让儿童群体在潜移默化中接受传统文化的熏陶，对传承和弘扬传统文化具有重要意义。

(2)山东省外实践案例

爱奇艺打造的中国首档京剧脱口秀《瑜你台上见》，与《鬓边不是海棠红》这部讲述梨园故事的网络剧进行联动，对剧中的京剧常识、京剧剧目、社会背景、人物角色等内容进行解读分析。以此将传统京剧的文化价值和文化内涵展现在受众面前，让受众感受中国传统艺术京剧的独特魅力。喜马拉雅联合云南省博物馆、湖南省博物馆、山东省博物馆、浙江省博物馆、河南省博物馆等国内知名博物馆推出《把国宝讲给你听》系列专辑，每个博物馆选取20件文物讲述其前世今生。听众们通过声音云游博物馆，了解人文历史；还可以在平台参与给文物配音活动，让沉默千年的文物也能开口讲话。

腾讯出品的网络纪录片《与古为友》，从六种传统文化出发，邀请代表传统文化和现代文化领域的嘉宾，带领观众与传统文化进行对话。该作品通过对传统文化进行追根寻源，以当代视角重新认识和理解传统文化，打破观众对传统文化的刻板印象。博润通动漫公司制作的网络动画片《巷食传说》以传统美食为题材，讲述了中华美食的历史与文化，也展现了中华美食所蕴含的情感需求和美好寓意。

(3)山东省内实践案例

济宁市微山县融媒体中心推出特色栏目《文旅微山》，主要介绍当地人文、历史、风景、美食。该栏目生产出不少传播传统文化的精品内容，且多次荣登学习强国平台。这也使得微山县融媒体中心成为本土文化的积极传播者、生动讲述者、深入实践者。

以传统文化为基石的网络视听内容创新传统文化的表现形式，深入挖掘传统文化的精髓，培养了受众对传统文化的兴趣，在潜移默化中提升受众的文化素养。其传承传统文化的核心内涵，让传统文化具有更强的生命力，也让传统文化更具有现代气息。

3.普及科学知识，推动教育发展

该方向主要是指，网络视听行业积极承担知识传播和网络教育的责任，生产制作具有教育意义的内容，提升全社会的知识水平。

(1)相关背景

网络视听内容因趣味性和通俗性易于被广大受众接受，占据了其大量的闲暇时间。网络视听内容的受众群体数量庞大，对视频内容的需求多样化。部分受众群体希望通过碎片化的时间吸收更多的知识，达到自我提升的目的。据《2020中国网络视听发展研究报告》显示，35.2%的受众观看短视频是出于教育学习的目的。

在受众需求的推动下，知识科普类网络视听内容逐渐增多，包括网络综艺、网络纪录片、网络短视频等形式。知识科普类网络综艺能够寓教于乐，往往会邀请明星、专业人士参与节目，引发受众的关注，并以小剧场、辩论、竞答等趣味性较强的形式将知识内容进行传播，给受众留下深刻的印象。网络纪录片能够将枯燥的知识内容用真实而生动的镜头记录下来，带给受众第一视角的观察，引发受众思考。网络短视频更是用简短的语言对知识进行讲解，符合受众利用闲暇时间补充新知识、了解新事物的需求。

知识科普类网络视听内容对青少年群体具有一定的教育意义。相较于图文形式的内容，视听内容更能引发青少年群体的学习兴趣；相较于传统媒体形式，网络传播形式也更符合青少年群体的信息接收习惯。青少年群体通过观看知识科普类网络视听节目和短视频，能够拓宽视野，完善知识体系。

(2)山东省外实践案例

“无穷小亮的科普日常”是一个生物知识科普类 IP。其视频内容大部分是对网络热传生物进行鉴定，纠正受众对生物的错误认知，同时详细讲解生物的样貌特点、生存环境和生活习惯。这些动植物大多是人们在日常生活中难以遇见的，加之其风趣幽默的讲解引发了许多受众对动植物的浓厚兴趣。该博主个人是《中国国家地理》杂志社《博物》杂志的工作人员，在其视频内容中还有对普通大众难以进入的专业动植物场馆的揭秘，受到众多家长儿童、青年群体的喜爱。

(3)山东省内实践案例

潍坊市高新区融媒体中心创作的《少年侦探团》科学小实验节目，入选“2019 年全国优秀区县融媒体中心十大优秀案例”，并受邀赴京做典型发言。

知识科普类网络视听内容将知识学习简单化、日常化、轻松化，吸引了不同年龄层次和学历水平的受众，赋予网络视听行业教育功能。

4.吸纳青年人才，改善就业问题

该方向主要是指网络视听行业为具有专业知识、专业技能的人才提供相应的就业机会，缓解全社会的就业压力。

(1)相关背景

网络视听行业属于知识密集型和人才密集型产业。人才是推动网络视听行业发展的内生动力。网络视听内容丰富多样，网络剧、网络电影、网络栏目、网络直播等内容的生产和传播需要各方面专业人才。一部具有代表性的网络剧的完成需要文笔深刻、富有社会洞察力的编剧,需要经验丰富、具有独特的叙事视角的导演,还需要具有表现力和感染力的演员。一部能调动受众积极性的网络综艺节目需要极具创意的文案编辑人员,需要技术熟练的拍摄人员和剪辑人员,也需要才思泉涌、应变灵活的主持人。专业化制作的网络视听内容需要大量专业人才。随着网络视听行业的不断扩张,网络视听内容范围越来越广阔,能够吸纳的专业人才背景也越来越多样,从业人员数量呈不断增长的趋势。

此外,随着互联网平台的兴起,网络视听内容的生产逐渐打破专业化的限制。各类音频、视频、直播平台允许用户注册账号、自主生产和上传内容。这类平台为普通用户提供内容传播渠道,内容生产者准入门槛比较低,接纳各类网络亚文化的存在,并借助平台的分类功能和大数据算法实现内容的精准推送。这类平台的出现让众多普通人具有施展才华的机会,为普通人提供了新的职业方向和职业道路。

(2)山东省外实践案例

据《2021 成都网络视听产业发展报告及机会清单》指出,成都以"场景营城"理念推动网络视听产业的发展,该理念对网络视听人才的吸引力不断增强。在创新人才集聚方面,依托四川大学、电子科技大学、四川师范大学、四川传媒学院、四川音乐学院、四川电影电视学院等高等院校,培育和供给了一批高质量网络视听相关人才;并依托"蓉漂计划",不断加强外部高端人才引入,减少优秀网络视听人才外流,有力推动成都建设全国网络视听人才聚集地。①

(3)山东省内实践案例

为了优化人才队伍,2021 年山东省青岛广播电视台开启大规模招才引智活动,吸纳 70 多位来自全国"双一流"重点建设高校、海外高校本硕毕业生,所学专业包括新闻传播学、中国语言文学、播音与主持、广播电视编导、计算机科学与技术、电子信息工程、软件工程、影视摄影、数字媒体技术、艺

① 参见《正式发布!2021 成都网络视听产业发展报告及机会清单》,2021 年 6 月 4 日,https://www.cditv.cn/show-1171-1505109-1.html。

术设计等，契合广播电视行业人才所需。

山东影视制作股份有限公司（以下简称“山影制作”）签约了一批年轻有市场号召力的导演、编剧。将来，山影制作计划采取项目制，进入专业的电影院校挖掘新人。

2019 年 11 月，济南广播电视台与贝壳视频达成共识，签署战略合作协议，共建“鹊华 MCN”短视频孵化品牌。目前，鹊华 MCN 在快手、抖音平台建立账号上百个，签约账号多为广电主持人、知名频道栏目以及当地自媒体网红。

5.发展绿色产业，保护生态环境

该方向主要是指网络视听行业坚持绿色发展理念，在生产制作和推广传播的各个环节都注重资源节约和环境保护，积极利用新技术达到绿色生产的效果。

随着经济建设的日益推进，生态环境问题越来越凸显。党的十九大报告中明确指出：我们要建设的现代化是人与自然和谐共生的现代化，必须树立和践行“绿水青山就是金山银山”的理念，形成绿色发展方式和生活方式。国家“十四五”规划中提出：要加快发展方式绿色转型。坚持生态优先、绿色发展，推进资源总量管理、科学配置、全面节约、循环利用，协同推进经济高质量发展和生态环境高水平保护。

绿色产业是以环保为核心的产业。此类型的产业在节约资源、保护环境、不打破生态平衡的基础上进行产品的生产、运输、消费和回收等，能够在带来经济效益的同时，也保证生态环境的良性循环。

文化产业是推动经济发展的重要杠杆，其以生产和提供精神产品为主要活动，来满足人们的文化需求。文化产业在生产的过程中，以输出文化、思想、创意为主。相对于传统制造业，大大减少资源消耗和环境污染。

网络视听行业作为文化产业的一部分，也是以文化创意、生产技术、传播方式为核心要点。网络视听行业主要通过互联网向公众提供音视频节目。互联网传播是一种以多媒体为终端、以光纤为通道进行传播的方式。这样的传播方式需要集中铺设光纤以及个人拥有终端设备。但是无论是集中铺设的光纤还是个人拥有的终端设备，一次性配置后可持续使用的时间都比较长，实现边际效益递增的效果。网络视听内容通过互联网平台向用户进行传播，相较于传统纸媒的传播方式，大大减少了纸张、墨水的使用，同时也省去了材料回收环节，减少了资源的浪费。网络视听行业在生产的各个环节都践行了绿色发展理念。

三、山东省网络视听行业社会效益提升路径

山东省网络视听行业顺应时代发展，规模越来越壮大，应该承担相应的社会责任，注重社会效益的提升。网络视听行业的社会效益主要体现在对主旋律的弘扬和价值观的引导、对传统文化的传承和社会文化素养的培养、对科学知识的普及和教育的发展、对人才的培养和对就业问题的改善，以及对生态环境的保护。网络视听行业在发展过程中，应坚持以社会效益为重，不断提升社会效益。

（一）深入挖掘重大主题

在弘扬主旋律和引导价值观方面，山东省网络视听机构应制作更多重大主题精品内容。通过将重大主题内容进行深挖和剖析，并选取能够引起共鸣的视角进行传播。

山东广播电视局联合大众网、齐鲁网于2020组织开展了“抗击疫情 我们在行动”——山东省抗击疫情主题优秀网络视听作品评选展播活动。活动共征集作品380余部，遴选了《守护》等44部优秀作品在大众网、齐鲁网和海报新闻、闪电新闻客户端及山东IPTV等重点视听节目平台进行展播，充分展示了全省各行各业和全省人民众志成城、共克时艰的责任担当，为疫情防控和经济社会发展营造了良好舆论氛围。

（二）传统与现代相结合

在传承传统文化方面，山东省网络视听行业应将传统文化与现代传播方式相结合，强调传统文化传播的趣味性和通俗性，同时也要体现传统文化的精髓。

山东美猴文化创意集团有限公司致力于用动漫形式展示中华优秀传统文化。儒家文化是重要的中华优秀传统文化符号，但是如何让晦涩难懂的文化经典深入人心，是对文化传媒机构的一大挑战。该集团则从现代传媒表现方式出发，用动漫这种简单易懂的形式演绎出儒家文化经典的深刻内

涵，增强了传统文化的趣味性和通俗性，拉近了儒家经典文化与现代人的距离，也让儒家文化经典受到更多年轻人的喜爱。

（三）引领正确价值观念

在培养社会文化素养方面，山东省网络视听行业要注重引导社会大众坚守社会主义核心价值观，树立新风尚。

山东豆神动漫有限公司（以下简称“豆神动漫”）自成立以来，始终坚持以原创动漫弘扬社会主义核心价值观。目前豆神动漫已创作出《多宝一家人》《小呆鸡》《爱逗虫虫》《豆神战队——圆梦计划》《龟兔赛跑后传》等原创动画片，传播传统美德、追梦精神等社会主义核心价值观。疫情期间，豆神动漫用小呆鸡可爱的动漫形象制作防疫表情包，将疫情防控常用语用表情符号记录下来，以增强公众的疫情防控意识，达到了树立社会文明新风的效果。

（四）鼓励科普专业化

在普及科学知识方面，山东省网络视听行业可鼓励专业团队和个人对科学知识进行音视频传播，满足大众对科学知识的好奇心。

《齐鲁晚报》关注科技创新领域最新动态，利用自身平台的专业优势向受众普及科学知识。2020 年 7 月 22～23 日，《齐鲁晚报》在其官网上，用视频、直播等网络视听节目形式对天问一号的火星探测之旅情况和意义进行了解读。之后其又关注嫦娥五号奔月之旅，对探测器的背景、此次“挖土”任务的难度以及未来的工作进行了全面介绍。《齐鲁晚报》通过专业新闻媒体的科普传播，让受众近距离了解科学的奥秘。

（五）促进网课精品化

在发展教育方面，山东省网络视听行业推进网络课程的规范化发展，推出更多网络精品化课程，满足大众的学习需求。

山东海看网络科技股份有限公司（以下简称“海看科技”）自 2018 年以来，连续推出海看精品原创系列节目——《海看说》，包括《海看宠物说》《海看农技说》《海看园艺说》《海看健身说》。海看科技希望通过这一系列垂直化、精细化科普课程节目对受众进行精准的内容输出，满足受众对某一细分领域知识的学习需求。

（六）优化人才培养和待遇

在培养人才和改善就业方面，网络视听行业要完善内部人才培养体系，加强员工学习，改善对人才的薪资待遇。

邹城市融媒体中心努力打造新时代“四力”过硬的全媒体人才队伍。其实施“天降大任”融媒英才学习提升行动，开展“邹鲁融媒”大讲堂、挂职锻炼、技术大比武、“三人行 SHOW”全媒主持业务提升计划、“我融我精彩”原创融媒产品大赛等活动，通过多种方式调动员工学习积极性，提升员工的融媒体业务水平。

烟台市蓬莱区[①]融媒体中心为鼓励员工创作精品，出台《蓬莱市广播电视台稿费发放暨考核办法》（以下简称《办法》）。每年设立 20 万元奖励为宣传蓬莱做出突出贡献的记者编辑。通过该《办法》的发布和实施，体现出其对人才和劳动成果的尊重。

（七）坚持绿色发展道路

在保护生态环境方面，网络视听行业要合理配置资源，坚持绿色发展理念。其要合理布局产业结构，鼓励资源集聚的产业园区发展。

近年来，随着青岛市互联网企业的迅猛发展，新媒体产业基地、动漫产业园区等一批互联网产业园区应运而生，吸纳了众多网络视听企业的入驻。产业园区的建立充分发挥了资源集约的优势，大大节省网络视听内容生产创作的资源，促进了网络视听行业的绿色发展。

---

① 2020 年 6 月，撤销烟台市蓬莱市、长岛县，合并设立烟台市蓬莱区。

山东省网络视听重点机构调研报告

李薇薇　刘帆　王雪迪*

一、调研概况

（一）调研背景

《2021 中国网络视听发展研究报告》显示，截至 2020 年 12 月，我国网络视听用户规模达 9.44 亿，较 2020 年 6 月增长 4321 万，网民使用率为 95.4%。2020 年 6～12 月，我国新增网民 4915 万。其中 25.2%的新网民因使用网络视听类应用而接触互联网。短视频对网民的吸引力最大。20.4%的人第一次上网时使用的是短视频应用，仅次于即时通信，排在第二位。

受新冠肺炎疫情影响，网络视听成为网民生活的新方式。相对于过去强调"文字的力量"，在这个时代或许我们更需要关注"视听的力量"。网络视听产品能摆脱文字叙述的线性束缚，直接作用于网民的思想及行为层面。人类故事的载体不再以文字作品为主，而是以视听产品为主。

从技术层面来看，新技术新业态崛起致使网络视听行业增长空间巨大。以短视频为代表的新业态迅速崛起，电商直播、知识付费产品也进入增量阶段，深受网民喜爱。未来随着 5G、人工智能、VR/AR 等信息技术的快速迭代，将形成新的社群文化和数字消费场景，这意味着网络视听行业发展潜力巨大。

---

* 李薇薇，山东大学新闻传播学院 2019 级博士生；刘帆，山东大学新闻传播学院 2019 级硕士生；王雪迪，山东大学新闻传播学院 2021 级硕士生。

（二）调研范围

本报告中网络视听重点机构是指在全省网络视听行业中具有先锋意识和重要影响力的机构，从地域范围上囊括了省级、市级和县级，从性质上包括了商业机构和官方机构。

受主客观等多种因素影响，本报告以部分代表性机构为例，对山东省网络视听重点机构整体情况进行梳理分析。代表机构名单如下：

山东影视制作股份有限公司、山东电子音像出版社、齐鲁晚报·齐鲁壹点、济南广播电视台融合发展中心、青岛广播电视台、胶东在线、烟台市蓬莱区融媒体中心、潍坊高新区融媒体中心、寿光市融媒体中心、兰陵县融媒体中心、微山县融媒体中心、青岛古麦嘉禾科技有限公司。

（三）调研方式

调研小组对山东省网络视听重点机构的调研方式分为两种：第一，对上述多家重点机构进行实地调研，通过座谈、参观等方式了解情况；第二，通过网上发放调查问卷的方式，对全省范围内其他重点机构进行调研。

（四）分析架构

本调研报告将分为四部分：第一部分是对山东省网络视听重点机构发展情况的分析，包括成立时间、建设情况、人员架构、代表作品以及运营情况等；第二部分是对山东省网络视听重点机构发展特点的概括和总结；第三部分是对山东省网络视听重点机构面临问题的分析，包括体制机制、内容生产、市场开拓以及用户维护等问题；第四部分是对山东省网络视听重点机构提升策略的分析，针对调研时反馈的问题提出解决路径的探索。

二、山东省网络视听重点机构发展情况

本报告依托山东省网络视听重点机构的调研资料，将每个机构发展情况分别进行整理。在此基础上，提炼出山东省网络视听重点机构的总体发展情况。

（一）网络视听重点机构具体发展情况

在调研过程中，围绕重点机构的基本情况、精品内容、体制机制以及投融资情况展开详细的调查，详细资料可见本书“山东省部分网络视听机构实

地调研报告”。各机构基本情况如表 1 所示。

表 1　山东省网络视听重点机构基本情况

	成立时间	主营业务	机制架构	代表作品
山东影视制作股份有限公司	2009 年 4 月	影视	传媒公司	《父母爱情》等经典鲁剧
山东电子音像出版社	2000 年 1 月	视频、有声书	传媒公司	《葛兰颂英雄》等
齐鲁晚报·齐鲁壹点	2014 年 9 月	短视频、云直播	传媒公司	果然视频
济南广播电视台融合发展中心	2010 年 1 月	直播、MCN、全媒体营销等	电视台	鹊华 MCN
青岛广播电视台	2009 年 12 月	电视、广播、直播	电视台	爱青岛
胶东在线	2002 年 4 月	网站	广播电视局下属机构	“网上民声”等专栏
烟台市蓬莱区融媒体中心	2019 年 9 月	短视频、直播	融媒体中心	微视蓬莱
潍坊高新区融媒体中心	2015 年 7 月	微视频、直播	融媒体中心＋传媒公司	《小康中国千城早餐》等视频
寿光市融媒体中心	2019 年 11 月	视频云校、直播	融媒体中心＋传媒公司	中国(寿光)蔬菜视频云校
兰陵县融媒体中心	2019 年 8 月	短视频、直播	融媒体中心	兰陵首发
微山县融媒体中心	2019 年 7 月	短视频、直播	融媒体中心	《新动能》《文旅微山》《家访》等
青岛古麦嘉禾科技有限公司	2018 年 3 月	MCN	传媒公司	“破产兄妹”等网红 IP

(二)网络视听重点机构总体发展情况

在对重点机构调研材料梳理的基础上,课题组进行了总结和分析,并且与被调研机构进行多次沟通,归纳出以下结论。

1.政府助推网络视听机构前进,短视频和直播加速发展

从2014年开始,山东省广播电视局先后出台了《山东省互联网视听节目服务备案管理办法》《2020年山东省网络视听工作要点》等文件,开展网络视听(短视频)基地评审工作。在政策指引下,山东省网络视听行业得到了快速发展。

短视频和直播在网络视听行业中表现最为突出,这与全国趋势基本保持一致。根据《2021中国网络视听发展研究报告》可知,整个网络视听市场规模、用户数量呈现飞速上升趋势。尤其随着整个社会生活节奏的加快,短视频式的快餐类消费产品逐渐在视听领域拔得头筹。同时受疫情等的影响,直播带货成为上到主流媒体、下到自媒体个人都争相追逐的热潮。

在对山东省网络视听重点机构的调研过程中发现,不论是商业平台还是主流媒体,都在积极布局短视频和直播,进而形成完整的产业链。以贝壳视频为例,贝壳视频围绕"内容管理、品牌包装、商业变现、后台保障"服务体系,打通了"账号孵化、广告发布、在线直播、商品销售"的全链接。县级融媒体中心也在积极布局短视频领域。以寿光市融媒体中心为例,专门成立了由64人组成的文创工作小组,培养员工创新能力和熟练运用新媒体的能力。截至目前,寿光市融媒体中心共创作短视频、图片、音频等文创作品1200多条。

2.网络视频大小屏互动,重点机构开展多屏竞争

据《2021中国网络视听发展研究报告》显示,网络视频(含短视频)用户的收看终端呈多样化特征。其中,手机终端数量为7.25亿,用户使用率为99.7%,排在首位;其次是台式电脑,终端数量为3.61亿,用户使用率为49.8%;笔记本电脑、平板电脑的使用率分别为37.9%、32.4%,终端数量分别为2.75亿、2.35亿。互联网电视成为未来智慧家庭生活娱乐的核心入口。

在对山东省网络视听重点机构的调研中发现:重点机构对大屏和小屏

发展前景有深刻认知，并且在不断拓宽大小屏的市场占有量。调研中不少部门负责人都提到了“中视频”，认为网络视听的下一个增点就是中视频。5G 技术的发展以及电视平台的潜力开发，时长在 10 分钟左右的中视频成为爱奇艺、优酷、腾讯视频以及西瓜视频等纷纷布局的赛道。

重点机构在多屏互动方面积极尝试，可以山东省广播电视台为例。2021 年春晚，山东省广播电视台通过多屏互动、多点触发，打破舞台界限，通过微博话题、云端直播、5G 智媒技术等提升观众的参与感，展现“山东春晚”品牌的创新力、凝聚力、影响力，营造荧屏内外全民联欢的共庆氛围。快手作为 2021 山东春晚的独家短视频合作平台，在春晚播出的同时搭建“第二演播室”，实现大小屏同步播出、实时互动，打造出一台全民互动、破圈传播的融合春晚。

3.技术赋能产业发展，重点机构开展多功能服务

人工智能、大数据、云计算等新兴技术的发展，给网络视听内容创作、传播、运营、营销等全产业链带来革命性变革。2020 年全国“两会”期间，新华社首次使用 5G 网络传输和全息成像技术，推出 5G 全息异地同屏系列访谈，打破时空限制，实现了记者与异地受访者“面对面”交流与互动。同时，云录制、云演出等成为新冠肺炎疫情这一特殊背景下的重要手段。相信随着 5G、云计算、大数据、人工智能等新技术的发展，云录制将成为网络视听内容创作的重要方式。

在技术赋能产业发展的背景下，山东省网络视听重点机构纷纷利用新技术来拓宽业务。以济南广播电视台为例，其打造了“鹊华云”智能媒体生态圈，运用 5G＋4K＋AI、大数据、云计算等新技术，形成全媒体指挥调度、汇聚生产、分发反馈、舆情分析、智媒研究、视频运营的新媒体产业园。一方面，鹊华云与贝壳视频联合成立合资公司，运营短视频 IP 账号孵化、网红直播基地打造、内容电商、大型活动策划及执行业务，形成短视频品牌“鹊华视频”。另一方面，鹊华云还承接互联网技术开发和运营、软件开发、信息技术集成、广播电视及网生节目制作、县区融媒体平台开发运维，并且承担运营济南智慧全媒体中心、现代济南影像数据中心、政务新媒体服务、新媒体产业园短视频“双创”基地、媒体电商等项目。目前鹊华云不仅仅局限于视听业务，其已成为国内具有较强实力、特色鲜明的文化传媒科技型公司。

4.内容趋向精品创作，爆款产品频频“出圈”

2020年4月，《2020年山东省网络视听工作要点》提出要加强重大题材规划引导。抓好重大现实题材、重大历史题材、重大革命题材的挖掘和创作，坚持正确的国家观、历史观、民族观、文化观，大力弘扬中华优秀传统文化、革命文化和社会主义先进文化。以“小康幸福年”为主题，加强对决胜全面建成小康社会、决战脱贫攻坚题材的引导创作，力争2020年打造1～2部在全国有影响力的网络影视剧精品。

重点机构积极布局，加强精品内容生产。IP是一个精品内容的主要门类，不论是长篇幅的电视剧、电影，还是短视频短剧甚至是广播，IP的热度都为内容的生产助力，并且助推受众圈层实现突破。青岛古麦嘉禾科技有限公司等机构依托短视频生产一系列精品的“短剧”“互动剧”；山东影视传媒集团生产了一批热门剧集，节奏紧凑、故事引人入胜、演员演技在线、制作精良等特点，助推网络剧行业快速发展；山东卫视脱口秀类综艺、原创文化类节目也在不断获得更多的知名度；“微型化”或成为行业趋势，县级融媒体中心拍摄的微电影、微型纪录片屡屡在国际、国家和省级平台获奖。

5.风格吸引年轻受众，成为网络视听行业的新动能

在山东省网络视听重点机构的调研中，各家机构表示作品生产要迎合年轻人口味，紧抓青年人的用户群体。如烟台市蓬莱区融媒体中心尝试了城市慢直播，入驻哔哩哔哩等平台；贝壳视频联合平台实施“济南城市IP品牌计划”，赋能城市文旅，以“网红济南”为题，借助新兴媒体手段和网络红人资源，成功打造城市IP品牌计划；山东出版集团生产一系列精品视频，以精品打动年轻人。其与新浪山东合作制作的关于“乡村记忆”的视频，选取山东省具有代表性的40多个村落进行拍摄，彰显这些村落的历史文化、自然风景、特色物产等，以民族特色来吸引年轻人的步伐。

6.网络视听重点机构参与社会治理，催生新模式

党的十九届五中全会审议通过的《中共中央关于制定国民经济和社会发展第十四个五年规划和二〇三五年远景目标的建议》(以下简称《建议》)提出：“推进媒体深度融合，实施全媒体传播工程，做强新型主流媒体，建强用好县级融媒体中心。”一直以来，县级融媒体中心建设持续推进，各地因地制宜探索符合自身实际的建设路径，将党的声音传递给群众。实践证明，县

级融媒体中心是全媒体传播体系的重要环节，是基层社会治理的有效抓手。

除了搭建 App，成为连接政府、用户和媒体的桥梁，参与到社会治理之外，很多县级融媒体中心还依托网络视听业务，发挥地域特色，形成专业的媒介治理平台。以寿光市融媒体中心为例，其为山东省的“蔬菜之乡”寿光市搭建了一个“以菜为媒”的特色平台。该平台立足蔬菜产业发展需求，以服务菜农、助推蔬菜产业发展为目标，打造了“以菜为媒”的综合媒体平台。一方面，组建专家团队。成立了由 40 多名蔬菜专家和 310 名联络员队伍组成的 4 支为农服务队，组织记者进驻覆盖 20 多万菜农的“千村千群”，定时推送技术指导短视频、收集社情民意，累计推送短视频 420 多条，收集上报民意信息 100 多条。另一方面，完善媒体平台。开办了全国唯一一个蔬菜专业电视频道、唯一一份蔬菜专业报《北方蔬菜报》，在电台服务菜农的基础上，建设了中国寿光蔬菜视频云校，开发了“蔬菜云”App 客户端及棚管家、棚保姆等一批特色应用，建起了立足本地、面向全国的全媒体服务平台。通过热线电话、视频在线、进棚指导等形式，其让专家与菜农“面对面”，每年帮助解决问题 4200 多个。

7.网络视听领域资本市场活跃，山东缺少头部平台

《2021 中国网络视听发展研究报告》显示，2020 年我国网络视听领域共发生投融资事件 171 起。其中视频、直播领域的投融资事件最多，占整体的 29.8%(共 51 起)，较 2019 年提升了 10.6 个百分点；紧接着则是媒体及阅读、影视，分别有 34 起、21 起投融资。资本市场对网络视听领域的投资主要集中在天使轮和 A 轮，占整体的 70%以上。2020 年新冠肺炎疫情期间，网民娱乐需求转至线上。随着疫情防控进入常态化阶段，综合视频用户规模回落到 7.04 亿，但仍高于疫情前水平。市场集中度也进一步提升，爱奇艺、腾讯视频、优酷、芒果 TV、哔哩哔哩五大视频平台占据着高达 88.3%的市场份额。

在对山东省网络视听机构的调研中，发现目前制约山东省网络视听进一步扩张发展的问题之一就是缺少头部平台。省级、市级广播电视台和县级融媒体中心搭建了很多网络视听平台，带有服务属性和地域属性的商业平台因资本等的限制，往往依托于其他商业头部平台。由于缺少头部平台的引领，山东省网络视听的拉动作用不是很明显。

三、山东省网络视听重点机构发展特点

（一）聚焦广电优势，发展多种形态

经过对 14 家重点机构进行调研和走访，可以发现传统广电系媒体目前是网络视听行业的主力军之一，即媒体在依托广电资源的“大盘”基础上求新求变，开拓视听新资源，发展媒体新形态。

具体来说，这些机构正在积极迎合媒体融合、智慧广电、5G 新技术等新趋势新需求，不断加快科技创新、业态创新、管理创新和服务创新，推动“精品产品”发展、融合发展和全产业链发展，推进自身的产业设备加快升级。例如济南广播电视台的鹊华云项目，通过项目和技术合作等形式，围绕人工智能、大数据、区块链、广电 5G、有线无线卫星智能协同、5G 高新视频等重点领域开展研究开发，推动先进技术和综合应用集成创新。

以青岛广播电视台为例。在网络视听业务方面，青岛广播电视台利用自己的广电优势，打造“多平台、广覆盖”的全媒体格局。其开办 6 个广播频率、7 个电视频道，拥有广播、电视为主，报纸、网站、移动电视、网络电视、手机电视、可视广播等为辅的全媒体格局。在此基础上开拓出“爱青岛”和“蓝睛”两个客户端：“爱青岛”以资讯类为主，内容覆盖新闻资讯、交通服务、政务公开、便民生活等四大类；“蓝睛”依托于青岛广电新闻中心，是以直播为核心、视频新闻首发为特色，面向移动客户端推出的官方新媒体发布平台，其承担了诸多大型直播活动。

（二）围绕重大主题，壮大主流舆论

在对重点机构的走访调研中，多家机构强调媒体的社会责任，尤其是主流媒体承担着舆论引导和对外宣传的多重社会责任。对其而言，主流既意味着一种责任，同时又是一种宝贵资源。

在建党百年纪念活动期间，全省广电媒体和网络视听服务机构开设系列专题专栏，推出一批重点报道、新闻评论和新媒体作品，持续推动党史教育深入人心。这些机构统筹网上网下，抓好庆祝建党百年的纪念活动宣传，开发了短视频、中视频、长视频、直播、小程序等多种产品形态，完成对一系列重要活动实况转播任务，以网络视听的多种形态不断壮大主流舆论的传

播力、引导力、影响力和凝聚力。

以山东省广播电视台在疫情期间的视听报道为例。疫情期间，山东省广播电视台专门成立工作领导小组，山东卫视《山东新闻联播》、综合广播《山东新闻》等主要新闻栏目，密切关注湖北等疫情严重地区防控工作情况。其聚焦山东认真贯彻落实习近平总书记重要讲话精神，凝聚政府、企业、群众等各方社会力量，着力宣传山东伸出援手、恢复生产、运送物资、驰援湖北的爱心行动和有力举措。

山东广播电视台各部门、频道，统一开设“众志成城　防控疫情”专栏专题，围绕山东各地加紧生产、保障防控物资供应等内容，集中播发了《山东：加紧生产防控物资　规范市场秩序》《山东开启应急救援设备和物资采购绿色通道》《山东：多措并举保民生物资供应》《山东：维护市场价格秩序　从严查处哄抬价格行为》等报道。其展现全省统一行动、统一调配、统一供应、多措并举保障急需物资运输安全高效顺畅，维护社会大局，稳定人心，提振信心。

山东广播电视台充分发挥主流媒体作用，以闪电新闻客户端为主阵地，努力处理好速度与温度，平衡好理性与感性，深入挖掘山东各行各业涌现出的爱心援助和感人故事。其聚焦山东企业在抗击疫情中发挥的正能量，齐鲁网、闪电新闻客户端通过直播、短视频、图解等多种形式展开宣传。

第一时间推出《政能量　紧急督战！山东省领导兵分多路下基层进企业督导疫情防控工作》，山东广播电视台通过图画划重点的形式，展现省领导赶赴各地医疗用品生产企业、超市等生产一线进行督导，以及各地生产部门和企业热火朝天、加班加点忙生产的生动画面。其利用全台优质资源，围绕山东各地企业驰援火神山医院建设、支援供应湖北蔬菜等行动，闪电新闻客户端推出“肥城市服装生产企业开足马力赶制隔离衣”“淄博张店区医疗设备企业生产不停工”“邹城企业提前六天复工　全天候生产医用无纺布”“临沂药企捐赠千万元药品夜驰湖北”“德州武城中央空调产业基地满负荷生产　驰援火神山医院”等多场直播，展现山东上下一心、众志成城、坚决打赢疫情防控阻击战的决心和信心。

（三）对接国家战略，内容供给侧改革

发展网络视听行业既是呼应国家的数字文化战略，也是以网络视听行业为基点呼应国家其他重点发展战略。不论是省级机构，还是市级、县区级机构，抑或是商业平台、主流平台，山东省网络视听重点机构都有一个鲜明的特征即对接国家战略。

以贝壳视频为例，《2020年济南市政府工作报告》指出："建设直播经济总部基地、短视频双创基地，打造新媒体之都。"贝壳视频积极探索与政府部门合作，助力新媒体之都的品牌建设。从2018年开始，贝壳视频协助济南市政府参与承办中国新媒体发展年会，至2020年已成功举办三届。年会已永久落户济南。未来该年会将继续吸纳相关产业落地聚集、增强城市多产业领域竞争力，打造行业中心。

贝壳视频联合平台实施"济南城市IP品牌计划"，赋能城市文旅。2019年8月，以"网红济南"为题，济南借助新兴媒体手段和网络红人资源，成功打造城市IP品牌计划，开启"网红济南"第一季活动。2020年12月18日，"网红济南"第二季"我和我的济南"系列主题活动在济南启动。本次活动由济南市委宣传部主办，济南广播电视台、贝壳视频、百度好看视频、百度百家号济南中心共同承办。通过短视频及图文大赛的形式，展现济南丰富多彩的城市故事，进一步推广"网红济南"城市品牌。

(四)以内容生产为主、平台建设为辅

山东省为促进网络视听行业的全面发展，出台了一系列政策加快推进建设步伐。据《山东省广播电视和网络视听产业高质量发展调研报告(2020)》所示，山东省广播电视行业集中优势力量抓精品创作生产，大力实施"百部影视精品创作生产推进计划"，设立了"百部影视精品创作生产扶持引导专项资金"，建设了"山东省影视题材大数据平台"[①]，拍摄了一批思想精深、艺术精湛、制作精良的优秀电视剧、纪录片和动画片。2020年，完成《经山历海》《温暖的味道》《好雨知时节》《运河风流》等重点剧目创作。

在政策激励下，重点机构多次在调研中表示，精品内容是生产方向。例如寿光市融媒体中心打造了《菜乡播报》《理论之窗》《爱心寿光》《乡村》等品牌栏目，联合省台"闪电云"和多家媒体平台同步直播的第22届菜博会开幕

① 孙杏林、倪广宏、周琛：《山东省广播电视和网络视听产业高质量发展调研报告》，《现代视听》2020年第5期。

式全网转发量 1.6 亿余次，打破了寿光本土媒体直播在线观看量的最高纪录。平台建设方面，尽管各机构都在积极布局平台建设，但是目前主要还是依托视频号、微博、抖音、快手、腾讯、优酷等视频媒体商业平台，例如《寿光日报》官方抖音号位列全国县市报前三名。2020 年 11 月，“寿光融媒”在山东省委网络安全和信息化委员会办公室举办的“这就是山东”系列短视频征集活动中，获得“抖一抖可爱山东人”话题二等奖；2021 年 3 月，《蔬菜之乡“包”您满意》成功入选新华社新闻信息中心、音视频部与百度 App、百家号、好看视频联合出品的《小康中国　千城早餐》大型视频展映活动第二季，荣获优秀奖，并在新华社客户端和百度平台发布。

（五）改革体制机制，走向全面融合

山东省各级广播电视台、融媒体中心等多家重点机构，在体制机制方面改革的举措比较多样：一是将机构建设和运行经费列入财政预算，足额拨付，通过财政兜底解除后顾之忧；二是制定激励政策，通过薪酬制度改革、职称评聘制度改革和管理岗位竞聘制度改革等激励性措施，进一步激发组织活力，提升工作效能；三是落实硬件投入保障，借助媒体融合中心建设，从场地、设施、设备各方面对原有媒体资源进行集中再分配和改造优化升级，完善硬件配置；四是由编办牵头落实解决人员编制、机构设置和聘任制人员待遇等人事问题，开展人员培训，充实专业队伍，保障人力充足。

例如，潍坊市高新区融媒体中心创新探索“公益＋经营”的“一体两翼”运营模式，致力于打造全流程全媒体整合传播机构，深耕电商直播、影视制作、创意设计、大型活动、媒体推广、品牌策划、新媒体运营、展览展示、战略咨询等文化科技类业务，提供一站式、全方位宣传推广服务。

（六）政府监管加强，网络视听生态良好

山东省出台了一系列对网络视听重点机构的管理措施。在《2020 年山东省网络视听工作要点》中指出，要构建传播新空间，压实意识形态责任。认真落实意识形态工作责任制，强化行业管理责任和属地管理责任，压实网络视听企业主体责任，把党管意识形态的要求落实到网络视听行业各方面、全过程。召开全省网络视听管理工作会议。严格内容把关，坚持导向管理全覆盖，完善网上网下同一标准、同一尺度的长效管理机制，建立健全行业准入和退出机制。督促视听节目服务机构落实总编辑内容负责制，严格执行网络视听节目“先审后播”“未审不播”管理制度。统筹做好重点网络视听平台的节目播出计划报备工作。开展专项整治，加大对视听节目网站、互联网电视、短视频及网络直播等视听新媒体业务平台的日常监督和专项检查工作力度，持续开展“净网2020”专项行动，坚决打击违规传播视听节目的行为。健全视听平台管理制度，将无证视听平台纳入管理范围，做到业务延伸到哪里，管理就跟进到哪里。

在政府有力监管之下，山东省网络视听重点机构反馈：网络视听恶搞内容、网络视听暴力内容、网络视听低俗内容、网络视听淫秽色情内容、侵权盗版内容、敌对势力有害信息渗透明显减少，网络视听生态逐渐向好。

四、网络视听重点机构面临问题

（一）人才逐渐流失，缺乏生产动力

在调研走访中发现，目前重点机构尤其是融媒体中心、各级广播电视台存在着的一个普遍现象，即有编制的工作人员主要为原来传统媒体迁移过来的人员，年龄较大，对新兴技术的了解和把握程度难以适应新的业务要求。此外，由于工资、编制等各方面条件的限制，技术人员流失比较严重。可以说，技术人员的缺失和流失是整个网络视听行业亟待解决的重要问题。

习近平总书记指出，“媒体竞争关键是人才竞争，媒体优势核心是人才优势”[①]，并要求新闻舆论工作者“努力成为全媒型、专家型人才”[②]，这就为新闻舆论工作队伍建设指明了方向、明确了目标。目前人才队伍建设的不足、人才能力的匮乏，是制约重点机构发展的重要问题。人才是网络视听重点机构媒体竞争的核心要素。培养并发展一批真正热爱传媒事业、懂技术的创新人才，是网络视听重点机构走向更大平台发展的关键。

人才困境是目前普遍存在的问题。在调研走访中，几乎所有网络视听重点机构都在反馈人才问题。例如，在微山县融媒体中心的调研中得知，微

---

① 人民日报社评论部：《论学习贯彻习近平总书记新闻舆论工作座谈会重要讲话精神》，人民出版社2016年版，第6页。

② 人民日报社评论部：《论学习贯彻习近平总书记新闻舆论工作座谈会重要讲话精神》，人民出版社2016年版，第6页。

山县融媒体中心改革之前受编制的限制，期间有 13 年没有招新人。2019 年县融媒体中心正式挂牌时县里批了 101 个编制，在原有编制的基础上扩编 40 个，为下一步的人才引进提供了保障。其通过人才引进方式不断招聘专业人才，2020 年共招聘 12 个研究生。对专业人才的需求，已然是网络视听重点机构的发展瓶颈。

(二)传统思维固化，难赢流量竞争

传统视听机构出身的业务人员都存在一种定向思维，也有学者称之为是“传统编导思维”。在这种思维主导下，无论是对重大活动的专题报道还是对视听内容的精品设计，都易沿着过去的思维定式发展，忽视了当下的“流量原则”。

这个问题在县级融媒体中心等类型的重点机构中，尤为显著。部分融媒体中心表示目前对网络视听如何发展、如何实施的政策仍在探索。现有政策主要停留在宏观层面，就具体如何建设的问题会依据各地情况进行探索。目前很多融合可能仅仅是表面的融合，有些县级融媒体中心仅仅是将原来的报社、广电系统进行整合，对视听方面的探索也局限于原有的广电系统业务范围内。其对如何出精品、出爆点还没有理清思路，没有完全培养起互联网思维。

盲目投入大量人力物力却没有充分思考产品的市场化反馈，目前是很多网络视听机构存在的问题。摆脱融合内容的生存困境也不是一朝一夕就可以解决的，需要从立足机构所在地域情况、平台的建设战略、人才的实际能力等方面寻求突破口。但有一个共识是可以明确的：若想融合时代，传统编创思维一定行不通。

事实上，国内有一些先进的典型经验可以参考，如浙江省长兴传媒集团。该集团对外公布数据所示，在 2020 年营收就达到了 2.61 亿元。长兴传媒集团走在县级媒体融合发展的前列并非偶然，其很早以前就有了用户概念和互联网思维，迈入了融合发展的征程。县级融媒体中心的发展不仅是媒体本身的变革，还需加入推进国家治理体系和治理能力现代化的进程中，并成为基层创新社会治理的重要媒介。

(三)投资回报缓慢，利益矛盾难解

对网络视听重点机构来说，投资与产出是一个重要问题。经本报告调研发现：虽然部分商业媒体和广播电视机构能够实现盈利，但仍有一些机构面临营收不好的问题。尤其是疫情影响下，问题更突出。

事实上目前很多网络视听重点机构既想要守住自己的既有利益，拼深度、拼内容，又想要在更广的领域开拓商业市场，拼流量、拼产能。这种矛盾冲突得不到缓解，很容易使得生产线路不明晰。固化思路的打破会引起利益冲突的问题，如果改革的只是媒介形式，而不将商业模式进行变革。那么其所完成的媒介融合也仅仅是外表的融合，而不是内在的融合。

目前很多网络视听机构盈利存在两个方面的问题：

一是自主营收方面的困难。寿光市融媒体中心就表示：近几年，寿光市融媒体中心面临广告营收急剧下滑的问题，尤其是疫情的到来和常态化对自主创收影响较大。其目前自主创收方面主要分为四大部分：一是建设创收影城，新建完成1个影城；二是进行视频制作，已经成立了两个工作室，这方面在寿光市有很大影响力；三是大型社会活动创收，如车展、文化活动（市、乡镇的）、行业活动（护士节）、防汛演练等；四是与企业合作创收，如蔬菜频道的配送服务。

二是资金补助不够。在山东出版集团的调研中发现，出版社的补助资金来源一般包括国家出版基金补助、国家财政补助、省内资金补助。国家出版基金补助一般是事前补助，省内资金补助一般是事后补助。出版社的运作不能像商业传媒公司那样大量吸收社会资本，因而内容生产和制作的资金需要有些补助。有些音视频内容的制作，特别是精品内容的制作前期需要投入的资金比较大，出版社很容易会面临资金困难的情况。

（四）平台开发重复，商业平台制约

经调研发现：很多网络视听重点机构都反馈，平台问题是其目前面临的重要问题。平台分为两种：一种是自主开发，例如寿光市融媒体中心自主开发的“寿光云”App。其在客户端建设上，整合资源建平台。该平台围绕“媒体＋政务＋服务”，整合电视、报纸、媒体号上云，深化推进新时代文明实践中心、社会综合治理服务中心共建共享，完成了居民社保、职工社保、公积金、健康档案、实名认证等73项政务服务项目上云，开通了求职招聘、供求发布、就医等23项便民服务。另一种是商业平台，例如抖音平台、快手平台等，是山东省网络视听重点机构的合作渠道。随着短视频时代的来临，这些平台快速发展，成为集社交、展演、宣传为一体的大型商业平台。

目前重点机构在平台方面遇到的问题：一是由于技术的受限，自主开发的平台在功能方面并不能精准切入受众需求，并由于功能的重复很难实现流量盈利；二是选择入驻商业平台，由于商业平台的规则更多是“利我”性质的，审核规则烦琐，隐形规则控制流量分布，使其具有较少的自主权和话语权。

这个问题不仅存在于主流网络视听重点机构，在一些商业机构也普遍存在。例如青岛古麦嘉禾科技有限公司就表示，由于抖音、快手等平台的推荐原则、热门原则、质量算法和审核原则，在一定程度上限制了机构内容的创作。

（五）用户画像不清，用户黏度不高

课题组在调研中，对山东省网络视听重点机构设置了用户画像的问题。大多数机构几乎很难将这个问题回答清楚——这说明目前在网络视听行业存在着用户画像不清的问题。成功的产品案例，其目标用户通常都非常清晰、特征明显。在产品上能够做到专注、极致，能解决目标用户核心问题，这在网络时代极易掌握流量。豆瓣，专注文艺事业十多年，只为文艺青年服务，用户黏性非常高。文艺青年在其平台上能找到知音，找到归宿。哔哩哔哩是“Z 世代”的主要消费平台，是二次元的大本营。

功能性、体验感和圈层化决定了一个产品或者平台是否能够长期建立有效的用户黏性，在这一方面商业网络视听重点机构可能更具有优势。仍以青岛古麦嘉禾科技有限公司为例，他们打造的网红 IP 有固定的观看人群。即使未来由短视频进入下一个风口，他们也能保证较强的粉丝黏性。对网络视听重点机构而言，没有突出的“吸粉/吸睛”热点，就很难掌握用户的需求影响爆款产品产生。

用户吸引困难，也是部分网络视听重点机构反映的一个问题。市级广播电视台和县级融媒体中心用户主要是当地群众，他们研发的应用要想吸引更多的用户，需要付出较多的努力。青岛广播电视台就表示，在市场化推广层面，“蓝睛”与“爱青岛”曾经试图通过抽奖活动、注册送礼、享读活动等吸引用户。但这种推广方法对于人力、物力、财力的耗费较大,远远不如通过爆款内容来吸引用户。

五、网络视听重点机构提升策略

(一)完善体制机制,强化人才招引

网络视听节目在节目形态、表现方式、传播渠道、接受场景、节奏时长、受众习惯等方面呈现出崭新特性。随着技术手段的不断升级,网络视听节目对于内容创造的要求也在不断更新。新时代背景下,究竟什么样的人才符合当前的网络视听行业发展需要呢?

快速发展的网络视听行业,提高了成为优秀内容创作者的门槛。即使是已经具备了扎实专业技能的人才,也需要在工作中不断提高学习能力、表达能力、创意能力等。毕竟在日新月异的网络时代,只有不断吸收新知识才能紧跟行业发展。山东省网络视听重点机构需要针对人才工作,做到:

一是完善激励制度、薪酬体系。平衡衡量标准与实际业态的关系,打破传统的身份束缚,通过有效手段调动现有人员的工作积极性。

二是在保证导向的前提下给新编创思路足够的生产空间、宽松环境,激活其内在的专业创造潜能。鼓励年轻员工把立足互联网思维的想法干出来,付诸视觉化呈现的融合产品。这需要一定的容错成本与"敢为天下先"的胆识。

三是细化人才招聘的岗位需求。设立更多专项岗,实现人与岗位的精准匹配,重点招募一批懂得用户思维方式和融合时代信息真谛的人才。这不仅有利于对人才的善用巧用,也有利于院校探索新模式以培养复合型人才。

四是打造人才环境。一方面向创作者提供创造的经验,另一方面提供进步的空间,通过专业培训等方式使其与先进经验接轨。

(二)突破固化思维,更新流量理念

可以预见的是,未来互联网迭代速度越来越快。世界将会进入一个由量变到质变的阶段,人工智能、大数据、云计算、区块链、5G 等技术几乎同时爆发。下一个阶段,互联网将进入万物皆媒的智联网阶段,人工智能将成为

人类伙伴。网络视听已成为基础性应用，与垂直行业深度交融发展，内容产业将涌现更多新形态。网络环境的生存形态将会更加多变，传统的行业思维难以适应互联网时代的发展，必须具备且不断更新流量思维。

何为流量思维？互联网教父凯文·凯利（Kevin Kelly）在其著作《技术元素》（*The Technium*）中说道："目光聚集之处，金钱必将追随。"传统商业里的很多做法，都可以用流量的逻辑来推导。比如：广告为什么要投放在央视？铁路和高速公路的沿途经济为什么能够更快地发展？说到底都是因为流量。流量大了意味着体量，体量大了意味着分量。到互联网时代，信息不再受到时间和空间的束缚，流量的重要性被无限放大。网红、直播、自媒体、共享、支付、应用工具……无数的互联网创业风口，都可以理解为流量思维的产物。山东省网络视听重点机构培养流量思维，就需要：

第一，要在主流舆论阵地开辟新思想、新思路。可借鉴腾讯视频的创新思维，即从用户需求、IP生态圈联动以及创新等角度去推动行业健康有序发展。基于5G技术，腾讯视频将有机会在高速交互视频、虚拟娱乐消费、互动影视剧上有更多新的机遇。在调研中，课题组发现部分山东省网络视听重点机构不敢向前迈一步，囿于固定思维、固定态势，不敢突破。

第二，在正确导向中紧紧把握流量理念。据CTR媒体融合研究院发布的《2020年主流媒体两会报道网络传播效果评估报告》所示，2020年"两会"期间，中央广播电视总台以"央视新闻""央视频"为龙头，集纳近500个两微、短视频及其他第三方新媒体账号矩阵形成良好的协同报道效应，累计发稿量达2万余条。其重磅推出"时政组合拳＋多场大直播"，在微博及抖音、快手短视频平台共发布近200场直播和2000多个短视频作品，累计获得逾20亿人次点击及互动。事实上近几年国家级主流媒体一直在尝试不同的视听形态，争夺流量密码。山东省网络视听机构也不能摈弃流量原则，毕竟有流量就意味着有机遇。

（三）强化顶层设计，建立利益共享

2020年12月，中共中央印发《法治社会建设实施纲要（2020～2025年）》，专门设立"依法治理网络空间"一条，对未来五年全面推进网络空间法治化做出了顶层设计。在网络视听领域，要通过立改废释并举等方式，完善网络信息服务方面的法律法规，修订互联网信息服务管理办法，制定完善对网络直播、自媒体、知识社区问答等新媒体业态和算法推荐、深度伪造等新技术应用的规范管理办法，加强和创新互联网内容建设，推动互联网信息服务领域严重失信“黑名单”制度和惩戒机制，督促网信企业落实主体责任等。

《国家广播电视总局2019～2028年立法工作规划》明确未来5～10年网络视听领域立法工作的时间表、任务书、路线图，将重点推动《中华人民共和国广播电视法》立法进程，制定《信息网络传播视听节目管理条例》，修订《互联网视听节目服务管理规定》《专网及定向传播视听节目服务管理规定》。在政策指引下，对山东省网络视听要从顶层设计，实现现代化治理：

一是重点机构要加强顶层设计。面对网络视听行业的巨大市场以及还未开拓出的“蓝海”市场，重点机构要能够提前谋划。不论是关键时间节点上的主题创作，还是在节目制作机构、网络视听平台、专网平台、移动视频客户端、视频上传用户、传输运营商方面的布局谋划，山东省网络视听重点机构都要做好提前准备。

二是建立利益共享模式。有些重点机构做不到科学设计，利益分配不均、不合理是其中的原因之一。面对这一问题，重点机构要做好职责关联与利益共享机制的设计，凝聚成为“利益共同体”。以此加强协作，在部门与部门之间、机构与机构之间建立起强关系纽带。

（四）技术赋能产品，平台柔性合作

据国家广电智库发布的《网络技术创新应用新亮点新趋势》所示，2020年，全球物联网设备数达到260亿，是全球人口的3倍，中国移动物联网连接数达到12亿；云服务的算力在总算力中所占比重越来越高，AI算力每年增长10倍，算法效率每16个月翻一番；2020年9月，全球已建成超70万个5G基站，中国的5G基站数占比超过60%，已是全球5G网络覆盖最完善的国家。视听泛在化、功能延展化趋势日益明显，视听日益成为信息承载的主要形式，成为线上线下、虚拟现实的连接器。网络视听技术也随之成为基础性技术，加快为社会经济的各个方面赋能。人工智能、5G、大数据和云计算等支撑新基建的重要底层技术常态化泛在化应用，相互催化、融合发展，为数字经济发展、数字化转型提供关键支撑，同时也为网络视听筑起坚实技术底座。在这样的时代背景下，山东省网络视听重点机构需要：

一是顺应技术样态变化，用技术来赋能产品。网络视听正以更智慧、更便捷、更泛在的趋势演进，5G 以及超高清、3D 立体声、人工智能、区块链、VR/AR 等伴随技术创新已成为网络视听行业发展的长期驱动力。用技术来赋能产品形态，推进网络视听产品的多样化，加深传播体验的多样化、沉浸化，拓宽媒体的传播渠道。

二是平台之间达成柔性合作。网络视听行业受到疫情等环境的影响，并不是所有平台都呈现欣欣向荣之态。面对这种态势，重点机构不论是自己开发的平台，还是入驻的商业平台，都要积极达成柔性合作。面对行业发展的不利因素其要达成协作，提升行业整体竞争力。

（五）打造用户思维，开拓竞争能力

正如前文所说，截至 2020 年 12 月，网络视听用户规模已经达到了 9.44 亿。尤其是短视频领域，用户吸引力较大，用户黏性较强。有数据显示，2019 年短视频用户使用时长首次超过长视频，2020 年短视频用户单日使用时长已超过即时通信应用。面对巨大的用户流量，山东省网络视听重点机构一方面要关注用户量的增长，另一方面要不断增强用户黏性。山东省网络视听重点机构要做到：

第一，关注用户需求变化。观众需要更多高质量的影视作品与行业的供给能力不足，是行业发展的长期主要矛盾。爱奇艺创始人、CEO 龚宇认为，一味追求“破圈”的时代已经过去，分众化才是内容发展的趋势。如网络短剧，契合了时间碎片化的网生一代和生活节奏紧张的用户。西瓜视频提出“中视频”是未来发展的另一个风口，掌握用户的需求就是掌握网络视听行业发展的先机。

第二，在市场竞争中开拓出核心竞争力。网络视听行业竞争日益激烈，群众开始用“指尖”投票，差异化、优质化的服务已成为赢得受众的关键一环。因此，山东省网络视听重点机构还要不断开拓自己的核心竞争力，以社会责任为基点，以生命力和竞争力为抓手，不断开发年轻态、多领域、全链条的正能量产品体系，把握发展机遇。

（六）迎接市场挑战，把握下一个风口

根据《2021 中国网络视听发展研究报告》，网络视听市场规模伴随着网络视听用户规模的增长而呈现增长态势。2020 年疫情“宅家”更是助推我国泛网络视听市场规模的增长，众多商家通过线上直播带货、品牌方加快在短视频的营销步伐。据该报告所指，2020 年我国泛网络视听市场规模突破 6000 亿元，较 2019 年增长 32.3%。

短视频虽然是近几年才发展起来的网络视听细分子行业，但是其市场规模已经远远超过综合视频，成为网络视听第一大细分子行业。《2021 中国网络视听发展研究报告》指出，2020 年短视频市场规模已经达到 2051.3 亿元，占比为 34%；而综合视频仅为 1190.3 亿元，短视频市场规模是综合视频市场规模的两倍左右。

面对巨大的市场空间，山东省网络视听重点机构应当如何把握市场？课题组建议其做到以下几点：

一是要勇于面对市场的挑战，在用户中建立口碑。据《2021 中国网络视听发展研究报告》指出，截至 2020 年 12 月，中国以爱奇艺、腾讯、优酷、芒果 TV 为代表的综合视频用户规模达到 7.04 亿，新增的网络视听用户主要来自三四五线的城市。山东省网络视听用户数字同样非常客观。紧抓当地用户同时要辐射其他地方，抢占市场份额，需要重点机构在市场中经受考验、重视用户。

二是紧盯市场风口。目前很多来自学界、业界的专家，对下一个网络视听行业的风口做出了多种预测。山东省网络视听行业仍然有很大的进步空间。这需要山东省网络视听重点机构等行业参与者保持敏锐的嗅觉，在下一个风口来临之时抢占先机，获得长足的发展。

六、结语

新时代山东省网络视听行业步入了新的发展阶段。面对新形势、新技术、新任务，省、市、县区各级网络视听重点机构运用丰富的多模态符号，不断追求和探索新的传播方式，创作出一批反映时代精神、反映新面貌、引发公众共鸣的精品力作，发挥了舆论引导和服务社会的重要作用。作为山东省网络视听行业的执行者、见证者和记录者，网络视听重点机构必须正视和分析自身目前存在的问题，持续优化和创新报道方式，探索符合广大受众需求的新策略、新路径，才能真正成为新时代的传播者、引导者、参与者和推动者。

山东省网络视听从业者调研报告

吴洁　张播*

一、背景与概念

当下，网络视听行业发展迅速。我们在享受行业发展带来的红利同时，也必须注重人文关怀，重视其从业者不同的发展境况。对此，本报告综合调研情况，主要针对网络视听行业从业者的发展现状与现行、未来可行的改善路径进行了总结与探讨，以期为未来网络视听行业的长远发展提供思路参考。

（一）相关政策支持

近年来，不论是国家还是山东省人民政府，相继出台了不少相关政策文件，旨在从体制机制方面保障网络视听行业从业者的工作环境与待遇保障。

1.关于媒体融合发展

政策层面，国家广播电视总局于 2019 年 4 月份发布了《关于建立"国家广播电视总局媒体融合发展专家库"的通知》。建立专家库，"凝聚最广泛力量，汇集全行业智慧，贯彻落实好中央'推动媒体融合发展、构建全媒体传播格局'重大战略部署，为总局推进媒体融合发展决策提供重要参考，提升总局广播电视行业治理体系和治理能力现代化水平"。

实践层面，国家广播电视总局媒体融合发展司于 2019 年 5 月份发布了

* 吴洁，中国人民大学新闻学院 2021 级博士生；张播，山东大学新闻传播学院 2020 级硕士生。

《关于开展广播电视媒体融合典型案例、先导单位、成长项目征集和评选工作的通知》。其选择了三类案例，意在“及时总结推广广播电视媒体融合工作中的典型做法和先进经验，积极支持发展潜力大的成长项目”。

此外，国家广播电视总局也在积极推动理论与实践的结合，并创建了“广播电视媒体融合发展创新中心”，旨在开展理论研究、模式探索、技术应用以及项目孵化。与此同时，其还采取了鼓励先行先试、优化资源配置、有限纳入发展规划等多种方式来发展中心的建设。[①]

2.关于推动网络视听行业高质量发展

2019年，国家广播电视总局印发了《关于推动广播电视和网络视听行业高质量发展的意见》(以下简称《意见》)。《意见》以习近平新时代中国特色社会主义思想为指导，全面贯彻落实党的十九大和十九届二中、三中全会精神，树牢“四个意识”、坚定“四个自信”、做到“两个维护”，深入贯彻以人民为中心的发展思想和新发展理念。落实《关于深化影视业综合改革促进我国影视业健康发展的意见》，以社会主义核心价值观为引领，以改革创新为动力，以提高产业资源配置效率、推动产业高质量创新性发展为目标，坚持守正创新，强化资源整合，加强扶持引导，不断优化广播电视和网络视听行业结构布局，健全现代产业体系和市场体系，培育新型业态和消费模式，促进数字经济发展和文化消费，更好满足人民群众美好生活新期待。

与此同时，《意见》制定了我国广播电视和网络视听未来的发展目标。该目标为，到2025年，广播电视和网络视听内容创作生产更加繁荣，作品质量更加精良，不断推出更多符合新时代要求，既能在思想上、艺术上取得成功，又能在市场上受到欢迎的精品佳作。广电5G网络和智慧广电建设取得重要成果，高新技术深度融合应用，网络综合承载能力和智能化水平显著提升，不断满足政用、民用、商用多样性多层次的视听需求和信息需求。产业结构和布局更加优化，京津冀、长三角、粤港澳等地区产业协作发展取得积极进展，辐射带动能力进一步增强。产业市场涌现一批特色鲜明、有较强实力和影响力的骨干企业、龙头企业，一批布局合理、集聚引导效应强大的产业基地和产业园区，一批功能融合、服务多元、优势独具的新产品、新业态，

① 参见林沛:《2019年广电与网络视听内容政策研究报告》,《中国广播影视》2019年第23期。

带动形成高新视听消费、创意设计开发融合、新一代移动通信网构建、上下游电子设备生产等行业联动发展、融合一体的新时代大视听全产业链市场发展格局。使其在拉动文化信息和电子设备消费中发挥中坚作用，成为繁荣文化产业、发展数字经济、扩大内需的强力引擎，不断提升人民群众精神文化生活和信息消费的获得感、幸福感。

此外，作为一份纲领性文件，《意见》还提出了众多突破性构思。这主要包括：

第一，鼓励优势产业区域率先发展。"推动经济基础较好、广播电视和网络视听资源比较集中、产业优势突出的地区、省区以及国家中心城市、城市群率先发展，形成文化产业乃至国民经济发展的战略高地。"

第二，研究放宽市场准入条件。"积极引导社会力量进入广播电视和网络视听行业，增强市场活力，指导民营企业参与广播电视公共服务领域建设。"

第三，推进国有广电的公司制和股份制改造。"有针对性地在各类资本市场融资，加强与银行、基金、保险、担保、融资租赁等机构合作，解决资金需求。"

总体来看，《意见》涵盖了内容、技术、市场、对外传播、政策管理等各个方面的纲领性文件，体现出主管部门对行业尤其是广播电视行业的基本判断。同时，《意见》将撬动高质量发展的支点归结为"产业"，这是对传统"国有""事业性质"的广电行业在认识论上的重要进步。①

在推动网络视听高质量发展方面，山东省也做出了诸多努力与工作。

2020 年 4 月，山东省广播电视局印发了《2020 年山东省网络视听工作要点》。其中提出了全省网络视听工作的要求：一是把导向，打造视听媒体宣传新阵地；二是强内容，推出精品新亮点；三是抓管理，构建传播新空间；四是谋发展，激发产业新动能。另外，山东省在推动网络视听高质量发展方面也采取了积极的措施。

2020 年 11 月，为推动网络视听工作专业化、规模化发展，山东省广播电视局开展了网络视听（短视频）基地评审工作，评选出了 3 类网络视听（短视

① 参见林沛：《2019 年广电与网络视听内容政策研究报告》，《中国广播影视》2019 年第 23 期。

频)基地。其中,短视频内容生产传播类基地5个,主要任务是加强短视频创作传播,围绕主题主线开展舆论宣传、讲好中国故事;短视频行业发展研究类基地1个,主要任务是对网络视听行业发展进行研究,提出关于网络视听提升影响力、扩大产业规模、提高监管能力的意见建议;短视频行业服务培育类基地4个,主要任务是开展网络直播、短视频领域专业人才培育,培养新兴文化力量,满足互联网人才需求。

《2020年山东省网络视听工作要点》以及网络视听(短视频)基地评审工作,都在一定程度上加速了山东省网络视听行业的发展与进步,并为该行业提供了丰富的政策支持和资源。这些工作,为山东省网络视听行业日后发展提供了坚实的基础。

3.关于网络视听行业与从业人员治理

近年来,国家对广播电视以及网络视听行业的统筹管理模式进行了逐步地完善与推进。2019年3月,国家广播电视总局办公厅发布了《关于公布2019年重点广播电视节目、纪录片、动画片创意选题的通知》,分别确定18个、19个、5个这三类节目重点选题。这一举措的目标在于“进一步推动广播电视节目、纪录片、动画片精品创作生产”,体现了对三类节目的创作指导,加强了事前引导。

在网络视听领域,2018年12月国家广播电视总局印发了《关于网络视听节目信息备案系统升级的通知》,指出总局对“网络剧、微电影等网络视听节目信息备案系统”进行了升级,并对相关信息报备方式做出了调整。对比之前的制度要求,新规的变化主要体现在:节目在正式与观众见面之前,需要经历两次备案和两次公示,分别获得规划备案号和上线备案号。

与此同时,工业和信息化部指导的通信和信息技术创新人才培养工程(The National Communications and Information Innovation Training Project,CIIT),也于2019年正式发布了网络视听行业管理中心正式成立的通知。中心将针对目前网络视听行业入门门槛过低、从业人员素质参差不齐、专业技能缺失的现状,开展针对性的工作,逐步建立有效的行业规范,提升行业自律性。通过专业考培体系,对网络视听行业从业者进行职业技术水平培训及考核,形成科学有效的专业人才培养机制,并探索与建设全行业认可的标准,使各网络视听平台方及网络视听行业从业者从科学、权威、实用、优质的课程培训中受益。

2020年4月，国家广播电视总局广播影视人才交流中心面向全国首次启动“网络视听行业从业人员职业能力素养培训”的线上培训。2021年9月，国家广播电视总局网络视听节目管理司召开进一步加强网络视听文艺节目及人员管理工作座谈会。会上指出，网络视听是重要的宣传思想文化阵地。当前网络视听文艺创作生产非常活跃，已经成为引领网络文艺发展、繁荣影视创作和发展社会主义文艺的重要力量。但是，网络文艺节目在快速发展过程中，也暴露出追星炒星、泛娱乐化、片面追逐商业利益等突出问题。网络视听文艺工作者要提高政治站位，从加强网络意识形态阵地管理的高度，从为民族复兴凝聚磅礴伟力的高度，从净化行业生态、引领社会风气的高度，从向人民奉献文艺精品的高度，认识进一步加强网络视听文艺节目及人员管理的重要性紧迫性。为此，必须要切实加大监管力度、压紧压实平台责任、加强文艺评论，并强化行业自律。①

4.山东省相关举措

在国家对网络视听行业持续重视的背景下，山东省积极响应国家的政策要求，大力推动省内的网络视听行业发展，为此做出了许多安排与努力。在各方的不懈努力下，山东省网络视听行业在一定程度上取得了诸多成就。

2013年，山东省率先成立了“山东省网络视听节目服务行业协会”。其接受业务主管单位山东省广播电影电视局（现山东省广播电视局）、社团登记管理机关山东省民政厅的业务指导和监督管理。

2021年6月份，由山东省广播电视局建设的全省广播电视和网络视听节目共享平台上线试运行。该平台是山东省“我为群众办实事”重点民生项目。2021年8月，平台已实现与全省多家网络视听机构的互联互通，节目上传下载等功能顺利开通。该平台实现了一个平台多个功能，能够与应急广播省级平台进行对接，真正实现了内容的交换与互动。

在人才培养方面，山东省做出了许多努力，并取得了一定成绩。

2018年，山东省网络视听节目审核员培训班在济南成功举办。来自全

① 参见《国家广电总局网络司召开网络视听文艺节目及人员管理工作座谈会》，2021年9月10日，http://www.nrta.gov.cn/art/2021/9/10/art_114_57851.html。

省17个地市的30家互联网视听节目服务持证机构、网络视听节目制作单位和各级广电播出机构的97名学员参加了此次培训。该培训为网络视听从业人员提供了良好的学习契机，更为其服务行业做好了技术上、知识上的准备。

2020年7月，由山东省广播电视局指导，山东广播电视台、山东省网络视听节目服务行业协会主办，海看网络科技（山东）股份有限公司承办的山东省网络视听主播培训在济南正式开班。在为期三天的培训中，山东省广播电视局领导、山东省网络视听节目服务行业协会领导全程参与指导。该培训不仅搭建起山东省网络主播从业人员学习与实践的平台，还有利于形成山东省网络直播领域常态化交流机制，为网络视听行业注入新活力、新动力。

5.其他省份相关举措

2019年，为深入推进山西省网络视听从业人员的知识更新工程，提升专业人才的素质能力，加强网络视听在节目管理、制作队伍的建设，山西省开办了网络视听从业人员高级研修班。山西省各市文化、旅游局相关领导和从事网络视听节目的企事业单位及优秀节目创作人代表参加了培训。

2019年，江苏省广播电视局发布了广播电视和网络视听的主要发展指标，强调网络视听发展力争做到五点。确保广播电视机构及从业人员数量呈健康增长态势，为其中一点。

安徽省于2019年分别出台了《安徽省网络视听内容建设扶持试行办法》和《安徽省广播电视精品专项资金管理暂行办法》，以鼓励省内的优秀作品创作。2020年，安徽省广播电视局又发布了《安徽省广播电视局关于建立广播电视和网络视听骨干人才库的通知》，力求进一步推动省内网络视听从业人才的培养。

（二）从业者概念界定与分类

鉴于“从业者”这一概念的定义较为广泛，这里将对本报告中所用的定义进行详细界定。

1.概念界定

随着互联网的纵深化普及，网络视听节目开始兴起，网络视听行业大肆发展。以网络剧、微电影、网络电影、影视类动画片、纪录片，文艺、娱乐、科技、财经、体育、教育等专业类网络视听节目和其他网络原创视听节目为代表的三大类别，共同构成了网络视听节目的重要内涵。

综合而言，网络视听指的是制作、编辑、集成并通过互联网向公众提供视音频节目以及为他人提供上传、传播视听节目服务的活动。网络视听行业则指依托互联网技术、平台传播和生产网络文化产品的新形态产业。在此前提下网络视听从业者指的是，网络视听内容生产及上下游产业的工作人员，即从事网络视频、网络音频、网络直播等内容投资、制作、宣发、终端的行业人员。

随着需求的增加，大批专业人才涌入网络视听行业，其中不乏有许多非科班出身的人员。然而，伴随技术的逐步推广与市场的不断完善，网络视听行业从业者的从业标准和专业素养不断受到挑战。由此，国内各大网络视听节目机构等相关单位开始组织统一的从业者专业技能培训，旨在进一步提高从业人员专业素养与综合能力，指导网络视听节目的生产、推广与审核工作，提升网络原创节目品质，促进网络视听行业健康发展。

2.具体分类

关于网络视听行业从业者的分类，依据不同标准有不同的划分类型。具体来看，主要有以下几种提法：

从网络视听节目内容分类的角度来看，网络视听行业从业者可分为网络剧、网络电影等网络视听节目工作人员，专业类网络视听节目工作人员以及其他网络原创视听节目工作人员三类。每类网络视听节目工作人员的工作类别与性质、工作时长与目标等，皆因节目类型有或大或小的区别。

从生产角色分类的角度来看，网络视听从业者可分为生产制作人员、传播人员和管理人员三类。生产制作人员包括内容生产制作者（编导、相关演职人员及主播）、资本运作者（如项目、平台投资人等）、技术人员（如网络视听节目的拍摄、后期剪辑人员等）和其他人员四类；宣传推广人员包括网络视听节目项目组内工作人员和所对接平台的相关工作人员；管理人员指网络视听节目监管和改进人员，包括网络视听节目项目组内人员和所对接平台的相关监管人员等。

从企业管理的角度来看，网络视听从业者可分为基层员工、中层管理人员和高层管理人员三类。基层员工泛指网络视听行业内容生产、制作、运营及推广等具体工作的执行者,中层管理人员指各网络视听节目相关项目负责人,高层管理人员则是网络视听节目乃至行业的总体规划运营者。

二、从业现状分析

总体来看,山东省网络视听从业者的从业现状较佳。下文将从整体情况、目前发展的优点和缺点三方面进行详细介绍。

(一)总体情况

本部分主要从客观情况和主观意愿两方面,对目前山东省网络视听行业从业者的整体从业现状进行概括和总结。

1.客观情况

(1)性别比例

从三大从业人员类别来看,其各自的性别分布不均衡,甚至有失调的趋势。其中,技术类从业人员以男性为主,宣传推广等类别的工作人员则女性居多。

值得关注的是,在视频等精品内容制作和采写的过程中,出于使用大型专业设备进行拍摄等特殊的工作需求,多数单位都做出了相关岗位从业人员须有男性的岗位要求。

(2)年龄与工龄

整体来看,不论是商业孵化机构还是传统的广播电视台,山东省网络视听行业从业人员多以青年人为主。

以青岛古麦嘉禾科技有限公司(以下简称"古麦嘉禾")为代表的 MCN 机构中,从业者多为"95 后"甚至"00 后"的年轻一代;而以青岛广播电视台、济南广播电视台等为代表的传统网络视听机构,则以"80 后"和"90 后"两代青年群体为主要工作人员。此外,调研所及的各大网络视听机构中,由于新媒体部为年轻部门,加之运营所需的技术、思维等要求,其成为各机构中平均年龄最小的部门。

(3)学历与专业背景

根据本次调研所走访的县级融媒体中心和商业机构的情况来看,网络视听机构所在城市的整体发展水平及机构自身发展情况,在很大程度上影响了其内部从业人员的学历与专业情况。

以本次调研所涉及的新一线城市——青岛的两家机构(古麦嘉禾、爱青岛)为例,其从业人员的学历与专业水平明显高于潍坊、烟台等城市。同时从 2021 届新招聘的人员情况来看,由于爱青岛自身的事业单位属性等,其所招聘的工作人员整体学历("双一流"高校应届毕业生)要明显高于商业机构古麦嘉禾(本科及专科)。

(4)工作时间与收入保障

多数视听机构采用事业单位上下班时间,而古麦嘉禾等商业机构则为单休,类似互联网企业"996"的工作节奏。就收入而言,古麦嘉禾等商业机构的工资水平在同行业中相对较高,但对高学历人才仍缺乏吸引力;爱青岛、烟台市蓬莱区融媒体中心等依托当地电视台等事业单位而建制的机构,其工资水平相对缺乏竞争力。调研过程中,济南广播电视台的受访人员提出,出于营收方式变动等因素的影响,其在招聘人员的同时"有意控制人力成本"。

从工作保障方面来看,以古麦嘉禾为代表的 MCN 机构多实行商业化的企业管理模式,内部从业者与机构之间以签订劳动合同的形式制约和规定双方的权利与义务。以各地广播电视台、融媒体中心为代表的转型中的网络视听机构,则采取事业编制、台聘、公司聘等多种形式并行的方案。后者总体事业编制名额较少,且每年校招名额相差较大、社招时间与名额不固定等特征突出。

(5)专业技能培训

依据本次调研走访的情况来看,多数机构均采取定期选派从业人员参加专业技能培训的方案来提高其从业水平。有的机构采用工作人员主动报名、轮流参加上级主管部门组织的统一培训,而有的机构则会定期选派优秀从业者参加单位自费的、商业性质的技能培训。以此打开从业人员的视野,助力其生产更多人民群众所喜闻乐见的优秀视听作品。

2.主观意愿

(1)工作满意度与职业获得感

总体而言,大多数从业者的职业获得感较强。不少从业人员认为,在看到自己参与生产制作的视听作品在全社会引起良好反响后,感觉自己一切辛苦都是值得的，往后的工作动力也更足了。与此同时，由于薪资待遇等原因，部分人员工作满意度却不尽如人意，一直保有跳槽、换工作的想法。

(2)职业规划

从本次调研的情况来看，部分参公事业单位如广播电视台等的中青年工作人员，有在现有单位工作几年后即跳槽进私企或高校的打算。就现实情况而言，此前类似的成功案例较多，该职业规划已经成为多数媒体人的不二之选。

(二)发展势头强劲，行业前景明朗

作为互联网业内的后起之秀，移动互联网在短时间风生水起。发展之快、覆盖之广，让所有人大呼意外。网络视听行业的方向，也自然地向移动互联网发生大角度的倾斜。[①] 综合来看，目前网络视听行业整体发展势头强劲，从业者对自身职业发展前景较为看好，行业发展水平处于上升阶段。

1.青年从业居多，专业壁垒攀升

从年龄结构与教育水平的视角来看，山东省网络视听行业从业者多由年轻群体构成。本科毕业生是其中一个数量最庞大的基础群体，整体受教育水平较高。由于网络视听行业快速流变、求新求异等性质，从业者整体呈现年轻化的特点且具备良好的学习能力，知识更新快，善于接受新事物，紧跟时代潮流。与此同时，年轻化也表明了从业者工作年限相对较短的现状。尽管较为缺乏工作经验，但其工作热情和创造力较高，综合潜力上升空间较大。

在专业技能方面，因网络视听行业的需求，各岗位融合度极高，内容、技术、市场、管理之间的渗透愈发强烈。网络视听行业从业者不再满足于单一技能的掌握与精进，而是主动学习，追求专业素养的跨岗位、全方位提升。

年轻的从业者不断适应互联网时代的特点，不断学习新技能，做出相应的创新，以面对互联网环境下视听编辑与传播的需要。例如随着大数据时代的到来，许多从业者需不断地学习数据、算法以及各种多媒体交互方式，打破固化思维，创新产品的内容和形态。随着新技术、新产品的不断发展，掌握技术的高素质从业者不断调整自身、适应行业需要，逐步建立和提高了

① 参见白杨：《地市台移动网络视听发展浅析》，《新闻传播》2016年第3期。

网络视听行业的专业壁垒。

2.学习途径多元,职业认同较高

从从业者学习与培训方面来看,网络视听行业是快速发展变化的典型朝阳行业,学习与培训是保证企业与员工竞争力的重要手段。网络视听行业从业者对学习与培训机会的认可度相对较高,他们看重自己在工作中学到了多少新知识,看重自己的成长。其大多数具有较强的上进心,十分重视自身能力的提高。他们将网络视听行业看作一个朝阳产业,以可以时时接触新事物为乐,注重对自己的培养,为自己未来的发展谋划。

在工作认同方面,对网络视听内容的兴趣与热爱是众多网络视听从业者进入该行业的重要原因。在网络视听行业中,“内容为王”仍是重要话题。内容作为网络视听的核心竞争力,是网络视听机构安身立命之所在,这一发展理念得到了大多数从业者的认同。网络视听媒体从业人员不断追求内容制作,大胆实现节目形态和内容编排的创新,创作出碎片化、非线性、双向互动等具有网络媒体独特信息平台风格的视听作品。优质作品的高流量以及受众的好评给了从业者极大的工作成就感,对从业者的工作起着重要的正向激励作用。

3.工作氛围和谐,发展空间较大

在办公硬件环境方面,网络视听行业从业者普遍对办公室条件和办公设备比较满意。开放的办公环境符合网络传播的特点,给予从业者开放的思维启发,同时也有利于工作中的沟通交流。对于从事技术方面工作的人员来说,专业设备的配置充分地满足了工作的需要,同时一些新设备的引进和专人指导服务也足以适应技术方面推陈出新的需要。

整体来看,山东省网络视听行业工作环境相对宽松,年轻人较多,同事关系也较为融洽,有着较好的团队氛围。在工作的信息沟通中,从业者能够通畅地进行沟通,无论是下情上达、上情下达,还是相互沟通都较为满意,沟通能得到及时的反馈。在工作配合方面,从业者普遍认为自己能较好地完成上级指派的任务,并且积极建言献策。同时同事之间、部门之间有着默契的配合,对上级和同事工作能力的认同度都较高。

随着互联网技术的迅猛发展与智能终端的逐渐普及,我国网络视听用户呈快速增长之势。网络剧、网络综艺、网络大电影、短视频等网络视听内容，已成为占据互联网流量的重要主体部分。网络视听消费，已成为网民上网的主要目的之一。庞大的市场需求，促使网络视听行业步入快速发展的轨道，社会影响与日俱增。在此背景下，网络视听从业人员对于网络视听发展前景较为乐观，看重其潜在的成长空间，认为该行业全新的传播和运作方式会给个人提供广阔的发展平台。乐观的发展前景也给了从业者足够的信心，“大有可为”让他们敢于利用自己的优势在岗位上“大有作为”。这也会不断督促其努力提高自身素质，适应网络视听这一新兴媒体形态的发展要求。

（三）人才基础薄弱，现状亟待改善

根据调研所得数据，现将网络视听行业从业者发展所遇的困境，总结分析为如下三方面。

1.专业素养参差不齐，技术人才尤其匮乏

山东省网络视听行业经过多年的发展，吸引汇集了许多优秀的创作团队参与其中。但总体来看，整个行业队伍人员专业素养参差不齐，创作团队的专业化技能、艺术素养有待提高。部分网络剧创作团队中，导演、编剧、演员等相关人员的专业化水平令人担忧，很多环节制作水准业余化。

为追求经济效益化，部分创作人员在制作环节往往并不十分严谨。一些商业孵化机构，在招聘从业人员时无固定学历要求，在一定程度上缺乏专业技术人才的参与。虽然不限学历的要求使其招募了一大批视听工作的深度爱好者，但相关人员的工作能力和工作长期性无法得到保证。

目前而言，山东省大多数网络视听行业中的管理者未针对跨专业工作者安排定期的技能培训，而任由其发挥工作自主性。这虽然可以为网络视听行业的发展带来新血液与新思想的碰撞，但也在一定程度上阻碍了视听行业进一步的专业化发展。

近年来诸多跨专业人才涌入网络视听行业，虽壮大了从业者队伍，但高级专业人才尤其是技术型人才却较为短缺。从烟台市蓬莱区融媒体中心的例子来看，该单位实行事业单位和企业单位双重管理机制，目前近一半工作人员为事业编制人员。在近些年编制名额逐渐减少的情况下，该单位一直保持优先解决复合型技术人才编制的管理原则，这在一定程度上体现了专业人才对其发展的重要性。此外从本次调研的结果来看，济南广播电视台等转型中的网络视听机构对摄像、视频编辑等专业壁垒较高的人才需求缺口较大，宣传、推广人才等则较小。

2.外部环境影响，传播思维受限

网络视听行业市场化程度较高，视频网站的商业模式和文艺创作的经济利益已经成为网络视听生产的重要驱动力。资本的逐利性无形中使创作人员将创作作为一种谋生手段或致富路径，难以将艺术高度和人文审美价值作为作品的首要关注点。“唯点击率”“唯收视率”“唯发行量”“唯票房收入”等标准，使得一些网络视听内容生产者甘愿当“市场的奴隶”，人云亦云，由此易导致核心价值观的错位乃至缺失。

相较于以往传统的视听行业，网络视听行业正呈现一种全新的技术生态与传播环境，这便要求其传播者创新思维与专业视角。然而，部分宣传推广人员仍处于传统媒体圈子中，其思维路径与视角的转变缺乏专业环境的影响。相继出现诸多以传统媒体思维运营新媒体的失败案例，在调研地区融媒体中心的推广和运营过程中最为明显。以“一次采集、多次分发”的思路开展视听作品的生产，但在推广宣传的过程中却力不从心——这无疑成为当下许多融媒体中心发展的主要困境之一。

作为新兴媒体行业，网络视听打破了传统广电业和电信业的行业分工，创造了一种全新的媒介体验方式。尚未成熟的新型商业运作模式和尚未合理构建的新型产业链条，影响该行业有效地获取自身发展所需要的资源。这也从客观上造成了员工难以发挥自身的创意和专业特长。从主观意义上来说，从业者自身的知识结构影响了对新观念、新技术的理解和把握，从而难以适应新媒体的发展需要。

3.内容把关机制有所欠缺，评价监管体系尚待完善

出于生产模式尚待完善、薪资待遇竞争力较弱等因素，网络视听机构从业者个别存在工作动力不足的问题。加之网络视听作品创作环境保障机制尚不完善，有些移动网络视听作品质量参差不齐，行业监管体系有待规整。

首先，内容把关层面，网站内容审查人员的整体素质与传统电视审查人员相比，受学历、专业、工作经验及生活阅历等因素的限制，对视听内容的把关存在偏差。审查人员由于个人能力不足及审查经验缺失等原因，不时出现“问题作品”在网络广泛流传的现象，虽可通过监管部门进行整改或下线

处理，但仍造成了一定的负面影响。

其次，缺乏科学有效的行业评价体系，也成为当下山东省网络视听行业从业者向好发展的痛点所在。目前的视频网站考核体系以点击量、播放量为主要参考指标，用户数和访问量成为重要考核标准。在视频网站营销中，按点击量付费一度成为效果营销最主要的手段。由于行业内未有权威机构和部门为其建立科学有效的评价体系，导致许多网络剧、网络电影专注于经营粉丝数量、扩展传播渠道、开发衍生产品，不再全力以赴打造精品内容。

最后，网络视听行业的相关传播监管机制亟待完善。网络视听行业的制度发展稍滞后于行业发展，这导致了部分行业现象无法得到有效规制。视听作品的有效和有序传播无法受到制度性保障，从而使得行业乱象频出，正常监管工作难以进行。就烟台市蓬莱区融媒体中心推广的经历来看，其主打"仙境""酒文化"等特色标签，但由于一些商业平台"一刀切"式的监管机制，"酒"等敏感性关键词无法通过审核，因而在一定程度上限制了融媒体中心及其视听作品宣传和推广工作的有效进行。

三、可行路径探析

在传统媒体革新图存的重要关口，全行业都在不断探寻扭转逆势的突破口。网络视听行业作为适应互联网大时代的新兴产物，是传统媒体占领信息传播制高点和掌握网络空间话语权的重要渠道，也是传媒业未来发展的重要方向之一。因此，解决好网络视听行业及其从业者面临的发展问题，对于推动媒体行业向好发展具有重要意义。

（一）现行有效路径

针对目前网络视听行业从业者面临的相关问题，各类机构均采取了相应举措，以缓解发展窘境。

1.破旧求新的传统机构模式

针对上述从业者所面临的现实问题，以广播电视台等为代表的传统网络视听机构目前大致采取了如下有效措施。

（1）加快人才培育体系创新，不断推进人才激励机制改革

网络视听机构建设需要从新闻理念到传播实践、从专业知识到技能素

质等多方面进行调整与创新，诸多网络视听机构尝试建立了适合实际情况的人才培训机制和激励机制以实现人才建设的可持续发展。例如，微山县融媒体中心创新了人才培养机制，通过定期开展单位内部小组讨论的方式来激励人才日常的学习与自我提升。

在人才培训方面，不少网络视听机构一方面在培训内容上强调专业性与针对性，另一方面在培训时间的安排上也日渐常态化，培训方式的应用上日渐灵活化。激励机制方面，各网络视听机构在日常干部选拔时则重点考虑被选拔者是否具有一线采访、文稿撰写、图片拍摄、音频录制、视频拍摄、H5 设计运用等专业素质，以及策划思维、产品意识和渠道概念等管理素质。①

(2)创新技术利用方式，凸显主流媒体地位，提升视听产品质量与生命力

在互联网技术高速发展的时代背景下，传统媒体视听产品的重点生产力逐渐转移到了对新技术的运用上。首先是融媒体智慧云平台的搭建；其次，平台上每一个业务角色都尽量充分运用各类新技术，力图提升工作效率、创新内容形式、提升产品效果；最后，新技术的应用还体现在了互动反馈上。社交媒体时代，抖音、快手等平台的点赞、评论、分享等反馈与互动功能受到大众的欢迎，县级融媒体中心等在视听产品的推广宣传过程中也在积极学习和借鉴，力图通过新技术实现良好的互动和反馈，在提高产品质量的同时，逐步增强用户黏性。②

对于传统媒体而言，其网络视听产品的建设就是要尽可能地借鉴市场机制的灵活性，实现产品质量和效益的最大化。其在强调主流媒体地位的同时，尽力规避行政体制中存在的资源闲置和浪费现象。此外，山东省融媒体中心等视听机构在产品推广宣传过程中还涉及原机构番号更改、新闻资源分配等诸多问题。面对这些问题多数网络视听机构均采取长期规划、顶层设计，尽量避免“一窝蜂”式的涌入。

从单位改制的角度来看，部分网络视听机构转型之前已存在人员用工

① 参见赵文晶、樊丽：《县级融媒体中心人才困境与解决路径》，《中国出版》2021 年第 8 期。

② 参见陈淼：《县级融媒体中心新闻生产与传播的困境与路径》，《传媒》2020 年第 13 期。

形式复杂的问题，在编人员、临时工、实习生等用工形式并存，同工不同酬、福利待遇差别较大。对此，不少机构大胆尝试盈亏自负、多元化的薪酬福利机制，尽可能解决员工的后顾之忧，让市场自行调节收入分配。部分视听机构在发展过程中尝试寻求与国有企业等大平台的联结合作，秉持“标准化＋个性化”的指导思想，依托人才逐步办出了自己的主流媒体特色。

新闻是很多传统视听机构的立足之本，其在自身发展过程中尽量从体制机制层面为专业新闻从业人员留出足够的空间，鼓励一线从业者人员主动出击，突破固有思维，刺激基层创新，唤活视听产品的生命力。在宣传推广视听产品的过程中，传统机构借用“新闻＋”的角度理解新闻，进一步开发了新闻的服务功能，逐步实现着“新闻＋政务”“新闻＋文创”等定位，不断唤活视听产品的生命力。[①]

(3)打破固有逻辑，落实“精品思维”

网络视听精品内容层出不穷，行业规模也在进一步扩大。然而，网络视听受众增长“触及天花板”的声音也屡被提及。随着《中国网络视频精品研究报告(2021)》的发布，越来越多的人意识到不管是挖掘新的增长点还是突破行业面临的痛点，最终做好网络视听内容的“密码”仍然是精品。这种“精品”不是一个概念，也不是一个产品，而更像是一种行业规律和新的思维路径，其定位应当从“奢侈品”转向“必需品”。

当下，受众对精品的需求从数量和强度上都在不断提升。对于传统机构的从业人员而言，即时转变以往的固化思维，形成更加进步、更加创新的精品化思维是其防止“被边缘化”“被淘汰”发生的根本之道。[②] 例如潍坊市高新区融媒体中心上线了“虹新闻”客户端，主要突出原创、突出活力、突出互动，力图做出有品质、有温度的新闻。同时，其也通过“虹视频”客户端，发布系列精品短视频节目，并以每周一期的频率在各新媒体平台进行推送。可见潍坊市高新区融媒体中心采取互联网思维，以“精品”为工作导向，创作出一个又一个深入人心、高品质的网络视听作品，其也因此获取了优良的口碑与评价。

---

① 参见陈森：《县级融媒体中心新闻生产与传播的困境与路径》，《传媒》2020年第13期。

② 参见崔忠芳：《互联网影视峰会：三大报告齐发，“圆桌对话”热议网络视听新使命》，《中国广播影视》2021年第13期。

（4）占据领头主体地位，制定视听行业新秩序

对于传统媒体平台而言，主动承担起区域内行业领头的主体责任。在响应国家政策的基础上制定出更加符合地方实际的推动改革方案，成为传统视听机构改革的重点工作之一。

例如，山西省充分发挥了省内优秀影视人才的经验优势以及技能优势，在全省内开展了网络视听从业人员的技能培训、知识培训以及理念培训。

在网络视听行业大力发展的大背景下，针对本地区经济文化情况做出更细致、更符合实际的人才培养机制，制定更深入、更创新的行业秩序正是传统媒体所体现出来的格局。

2.独具特色的商业机构模式

针对上述从业者所面临的现实问题，以 MCN 机构等为代表的商业化网络视听机构，目前主要采取了如下有效措施。

（1）完善商业契约制度，实行矩阵式孵化机制

“头部 IP”是制约商业机构发展的重要因素。面对机构内部艺人的不稳定性，部分商业机构意识到，通过完善契约明确责任和义务，可有效解决问题。因此，诸多商业机构开始严格按照《劳动法》制定合同，避免了“霸王条款”“天价合同”等的出现。

加快红人的迭代速度、打造矩阵式传播，能够有效应对“头部网红”流失的问题。网红快速迭代意味着商业机构可用的 IP 增多，从而可以避免在一个网红身上投入的成本过大而造成可能风险。避免资源的过度倾斜，使得商业机构能够将有限的资源发挥更大的作用。对于 MCN 和网络红人来说，契约制度的完善是对他们合法权益的保障，而红人迭代速度的加快能够增加竞争意识，更有利于双方的发展。①

（2）加快培养专业人才，着力进行团队建设

商业化的 MCN 机构在发展过程中逐渐意识到，其行业本身是一个刚刚兴起还未形成一套行之有效的行业规范的领域。想要获得更多的利益，保证内容的持续输出，商业化网络视听机构就必须加强专业化人才的培养，强化创作、运营和管理团队的建设。

---

① 参见佘江松：《中国 MCN 的发展困境及提升路径探析》，《新媒体研究》2021 年第 6 期。

人才队伍的建设能够从根本上弥补内容的短板,促进商业机构的良好发展。国内部分商业机构在内容生产人才建设方面采取了如下举措:首先,集合优势内容生产者,形成内容生产的联盟阵营,保证人才的数量。同时在“头部IP”的培养方面,适当加大孵化费用的倾斜力度,提高“头部红人”的产出比,尽量保证专业性人才的数量。其次,在团队运营方面,其引进了专业化运营人才,组建了流量引入团队、招商团队和QC质检团队等专业团队,尽量保证人才在构成上符合发展的需要。最后,其在团队管理方面组建了拥有高效率的决策和执行部门,注重提高管理者的管理意识、专业素质和综合能力,力图打造专业性、全能型的管理人才,以保证整个团队的高效运行。①

(3)加强优质化、差异化内容输出

优质内容是网络视听商业机构火爆与流行的生命力,只有同时拥有优质化和差异化的内容,才能够获得更高的流量和点击率。优质内容始终是互联网行业长久发展的动力,优质原创内容的持续输出才能使网络视听商业机构保持长久生命力。商业机构的行业壁垒相对小,只有提升内容的质量和差异化,才能够抓住市场。②

鉴于此,不少网络视听商业机构在发展过程中形成了对内容生产的明确“分工”制度。以古麦嘉禾为例,其会根据不同账号的主要受众人群进行相对精确的画像,以明确用户兴趣与需求。进而从用户视角出发,在机构内部分工合作,为不同用户打造和推送差异化内容。如此创造出既符合时代潮流又迎合用户需求的优质视听产品,不断吸引新的用户。

(4)革新内容生产模式,激发既有人才潜能

相较于传统媒体而言,网络视听商业机构的内容生产模式灵活度更高,这也为网络视听人才发挥潜能提供了良好的创作环境与氛围。因此,商业机构正在逐步创新内容生产模式,以更好地激发人才发挥自身的潜能。③

例如,山东影视传媒集团采用项目制的内容制作形式,使更多的工作人员依据自身兴趣爱好来对不同项目进行选择。这种立足某一个特定IP的方式能够促使更多人才发挥出潜能,也能够使得管理人员依据作品的不同

---

① 参见佘江松:《中国MCN的发展困境及提升路径探析》,《新媒体研究》2021年第6期。

② 参见佘江松:《中国MCN的发展困境及提升路径探析》,《新媒体研究》2021年第6期。

③ 参见佘江松:《中国MCN的发展困境及提升路径探析》,《新媒体研究》2021年第6期。

特点来寻觅和挖掘新人。此种相对而言较为松散的合作模式，能够突破以往固定模式的桎梏，在视听作品这一领域取得更高的艺术成就与创新成果。

(5)承担社会责任，加强媒体自律

随着国家对于网络视听行业逐步重视，我国的商业机构迎来了更多崭新的发展机会，但同时也面临着更多的社会责任。[①]

对于商业机构而言，需要顺应国家政策倾向，承担起一定的社会责任。一方面在网络视听从业者的培养过程中，网络视听商业机构根据国家相关规定对工作人员进行了培训与教育，使之能够在合法合规的框架下进行网络视听作品的创作；另一方面商业机构也加强了媒体自律，依照相关法律法规制作出更加优秀、更加具有创造力的网络视听作品。

(二)未来可行路径

不论是传统机构还是商业机构，目前网络视听行业建设缺乏体系化的规约，全行业都处在不断创新和重构的过程中。通过对省内各类机构的调研发现，当下网络视听行业从业者的管理与发展现状仍面临诸多问题。从从业者角度出发，我们需要认清局势、兼容并蓄，解放思想、深化改革，不断根据网络用户的意愿和需求，调整和完善网络视听行业的发展。[②]

1.切实贴紧政策走向，细化人才培养内容

(1)坚持内容为王、导向为魂、创新为要、安全为本

不论是商业性网络视听机构，还是不断发展进步的传统视听机构，其在日后的发展过程中必须要坚持内容为王、导向为魂、创新为要、安全为本的发展方针，努力打造优质网络视听作品。[③]

就内容而言，网络视听行业的繁荣，归根结底要靠高品质的内容产品影响人、感染人、吸引人，必须讲质量、重品质。好作品始终是网络视听行业生命力、成长力、吸引力之所在。但也要看到优秀作品占网络视听作品总量的比例还不够高，与群众需求还有差距，需要广大从业者为之继续努力。

就导向而言，网络空间日益成为现代人栖息的精神家园，这便要求山东

---

① 参见常湘萍、杜一娜：《普及社会责任报告制度　促进媒体行业自律》，《中国新闻出版广电报》2021年7月20日。

② 参见白杨：《地市台移动网络视听发展浅析》，《新闻传播》2016年第3期。

③ 参见聂辰席、田进等：《打造网络视听新媒体》，《传媒》2017年第12期。

省网络视听行业必须要坚持正确的政治方向和舆论导向，心系民族命运和情感，反映人民心愿和心声，关注时代发展和进步，给人以昂扬向上的精神力量，增强对美好生活的信心和向往。行业始终坚定中国特色社会主义道路自信、理论自信、制度自信、文化自信，坚持弘扬主旋律、传播正能量。

就创新而言，创新是网络的基因，网络已成为创新最活跃的技术领域。山东省网络视听行业要勇做创新的弄潮儿，推动观念与手段相结合、内容与形式相融合、艺术要素与技术要素相辉映。其需要在提高内容原创力上下功夫，在优化服务上下功夫，在智慧融媒体上求突破，在网络视听智慧功能上求创新，为广大网民带来更精致、更精细、更精彩的视听新体验。

就安全而言，山东省网络视听行业的长远发展必须要坚持安全为本，共同推进依法治网管网。习近平总书记多次强调维护网络安全问题，在2021年世界互联网大会的视频讲话中，他把安全有序作为网络空间发展的目标之一。要坚持推动本行业健康有序发展，其自身必须要牢固树立正确的网络安全观，建立制度规范、运行有效、技术先进、研判准确、处置及时的网络视听节目监测监管体系，推进网络空间治理体系和治理能力现代化。

(2)充分利用技术，以良好的监管推动行业稳步发展

网络视听行业是技术进步的产物之一，因此依托技术手段协助未来监管与发展是不可或缺的重要方式。目前来说，技术监管手段已在多个层面被广泛采用。从业主体通过技术手段可以过滤掉很多恶意上传的网站和节目内容，大幅度减少人工审核压力；政府管理部门借助技术手段在网上搜索，可以发现很多有害内容，显著提高监看效率；关闭、封堵有害网站也必须依靠技术手段。①

信息技术和网络技术革新仍在继续，大数据、AI、5G等技术在山东省网络视听行业监管等应用过程中不断嵌入。这必将为网络视听行业未来的健康有序发展，夯实基础并做好铺垫。

网络视听行业的蓬勃发展重塑了媒体传播的形式、路径和机制，对视听媒体行业监管部门提出了新的挑战。综合来看，山东省网络视听行业未来的监管应当充分利用技术优势，以视听版权为抓手，以共建共治为原则，以

---

① 参见聂辰席、田进等:《打造网络视听新媒体》,《传媒》2017年第12期。

创新监管为前提，加强对浏览器、App 等视听新媒体入口的监管；优化 AI、推荐算法应用，体现价值导向；强化云存储企业业务规范发展，避免成为违规内容中转平台；严厉打击无备案信息网站（服务器设置于境外的网站）违规传播视听内容行为等；强化视听新媒体全产业链主管部门的沟通协调，确保视听新媒体行业监管政策和制度的高效落地、有效实施。①

2.创新人才管理机制，培养多元复合人才

(1)整合高校人才培养体系，搭建“学界—业界”共振体

网络视听行业正处在一个高速发展和变革的时期，它需要科技、艺术、文化、管理多学科的融会贯通，其对人才的需求也是全方位的。因此，行业要构建跨越计算机技术、新闻编辑、营销策划、广告宣传等学科的综合教学平台，培养适合网络视听等新媒体产业发展的复合型专业人才，同时注重培养其职业认同感和责任感。健全人才培养机制，搭建“学界—业界”共振体，成为当下山东省网络视听机构长期发展的有效路径。

根据本次调研的情况来看，山东省网络视听行业各岗位的融合度极高，内容、技术、市场、管理等岗位之间的渗透倾向愈发强烈，这体现出行业对人才的需求是全方位的。网络视听行业从业者专业背景关联度情况见图 1。

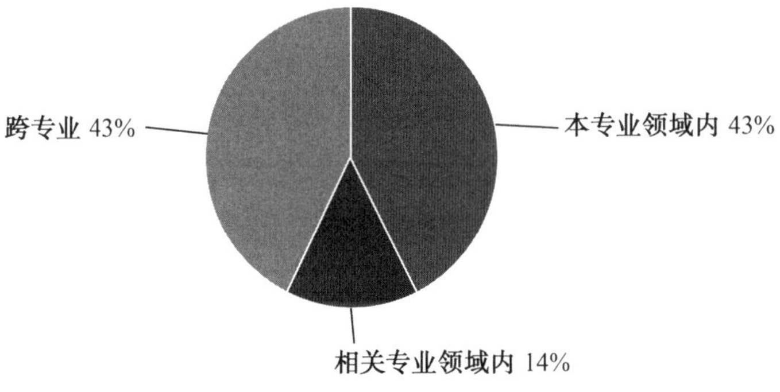

图 1　网络视听行业从业者专业背景关联度

资料来源：山东省 7 个地市调研问卷。

① 参见杜玉辉：《对传播新格局下视听新媒体监管问题的思考》，《广播电视信息》2019 年第 7 期。

从图1我们可以得知，山东省从事网络视听行业的人才中，本专业领域的工作人员与跨专业工作人员的占比大致相同。在未来的发展中，山东省网络视听行业应当吸收更多的其他学科优势。

山东省网络视听行业的长远发展，需要有科技含量很高的现代电子传媒工程专业的人才，也需要有较高文化素养的文科人才，更需要有适应市场经济发展要求、懂得现代企业管理的经营策划人才。不少从业者表示其自身理论素养不足，“对产业未来的发展前景不明确”，且由于激励机制不完善等问题，从业人员的特长和能力得不到有效发挥，从而影响了工作积极性和责任心。上述诸多问题的出现，要求“学界—业界”共振体在人才培养中必须打破原有传统媒体人才的培养模式。除了培养预备从业人员的专业理论能力外，还必须注重培养其创新能力、动手能力以及在保证遵循主旋律的前提下准确捕捉市场需求、判断市场发展方向的能力。①

(2)优化人才培养理念，创新人才管理模式

根据此次的调研结果来看，山东省内网络视听从业人员的自我满意度并不高(见图2)。

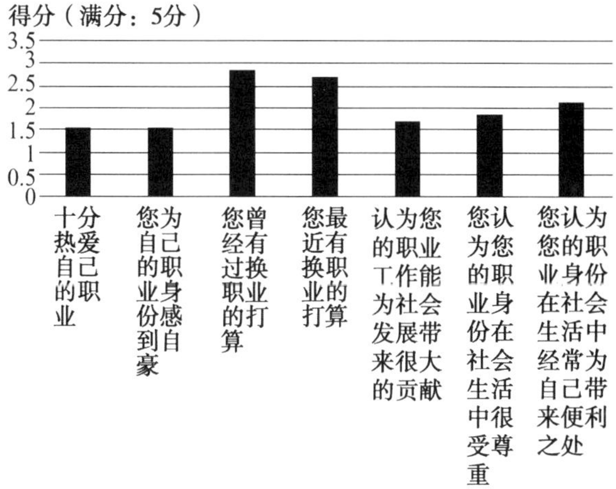

图2　从业者职业满意度

资料来源：山东省7个地市调研问卷。

① 参见严三九：《上海市网络视听专业人才情况调查》，《华东师范大学学报》(哲学社会科学版)2009年第6期。

根据图 2 我们不难发现，省内各类机构的人才对于自身职业的满意度与成就感仍未达到较高的水平。因此，在未来的人才培养与管理中，各类机构应当优化现有的人才管理体制，加强对人才自我认可的培养。经调研统计所得的各类机构员工培训情况如图 3 所示。

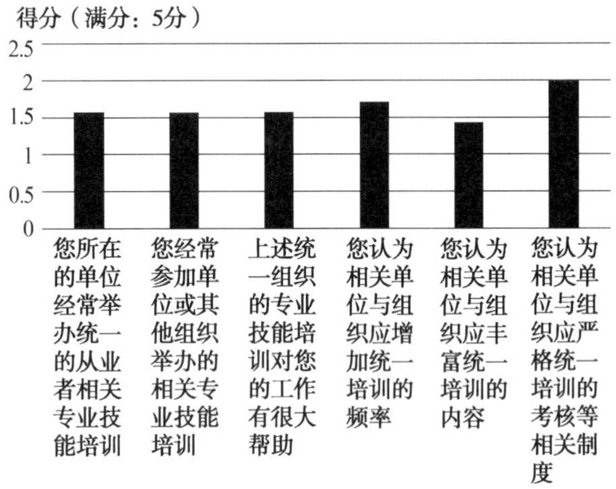

图 3　员工培训情况

资料来源：山东省 7 个地市调研问卷。

根据图 3 我们可以得知，省内各机构对于人才的定期技能培养仍未给予充分的重视。由于缺乏相配套的人才培养，部分机构内的从业人员无法及时得到知识、技能的更新。在网络视听技术发展日新月异的情况下，缺乏对新技术的掌握、无法具备应有的创新理念对于网络视听从业人员而言是一个巨大的挑战。

从中观的人才管理角度而言，山东省网络视听各机构的管理者应当优化现有的人才管理机制，也应加强对人才的定期、即时的技能与知识培养。通过这种方式省内各类机构可以吸引更多的网络视听创作人员，也能够维系现有的人才资源，使得人才的利用得到最大化。

(3)突破专业人才界限，促进受众间接创作

事实上，网络视听行业作为艺术创作的一种，其受众不是被动的、消极的、弱势的，只是传统意义上的审美方式和过程在某种程度上压抑了审美主

体的能动性。而当视听内容创作从传统封闭的平台走向在线网络平台时，其在一定程度上能够促进受众创作的回归。因此在人才管理上，山东省网络视听行业应当打破以往仅靠专业工作人员的模式，应广泛接纳吸收多元受众的审美观点与潮流趋势。各类机构可以通过对播放页留言、弹幕留言、贴吧（豆瓣）评论、微博、微信等社交工具评论的方式，对受众的意见与感受进行时刻的追踪，从而从更深层次上将受众的意见纳入后期的作品创作中，以达到更好的传播效果。①

（4）尊重市场规律，不断探索独具特色的创新发展之路

现阶段，网络视听行业拥有诸多媒体行业的技术优势，其作品的传播方式更加广泛，不仅可以在电视上观看，也可以在手机上、网络平台上欣赏。当视听新媒体拥有了传统电视媒体的内容资源、加强公信力建设以后，就能结合新旧媒体的优点更好地发展。基于此，传统媒体应该充分认识现状，利用内容优势，尊重市场规律，开拓多元化的传播渠道，打造视听新媒体行业形象。②

山东省网络视听行业要持续成长，必须要尊重规律。一是技术规律，技术让所有的影像表达进入了前所未有的状态。二是竞争规律，良好的竞争环境可促进行业的健康发展。如平台激烈竞争才使中国视听行业的技术与规模达到世界领先地位，内容竞争愈激烈，对内容品质的要求愈高，市场竞争是行业发展的保障，竞争是决定发展和品质的绝对保证。三是管理规律，管理规则在竞争中是必不可少的，业界需要有共识，根据原则做事才能使整个产业长期健康发展。要尊重规则和原则，不能一味追求流量，使整个行业失去秩序。③

3.因地制宜贯彻指导思想，制定实行区域特色方案

（1）即时传达国家政策信息，高效完成相关要求

在此次调研中，我们发现山东省内诸多机构对国家层面的网络视听行业具体政策了解不深，理解更是缺乏。这容易导致其不能即时做出工作上

---

① 参见刘俊：《技术视野下网络视听发展的进路与规律——基于接受与创作的互动》，《西南民族大学学报》（人文社会科学版）2021 年第 9 期。

② 参见聂辰席、田进等：《打造网络视听新媒体》，《传媒》2017 年第 12 期。

③ 参见聂辰席、田进等：《打造网络视听新媒体》，《传媒》2017 年第 12 期。

的调整，存在着极大的问题。

山东省内各类机构应当及时学习国家相关政策，定期召开政策学习会议，及时学习、深入了解国家的相关政策。例如国家广播电视总局在 2021 年 3 月发布的《关于开展 2021 年全国广播电视媒体融合先导单位、典型案例、成长项目征集和评选工作的通知》，能够为网络视听行业从业人员提供内容创作的规则与要求。对政策的深入学习能够为其在未来的产品制作中提供官方指导意见与依据，并使其在符合国家主流要求的情况下避免可能出现的差错与不足。

（2）深入了解地方区域特色，制定专属政策要求

基于国家政策，山东省应当深入了解和明确自身区域特色，打造专属本省的地方政策，从而为本地网络视听行业指明前进方向，为网络视听行业从业人员提供更加细致、到位的工作与发展路径。

在这一方面，浙江省的做法值得国内各省份学习和效仿。2021 年，浙江省发展和改革委员会、省广播电视局联合发布了《浙江省广播电视和网络视听发展"十四五"规划》（以下简称《规划》）。《规划》中，浙江省根据自身发展现状制定了本省广播电视和网络视听发展的八大任务。[①] 这些任务从浙江本省的发展现状和行业实际出发，对该省未来的目标和任务做出了细致、具体的要求与规划。

有鉴于此，山东省相关部门在制定区域性的政策之时，也可借鉴其他省份的做法，充分将本省优势与特色纳入考量范围，针对现有发展状况对未来工作做出相应的指导与要求。

四、小结

以政策支持等方式促进网络视听行业从业者的发展与提升，着力打造新时代精品工程，从而不断壮大主流舆论声音，逐步建成纵贯全省乃至全国的网络视听行业高地，实现网络视听行业发展的突破性进展，是山东省网络视听行业的重要发展目标之一。从本次调研走访的多家网络视听机构发展

① 参见李国生：《高质量建成广播电视和网络视听强省》，《中国新闻出版广电报》2021 年 8 月 27 日。

现状来看，不论是国家与地方的政策扶持，还是网络视听机构自身做出的多项改革措施，都在不同程度上推动了网络视听机构从业者工作现状的持续改善与整体提升。

总体而言，山东省网络视听行业从业者发展现状良好，态势喜人。不可否认，专业素养参差不齐、传统思维尚未根本转变、相关考评与激励体系有待完善等显著问题仍存在。不断投身其中的年轻血液、逐渐健全的培训机制以及潜力无限的发展空间，则为从业者的长远职业规划提供了动力与保障。

当下不论是广播电视台等传统网络视听机构，还是 MCN 等商业性网络视听机构，其均从国家政策、行业环境以及自身发展现状等多重视角出发，采取了诸多行之有效的举措，从不同层面改善了从业者的状况。浙江、江西等省份的成功经验无疑也为山东省因地制宜出台本土化政策、推动网络视听行业规范化发展提供了典范。未来，在尊重市场规律和顺应政策走向的基础上，转变传统思维模式，正视技术赋能，明晰复合型人才培养理念，不断探索符合本省的特色化网络视听行业从业者发展之路，或将成为山东省网络视听行业整体发展规划的重中之重。

山东省网络视听精品生产调研报告

刘一川*

从字面意思上看，精品内容是海量内容中最为精华的部分。习近平总书记在2014年文艺工作座谈会上强调，“精品之所以‘精’，就在于其思想精深、艺术精湛、制作精良”[①]，点明了精品创作的基本要素。当前，网络视听精品内容已成为各界关注的热点问题。

在国家战略和产业需求导向下，本报告将对山东省内各类网络视听内容生产主体进行实地调研，以翔实的深度访谈与数据资料探寻我省网络视听精品生产现状与发展路径，为山东乃至全国的政策制定者与行业从业者提供实践参考，并为相关研究者提供科研素材。

一、山东省网络视听精品生产的总体格局

（一）全国网络视听精品生产现状

在国家层面，主管部门高度重视网络视听精品生产的发展。2018年国务院机构改革，设立中华人民共和国国家广播电视总局。在新设立的国家广播电视总局中，成立了网络视听节目监管司，负责“指导网络视听节目服务的发展和宣传。对信息网络和公共载体传播的视听节目进行监管，审查其内容和质量，承担节目应急处置工作。指导网络视听节目监管体系建设，

---

* 刘一川，山东大学新闻传播学院2021级博士生。

① 习近平：《在文艺工作座谈会上的讲话》，人民出版社2015年版，第10页。

组织查处非法开展网络视听节目服务行为”[①]，为网络视听精品生产的发展提供了组织机构保障。近年来，国家广播电视总局网络视听节目监管司推出多项政策，助力网络视听精品生产。

1.以优质内容为根本

在内容上，国家广播电视总局持续推进“网络视听节目精品创作传播工程”扶持项目，对创作阶段的原创网络剧、网络电影、网络纪录片、网络动画片、网络综艺节目等网络视听内容进行支持，要求参选作品“坚持正确政治方向、舆论导向、价值取向，坚持以人民为中心的创作导向，坚持思想精深、艺术精湛、制作精良相统一，自觉服务党和国家工作大局，重点聚焦庆祝中国共产党成立100周年重大主题，讲好党史、新中国史、改革开放史、社会主义发展史故事，引导树立正确历史观、民族观、国家观、文化观；围绕脱贫攻坚、全面建成小康社会、抗击新冠肺炎疫情等主线，讲好当代中国各项事业蓬勃发展，广大人民追梦逐梦圆梦故事；弘扬社会主义核心价值观，传播中华优秀传统文化，讴歌党、讴歌祖国、讴歌人民、讴歌英雄，大力唱响共产党好、社会主义好、改革开放好、伟大祖国好、各族人民好的时代主旋律”[②]。

对重点扶持作品，国家广播电视总局将提供资金补助，并对其创作播出进行全方位指导扶持。扶持资金由国家广播电视总局下拨至各省局，各省局负责将资金分发至所属获扶持的单位并负责监督使用。扶持资金须严格按照有关规定专款专用，各省局应当做好跟踪问效工作，将有关情况及时报送国家广播电视总局，并在作品完成创作后向国家广播电视总局提交“绩效评估报告”。此外，国家广播电视总局贯彻落实习总书记关于“推动中华优秀传统文化创造性转化、创新性发展”[③]以及“推出更多健康优质的网络文艺作品”[④]的要求，推出“中国经典民间故事动漫创作工程（网络动画片）”扶持

① 国家广播电视总局：《网络视听节目管理司》，2018年9月11日，http://www.nrta.gov.cn/art/2018/9/11/art_16_155.html。

② 《国家广播电视总局办公厅关于开展2021年“网络视听节目精品创作传播工程”扶持项目评审的通知》，2021年3月9日，http://www.nrta.gov.cn/art/2021/3/9/art_113_55335.html。

③ 习近平：《决胜全面建成小康社会　夺取新时代中国特色社会主义伟大胜利——在中国共产党第十九次全国代表大会上的报告》，人民出版社2017年版，第23页。

④ 《习近平在全国宣传思想工作会议上强调：举旗帜聚民心育新人兴文化展形象　更好完成新形势下宣传思想工作使命任务》，《人民日报》2018年8月23日。

项目征集活动，引导网络动画片创作者投身中国经典民间故事主题网络动画片创作，力争打造出广受观众认可、具有较大影响力的优秀作品，用示范效应引领行业的行动方向。

2.以行业标准为支撑

在行业标准上，国家广播电视总局为规范广播电视和网络视听工程建设行业标准管理，促进广播电视和网络视听高质量创新性发展，印发了《广播电视和网络视听工程建设行业标准管理办法》。《管理办法》指出，国家广播电视总局每年度将制定工程建设行业标准培训计划，并采取现场培训、网络培训等多种方式对标准开展宣贯培训。各省级广电部门应建立健全相应工作机制，做好所辖行政区域内工程建设行业标准宣贯培训工作。各单位应组织参加相关标准的培训活动，进一步提升工程技术人员和管理人员的标准贯彻执行水平和能力。

3.优化人才队伍结构

在人才队伍上，国家广播电视总局开展了全国广播电视和网络视听行业领军人才工程、青年创新人才工程推荐选拔工作。面向全国推荐选拔首批广播电视和网络视听行业领军人才和青年创新人才，遴选新闻宣传、文艺创作、国际传播、经营管理、科技与工程技术、理论研究等领域优秀人才。新闻宣传领域主要包括从事新闻采访、编辑、评论、播音、主持等工作的人员；文艺创作领域主要包括从事文艺节目制片、编导、策划、导演、编剧、表演等工作的人员；国际传播领域主要包括从事对外传播和国际交流合作、促进中外文化交流互鉴、开展国际传播政策理论研究和对外话语体系研究等工作的人员；经营管理领域主要包括从事经营管理、产业运营等工作的人员；科技与工程技术领域主要包括从事安全播出、网络安全、技术研发、传输覆盖、监听监看等工作的人员；理论研究领域主要包括从事行业政策理论研究、编辑翻译等工作的人员。

（二）山东网络视听精品生产现状

作为沿海经济大省与对外开放前沿，山东省在传统媒体时代的视听产品创作生产中形成了以山东影视传媒集团为代表的优势产业集群，生产了《大染坊》《闯关东》《北平无战事》《父母爱情》《马向阳下乡记》《琅琊榜》《老农民》等大量叫好又叫座的佳作。在第30届"飞天奖"颁奖典礼上，山东影视传媒集团出品的4部作品获"优秀电视剧奖"，四大单项奖也全部出自山影作品，成就"鲁剧"又一次辉煌战绩。"山影出品，必属精品"受到了视听内容行业从业者与广大观众普遍认可，并被写入2016年山东省《政府工作报告》，成为文化软实力和影响力的一张靓丽名片。

1.山东在网络视听精品领域的成绩

传统媒体时代视听精品生产的良好局面为山东省网络视听精品生产提供了有力的支持。2017～2020年，在国家广播电视总局组织开展的网络视听节目精品创作传播工程当中，山东省共有多项作品入选(见表1)，表明山东省网络视听精品生产在全国范围内具有一定的竞争力。入围作品反映了反腐倡廉、脱贫攻坚、乡村振兴、中华优秀传统文化创造性转化与创新性发展等重大年度宣传主题，在体裁上涵盖了网络纪录片、网络动漫、网络电影等多种类型，基本具备"思想精深、艺术精湛、制作精良"的精品要素。

表1　2017～2020年入围网络视听节目精品创作传播工程的山东作品

	年份	作品名称	类型	申报机构
1	2017年	《论语智慧》	网络动画片	山东美猴文化创意集团有限公司
2	2018年	《初心》	微电影	济南广播电视台
3	2019年	《春来怒江》	网络电影	山东卫视传媒有限公司
4	2020年	《飞夺泸定桥》	网络电影	潍坊新片场传媒有限责任公司

2.山东在网络视听精品领域的相关政策

在政策制定方面，近年来山东省相关主管部门高度重视网络视听精品生产，在人才素质提升、优秀作品评选、财政资金支持等方面为山东网络视听精品生产助力。2018年，山东省人民政府印发《山东省影视产业发展实施规划(2018～2022年)》，指出要"把握网络强国重大机遇，实施网络视听文艺精品战略，加强高品质微电影、网剧创作，推出一批适合互联网、手机等媒介传播的影视佳作"。2020年，山东省广播电视局将"加强精品节目生产"作为年度网络视听工作的要点，对重点网络影视剧进行分类入库、分类指导、统筹管理，实施"网络视听节目提升工程"，努力打造"网络鲁剧"新品牌。同年，山东省广播电视局举办全省网络视听节目精品创作传播研讨培训班，邀请国家广播电视总局等上级主管部门专家与哔哩哔哩、爱奇艺等头部平台高层作为授课讲师，通过政策解读、案例分析等形式提升全省网络视听节目从业人员的专业素养。

面对新冠肺炎疫情，山东省广播电视局联合大众网、齐鲁网组织开展了“抗击疫情　我们在行动”——山东省抗击疫情主题优秀网络视听作品评选展播活动，充分展示了全省各行各业和全省人民众志成城、共克时艰的责任担当，为疫情防控和经济社会发展营造了良好舆论氛围。2021年，山东省财政厅、山东省广播电视局联合印发《山东省省级广播电视和网络视听精品创作传播资金管理实施细则》，通过省级财政预算安排，支持全省广播电视和网络视听内容方面精品创作传播。《2021年全省广播电视和网络视听工作要点》明确指出，要突出抓好重点作品。推动全面建成小康社会、乡村振兴题材电视剧《经山历海》《温暖的味道》《我们的小康时代》，庆祝建党100周年题材电视剧《饮马长江》《永恒的使命》《青山遮不住》《沂蒙山小调》，庆祝党的二十大召开题材电视剧《老工人》《老家伙》《九月火车》，现实生活题材电视剧《您好！母亲大人》《走起，我的天才街坊》《燃！沙排少女》的创作生产，擦亮“鲁剧”品牌。推动文献纪录片《“一大”代表邓恩铭》《新沂蒙六姐妹》创作生产，推出《五色奇玉记之灵云代码》等优秀动画片。加强网络文化建设，抓好网络电影《飞夺泸定桥》等重点网络视听节目的创作生产，全力打造“网络鲁剧”新品牌。鼓励各市结合本地实际，健全广播电视和网络视听节目创作机制，努力推出一批主旋律精品。

3.全行业与山东省网络视听精品生产的制约因素分析

经调研，目前制约全行业视听精品内容创作生产的因素主要集中在技术、体制机制、市场与政府规制层面。

(1)全行业网络视听精品生产的制约因素

在技术层面，各类主体均意识到技术在视听内容生产中的重要性，但传统媒体普遍缺乏技术储备。工具理性与价值理性的设计失衡、“把关人”缺位与新闻专业主义的离场以及平台逐利特性与主体责任感的缺失[①]，令以算

① 李钢、唐月卫、刘章仪:《推荐算法与网络意识形态风险防范》,《当代传播》2020年第3期。

法推荐为运营逻辑的新媒体平台存在低俗内容广泛流通、“信息茧房”效应强化、主流价值观凝聚力削弱的风险。在体制机制层面，目前主流媒体融合在一定程度上实现了资源的重新配置与整合开发，但未能实现预期目标；① 新兴内容生产者内部的工程师与编辑之间缺乏足够高效的沟通机制；② 媒介融合早期阶段电视台与网络视频平台形成的“台网联动”机制尽管在生产标准与文化内涵上逐步趋近，但未将用户这一智媒时代的关键主体纳入考虑范围，视听内容创作生产的体制机制壁垒仍然存在。③ 在市场层面，部分新媒体视听内容生产机构由于不具备清晰的可复制性盈利模式，在融资过程中难以获得资本青睐；④ 另一方面，获得巨额投资的头部机构受资本逐利性影响，无法真正落实精品意识，大量同质化、低俗化内容充斥屏幕，扰乱了风清气正的互联网空间。在政府规制层面，出于保障舆论安全、避免媒体被资本左右的考虑，视听内容产业的融资与创新发展面临严格限制，政府在管制方面势必保持高压态势。⑤

(2)山东省网络视听精品生产的制约因素

智能时代的到来令山东省网络视听精品生产在面临着全行业共性制约因素的同时，也不得不解决具有山东当地特色的问题。《山东省广播电视和网络视听行业高质量发展调研报告》显示，目前山东省“具有全国影响、市场号召力强、上座率高的广播电视节目、电视剧、纪录片、动画片和网络视听精品还不多，高质量、有匠心的文化供给仍显不足，有高原缺高峰的现象仍待突破……京、浙、沪、粤、湘五省市在产业聚集、龙头企业数量、产业规模收入等方面都是山东省数倍以上”⑥。山东省网络视听行业发展情况与网络视听

---

① 参见蔡雯：《媒体融合进程中的“连接”与“开放”——兼论新型主流媒体建设的难点突破》，《国际新闻界》2020 年第 10 期。

② 参见毛湛文、孙曌闻：《从“算法神话”到“算法调节”：新闻透明性原则在算法分发平台的实践限度研究》，《国际新闻界》2020 年第 7 期。

③ 参见冷淞：《电视媒体的“互联网化”观察：基于视听内容的视角》，《现代传播（中国传媒大学学报）》2017 年第 8 期。

④ 参见陈小博：《中国新媒体企业 IPO 融资研究》，华东师范大学工商管理专业硕士学位论文，2010 年。

⑤ 参见田静：《广播电视媒体融资的共性思考与个性思考》，《税务与经济》2015 年第 2 期。

⑥ 孙杏林、倪广宏、周琛：《山东省广播电视和网络视听产业高质量发展调研报告》，《现代视听》2020 年第 5 期。

精品生产现状同经济文化强省的地位极不匹配，影响着山东省良好舆论形象的塑造与传播。

（三）山东省网络视听精品生产的路径

如前所述，习近平总书记强调，“精品之所以‘精’，就在于其思想精深、艺术精湛、制作精良”①，点明了精品创作的基本要素。在精品三要素中，思想性、艺术性与精良程度相辅相成、互为补充，共同影响着精品内容的生产环节与呈现效果。山东省网络视听内容产品的精品化路径，应当关注价值导向、体制机制、文化内涵、人才队伍、技术装备等方面。

1.坚持正确导向

思想性是精品区别于其他作品的本质属性，是精品创作的基础条件。内容产品的意识形态与社会舆论属性，决定了其思想深度的提升必须依托于正确的价值导向。山东省内各类网络视听内容生产主体应当坚持正确导向，始终坚持党对新闻舆论工作的领导，以“政治家办台、办网”的根本原则生产符合主流价值、蕴含社会主义核心价值观、弘扬齐鲁优秀传统文化的精品内容。

2.理顺体制机制

体制机制决定着网络视听精品生产的效率与质量，推动山东网络视听精品内容生产必须理顺体制机制，从而促进主流价值的传播。山东省视听产业 MCN、PGC 等新兴平台，应当在台网联动的基础上形成“台—网—用户”联动的新型生产模式。对于机构生产者而言，应当在机构内部的技术研发团队与内容生产团队之间以及媒体、用户与企业之间建立起增进多元主体有机协作的长效沟通机制。

3.深化文化内涵

文化内涵是精品内容的精神内核，失去了文化内涵的内容产品好比无本之木、无源之水，无法在历史的长河中留下印记。网络视听精品内容生产应当将深入挖掘文化内涵摆在突出位置，为精品内容注入灵魂。山东省内重点网络视听精品生产机构在网络视听精品内容、特别是获得国家级奖项的精品内容生产过程中，应当将具有山东特色的优秀传统文化与社会主义

① 习近平：《在文艺工作座谈会上的讲话》，人民出版社 2015 年版，第 10 页。

先进文化融入精品内容当中，将深化文化内涵作为网络视听精品内容生产的重点工作。

4.健全人才队伍

内容产品的艺术价值与文化内涵凝聚着创作者的主体性，网络视听精品生产的竞争归根结底是人才队伍的竞争。因此，网络视听精品内容生产需要建立一支强大的人才队伍以及与之相匹配的奖励机制，以激发生产者热情，为精良的产品创作提供灵感。一方面，山东省内重点网络视听精品生产机构内部应当建立起年龄构成合理、学科背景多元、学历层次较高、从业经验丰富的人才队伍；另一方面，山东省网络视听精品生产机构，也应当建立起一套能够有效激发生产者创作灵感的奖励机制。

5.提升设备水平

制作的精良程度，影响着网络视听精品的思想内核传播与艺术价值呈现。在媒介技术迭代升级的背景下，技术设备在网络视听精品生产各阶段的重要性愈发凸显。具体而言，山东省网络视听精品生产机构应当围绕数据挖掘设备在选题策划环节、人工智能设备在信息采集环节、VR/AR设备在信息加工环节与5G技术设备在效果评估环节的应用，更新技术设施、捕捉用户需求、改进生产流程、优化视觉效果。此外，山东省网络视听精品生产机构应当在视听内容生产过程中运用主流算法，在全网范围挖掘并生产具有时代精神和民族特征的优质视听内容。

二、不同类别网络视听内容的精品生产状况

（一）网络电影：以潍坊新片场传媒有限公司和山东卫视传媒有限公司为例

在网络电影领域，课题组走访调研了潍坊新片场传媒有限责任公司（以下简称“潍坊新片场”）与山东卫视传媒有限公司（以下简称“山东卫视”）两家单位。两家单位妥善处理了技术、平台与创作者三者之间的关系，实现了技术与艺术比翼齐飞。

1.信息技术在网络电影生产中的运用

在调研过程中可发现，当前网络电影精品内容的生产过程中，技术与平台的话语权越来越大，但创作团队自身的艺术素养与作者意识依然占据着

较为重要的地位。潍坊新片场作为一家从影视素材数据库起家的影视公司，自成立之初就具有较强的技术属性与互联网思维。在技术层面，潍坊新片场开发了一整套数据分析系统，包含多个指标，实现了对片名、情节、评论、弹幕的全方位抓取，可以通过片名所包含的元素、评论的情感态度、弹幕的数量与内容等角度，分析"爆款"网络大电影走红的特征，从而指导后期的策划、拍摄与宣发。

2.平台在网络电影生产中的作用

平台在网络电影的创作过程中扮演着"现金奶牛"的角色。互联网高速发展的过程中，以爱奇艺、优酷、腾讯视频为代表的头部在线视频平台获得了大量投资。在获得投资者青睐的同时，头部平台却受限于剧本创作与生产制作能力的匮乏，无法将投资在较短的周期内转化为收益。因此其只能与网络文学作者和专业的影视制作公司合作，通过购买 IP 的方式获得剧本，并以定制的模式向影视公司购买内容产品。这就使得作为资方的平台，在网络电影创作当中的地位大大提高。有关公司负责人表示，头部视频平台的崛起改变了影视公司的发展趋势，大大加快了网络电影的工业化、资本化进程。

3.在平台与技术的夹缝中弘扬主旋律

当然，技术与平台话语权的与日俱增，并不代表着创作者与政策制定者的完全失语。具有浓厚作者个人风格和弘扬社会主义核心价值观的作品在保证质量、政策扶持等前提下，同样能够实现社会效益与经济效益的双丰收。山东卫视制作的《春来怒江》，就是这样一部作品。影片讲述了第一书记宋春来被下派到独龙江乡马坡村，在带领大伙实现集体脱贫后，又帮助返贫户龙雪莲成功脱贫，实现乡村振兴，全村一起喜迎美好生活的故事。澎湃新闻评价称，"《春来怒江》是一部以小见大的电影，它的出现给网络电影创作带来新风向和新思考。同时，影片中涉及的生态旅游、文化旅游等内容，是对乡村振兴事业一次强有力的科普，也是践行'绿水青山就是金山银山'理论的最优注解"。《春来怒江》被写入中宣部宣传思想工作要点，入围国家广播电视总局"精品创作传播工程"重点扶持作品、重大题材网络视听项目库、庆祝中国共产党成立 100 周年精品网络视听节目片单，被中共中央政治局常委、中央书记处书记王沪宁同志在全国宣传部长会上点名推荐。

（二）网络电视剧：以山东影视传媒集团为例

传统媒体时代，山东影视传媒集团（以下简称“山影”）出品的电视剧作品可谓“叫好又叫座”，具有较高的艺术价值、思想价值和市场价值，实现了社会效益与经济效益的“双丰收”。然而，面对互联网浪潮，在一段时间内其网剧作品的传播力、影响力大不如前。如何振兴“网络鲁剧”成为各级政策制定者与相关行业从业者亟待解决的问题。新时代山影在网剧领域正持续发力，并取得了一定成效。

1.避险策略：网络电视剧生产的“定制”模式

山影的网络视听业务相对于传统电视剧来说，成绩和业绩不太好，发力也比较晚。山影的网络电视剧制作起源于2015年的《他来了，请闭眼》，该剧为山影第一部先在网络平台播出、后在传统平台播出的作品。山影自身保留了一支研发团队，其研发出来的内容产品版权归山影所有，在业内被称为“版权剧”。然而，版权剧存在着难以发售的风险，为了降低风险，团队到了某个阶段（如剧本大纲、人物小传、前几集剧本完成）后，会主动找平台沟通，如果平台认为该项目具有投资价值，其便会持续开展。版权剧在于点击率，定制剧在于整体的分成。山影相关负责人认为，现在留给传统影视公司的空间，就在于精品剧。山影还是要保持精品的优势，不盲从于市场，做出差异化的精品。“我们最擅长的就是做现实主义题材的正剧，网络对于这一块的接受程度也越来越高。”

2.主旋律IP的打造

在IP孵化方面，山影在长期摸索中形成了“网剧＋网大（网络大电影）”的运作模式，并始终坚守以社会效益为先导，实现社会效益与经济效益双丰收的主线。近年来颇受欢迎的系列网络大电影《毛驴上树》便是其中的典型代表。该片以“搬迁下山”为叙事切入点，讲述了“麻辣女书记”以灵活多变的工作方法帮助村民顺利迁入新居，并让大家在生活和思想上全面脱贫的故事，展示了广大第一书记扎根农村、践行职责使命、助力脱贫攻坚的时代风貌。

在创作过程中，山影认真践行习近平总书记关于文艺作品要“扎根人民、扎根生活”的指示精神。在内容创作上，其立足精准扶贫的现实，积极弘扬主旋律，将守正与创新、主旋律与多样化、社会效益与经济效益等创作理念有机整合，真正创作“有意义、有意思、有故事、有生活”的文艺精品。同时，山影制作一直秉持的精品创作理念，为当前良莠不齐的网络电影市场有效赋能，促进了网络电影由野蛮生长向高质量发展的进程。

（三）网络短视频：以青岛古麦嘉禾科技有限公司和齐鲁晚报·齐鲁壹点为例

在网络短视频领域，我们走访调研了民营巨头——青岛古麦嘉禾科技有限公司（以下简称“古麦嘉禾”）和传统媒体转型成功的代表——齐鲁晚报·齐鲁壹点（以下简称“齐鲁壹点”）。通过这“一新一老”的对比，不难发现传统媒体正从新兴市场化机构中吸收好的经验，而新兴市场化机构也逐渐提高了对意识形态安全的重视程度。

1.组织架构策略：年轻化、扁平化

与一般的互联网创业企业相类似，网络短视频生产机构的组织结构较为扁平。以古麦嘉禾为例，除了人事、财务等职能部门外，目前以“总经理办公室—团队负责人（主理人）—团队”的三级架构运营。其中，总经理办公室作为公司决策层，决定公司发展的整体方向，根据团队的体量安排架构并进行利益分成。内容创作与利益分配最核心的一环在团队负责人（主理人）。主理人直接负责抖音账号的运作，与公司签约艺人和后期团队直接对接，在工作规划、内容编排、人员调配等方面有较多的自主权，总经理办公室对于内容生产的直接干预较少。目前，古麦嘉禾共有 11 个团队，其中有约 40% 的团队盈利，这一比例在行业内部同类型公司中已处于领先地位。

古麦嘉禾组织架构的扁平化，也体现在了办公场所的安排上。办公场所的整体环境温馨、整洁，符合工作团队以年轻人为主的年龄结构。古麦嘉禾按照剪辑、策划等工种的不同而非级别高低进行办公室布局，团队负责人并不像传统企业一样拥有独立办公室，而是与团队成员共同劳动，充分发挥了带头人的引领激励作用。在工种内部，工作人员办公区域之间没有挡板隔断，确保了创意火花的实时碰撞。

同时，为了减少拍摄成本，也为了达成策划团队与摄制团队的高效对接，古麦嘉禾的化妆间、配音室、摄影棚等素材采集与生产场所就设置在办公场所内。摄影棚按照不同账号的属性与定位，分别布置成居家生活环境、教室课堂环境、办公地点环境等。以此将各工种集合在同一办公场所内，不必租赁专门的摄影场地或外景拍摄基地，实现了策划、拍摄与后期制作的无缝衔接，极大地提升了内容生产与公司运作的效率。

齐鲁壹点的视频生产团队共有约100人，其中两个视频中心有50人。每个部门除了原来的纸媒文字记者，目前还配备专业的视频记者。此外，地方记者站还有一些科班出身的视频记者。在年龄构成上，齐鲁壹点的视频生产团队平均年龄27岁。考虑到大多数年轻人对意识形态方面的把关能力较弱，新闻素养需要在长期积累中培育，其团队领导层主要集中在专业的、有经验的“80后”新闻工作者。

2.选题策略:市场导向与意识形态安全的有机统一

古麦嘉禾在选题上，以用户兴趣和市场需求为主要导向并根据播放、点赞、转发、评论等数据反馈情况。古麦嘉禾团队对什么样的内容受用户欢迎，什么样的内容能够吸引客户投资广告进行了详细的研判，并根据不同账号的属性进行用户画像，形成了一套成体系的选题策划机制。具体而言，用户对内容的偏好为公司提供了巨大的流量，公司以流量为依据，寻找匹配账号调性和用户消费习惯的广告主进行投放，广告主的投放为公司的长效运营提供了经济基础，使内容的生产日趋精良。不夸张地说，“用户兴趣—巨大流量—广告投放—优质内容”的运作模式，是古麦嘉禾成为山东乃至全国短视频MCN巨头的关键。

与商业化网络公司不同的是，齐鲁壹点视频生产模式在选题过程中具有严格的意识形态把关标准。《齐鲁晚报》自创刊以来，始终将“晚报大事不缺席”作为选题策划的重要标准之一。在视频生产领域，齐鲁壹点延续了“大事不缺席”的优良传统:第一，作为内容聚合平台的齐鲁壹点拥有了更强的传播力，可以通过置顶、专题等多个方式宣传习近平新时代中国特色社会主义思想;第二，作为都市报起家的新媒体，齐鲁壹点通过鲜活的案例对全面建成小康社会、决胜脱贫攻坚、习近平总书记“七一”重要讲话精神、山东落实中央决策部署等重大事件进行了故事化、可视化的报道;第三，在关于社会主义核心价值观和正能量的报道当中，齐鲁壹点注重挖掘发生在山东平凡人做出的不平凡事，讴歌山东人，传播山东的好形象，通过与阿里巴巴集团“天天正能量”合作，将山东的正能量报道在社会化平台上再次传播。

从传播效果上看，齐鲁壹点推荐的稿件在全国范围内转引量位居前列。同时，齐鲁壹点也是央媒宣传山东的重要信息来源，《人民日报》、新华社、中央广播电视总台很多典型报道的新闻线索来自《齐鲁晚报》。由此可见，正能量是齐鲁壹点报道选题的重点，也增强了《齐鲁晚报》的影响力，二者相得益彰。

目前，齐鲁壹点视频的选题主要来自四个方面。一是原创内容：以本地社会新闻为主。二是转载内容：以本地时政新闻和外地社会新闻为主。三是抓取内容：依靠技术能力，从版权合作互换的主流媒体“白名单”信息库中抓取没有版权纠纷的相关信息，汇入数据池，再进行人工审核，最后进行多渠道播发。四是用户生产内容：其主要通过“壹点号”和“情报站”两个渠道实现。“壹点号”约有 1 万名用户（包括个人、企业、事业单位），具有较强的内容生产与创作能力。“情报员”则是齐鲁壹点客户端通过身份认证的用户，发布的内容包括日常生活分享、新闻线索爆料。在四种选题来源中，“情报员”是齐鲁壹点独具特色之处。“情报员”会向内容生产者提供大量的新闻线索，爆料之后的新闻生产都会在“情报站”上一站式呈现出来，并在周播的“壹点帮办”节目当中体现。通过集中播出的民生新闻类节目，传播一周内受众普遍关心的、具有较强社会影响力的内容。

3.剧情策略：强调正确的价值导向

不同的短视频生产机构拥有不同的剧情策略。以古麦嘉禾为例，经过近些年的探索，其形成了“剧情＋人设”的剧情创作思路。其中，“剧情”为短视频故事发展的主要脉络，是内容生产的主线；“人设”则为短视频账号的突出特点，是吸引用户关注的关键点。根据前文所述的主要受众群体的内容消费习惯，古麦嘉禾在都市情感、侦探推理、家庭伦理、职场工作四类细分领域的剧情设计方面有所建树，并根据不同的剧情设计为账号打造各具特色的人物设定。

在迅猛发展的短视频领域，大量内容生产者以流量为唯一导向，为了获取短时间的经济效益，盲目追求市场热点，甚至打色情、暴力的“擦边球”。这种内容生产方式虽然可能会为机构获得短期收益，但长此以往终会受到政策的限制与市场的抛弃。古麦嘉禾在短视频剧情设计方面始终坚持正确的政治思想导向，能够实现经济效益与社会效益的平衡。古麦嘉禾定期对全体工作团队进行培训，学习国家相关政策与平台管理要求，确保内容生产的导向正确。同时，古麦嘉禾也会与抖音、快手等主流平台定期沟通，准确把握平台的审核标准，确保内容生产符合相关规定。

对于网络流行的热点信息与爆款视频，古麦嘉禾保持着“学习爆款但不追随热点”的态度。其不将热点作为自身内容生产的主要来源，而是注重分析爆款短视频产品引发用户关注、吸引广告主投资、造成良好社会反响的内在逻辑，总结其中的内容引爆点。古麦嘉禾将其运用到公司内部的选题策划与剧情设计当中，“以我为主，为我所用”，优化既有的短视频产品生产流程。

为了突出正确的价值导向，古麦嘉禾的短视频剧情策划在安排上注重制造戏剧冲突，通过反转、对比等形式在故事中注入主流价值观，以短小的视频弘扬正能量，引导用户向善。在细节层面，古麦嘉禾重视对用户的行为引导，避免用户模仿剧情中人物的行为造成不良影响。例如，在拍摄关于驾驶汽车的场景时，团队会在醒目位置标注“本视频在封闭道路拍摄”；在为了剧情需要拍摄饮酒场景时，团队会标注“过量饮酒，有害健康，请勿模仿”等。

为了实现规模效益，古麦嘉禾在单一的账号之外，根据不同的剧情分类，依托主打账号中的人物角色构建账号矩阵与衍生账号群。古麦嘉禾多账号策略能够形成“联动势能”，以灵活的内容方向，触及更多类型的用户。以“子豪家族矩阵”为例，主账号“他是子豪”拥有超千万粉丝，在剧情中扮演子豪女友“栗子”的独立账号“拜托了栗子”也有近 600 万粉丝，在“他是子豪”剧情中出现的“雪碧”“子辰”“金胜男”等出镜频次较高、较为受用户欢迎的角色亦有超百万粉丝。目前，“了豪家族矩阵”在抖音与快手两人平台已吸引超 1 亿粉丝，成为古麦嘉禾的超级“IP”，为公司运营带来巨大流量。

（四）网络视频新闻：以济南广播电视台、青岛广播电视台和寿光市融媒体中心为例

在网络短视频领域，课题组走访调研了省内两大中心城市即济南与青岛的广播电视台，以及县级融媒体中心的标杆——寿光市融媒体中心。经分析，网络视频新闻的精品内容存在专业性、地域性、创新性三大特点。

1.专业性：生产设备与生产流程的专业性

新闻业务实践长期积累的经验，使得由传统广播电视媒体向新媒体转型的机构在网络视听内容生产过程中体现出较强的专业性。在重大活动的

直播方面，济南广播电视台新媒体中心连续四年承担了春季集中开工仪式、年中重点项目观摩评比等大型活动的直播任务。新冠肺炎疫情暴发以来，其大量直播采用了线上线下相结合的方式，例如春季集中开工仪式便采取了“1+15”(济南市政府+15 个区县政府)的双向互动直播模式，运用互联网直播专线，保障了大型活动的进行。济南广播电视台新媒体中心直播团队已经成为济南市委、市政府的“御用”直播团队，圆满完成了各项上级领导交办的直播任务，并实现了良好的经济效益。

青岛广播电视台与同一地区内其他机构相比，具有显著优势。“蓝睛”(青岛广播电视台推出的官方手机客户端)问世以来，始终坚持“新闻为主，直播为特色”的方针。基于原电视新闻综合频道精干的直播队伍——“直播青岛”团队，“蓝睛”客户端每天推出 3～5 场直播，全年直播数量在 1000 场左右。

在前期素材拍摄的过程中，“蓝睛”团队在活动现场搭建直播间，向用户实时播出活动现场情况。在后台，“蓝睛”团队以融媒体指挥系统为引导，统筹整合传统广播电视新闻和新媒体视听内容的制作流程：对于选题较为宏大、涉及省市宣传工作重点的内容，选派专业摄像团队，以专业设备进行拍摄；对于选题切口相对较小、较为轻松活泼的内容，则与新媒体直播类似，运用手机、云台等便携式设备进行直播。同时，借助中央厨房，青岛广电融媒体平台能够将直播内容即时编辑为适合不同渠道分发的内容产品，实现“一次采集，多种分发”，避免了内容生产过程中不必要的环节，实现了媒介融合的纵深发展。

寿光市融媒体中心坚持设施全提升，财政投资 1551 万元对生产管理指挥调度等五大系统改造提升，率先与省台“闪电云”互联互通，成功入驻央视全国县级智慧融媒体平台、人民日报全国党媒信息平台。其坚持矩阵全覆盖，创新开发了“寿光云”“蔬菜云”2 个手机客户端，架起了由 1147 个智能接收终端组成、覆盖全市农村社区的广播“村村响”广播平台，打造了面向全国的“中国寿光蔬菜视频云校”，创建了 27 个官方微信、微博、抖音号，构建起了集两报(《寿光日报》《北方蔬菜报》)、两台(电视台、广播电台)、一网(寿光网)等 36 个平台于一体的全媒矩阵，融媒体受众达到 650 多万。寿光市融媒体中心坚持内容为王，强化栏目创新、内容创新、作品创新，打造了菜乡播报、理论之窗、爱心寿光乡村等品牌栏目。寿光网稳居全省县级网站综合实力第一位,《寿光日报》官方抖音号位列全国县市报前三名,寿光网、《寿光日报》微信公众号位列全国县市报前五名。

2.地域性:以服务辖区民众为重要目标

地域性是网络视频新闻生产的另一大主要特征。受体制机制与资金来源的影响,区域性的网络视频新闻往往重视与当地政府的紧密合作。济南广播电视台在策划网络视频新闻的过程中,从选题层面便围绕着国家战略、大政方针以及地方发展需要谋篇布局。《我的黄河故事》就是围绕黄河流域生态保护和高质量发展上线的系列短视频。对于济南来说,黄河流域生态保护和高质量发展战略是一个重要的历史机遇。围绕着重大战略,《我的黄河故事》进行谋篇布局,在创作中选取了黄河流域内以济南市为主的山东省内九个地市、全国九个省份为支撑,讲述国家黄河战略下新发展变化的典型故事。

在媒介融合的浪潮到来之前,青岛广播电视台的本土优势便已十分稳固。这一地域优势也延伸到了"蓝睛"与"爱青岛"当中:在包装层面,UI设计及穿插于客户端之中的系列城市形象宣传短视频以青岛的城市符号为元素,在一定程度上增强了用户群体对于青岛这座城市的归属感;在内容编排方面,"蓝睛"与"爱青岛"的海量内容中,与青岛市民日常生活息息相关的本埠新闻与生活服务资讯内容占比达70%以上,真正做到了"关注生活、贴近民生";在上海合作组织青岛峰会等重大活动的报道当中,"蓝睛"与"爱青岛"发挥播出平台的优势,有效整合中央厨房的资源,并与中央人民广播电台、中央电视台、中国国际电视台的报道团队紧密配合。在将青岛美好形象呈现给全国乃至全球受众的同时,进一步提升了市民的自豪感,也巩固了"蓝睛"与"爱青岛"在青岛地区融媒体平台的龙头地位。

寿光市融媒体中心立足蔬菜产业发展需求,以服务菜农、助推蔬菜产业发展为目标,打造了"以菜为媒"的综合媒体平台。一是组建专家团队。其成立了由40多名蔬菜专家和310名联络员组成的4支为农服务队,组织记者进驻覆盖20多万菜农的"千村千群",定时推送技术指导短视频拍摄、收集社情民意,累计推送短视频420多条,收集上报民意信息100多条。二是完善媒体平台。其开办了全国唯一一个蔬菜专业电视频道、唯一一份蔬菜专业报《北方蔬菜报》，在电台服务菜农的基础上，建设了中国寿光蔬菜视频云校，开发了“蔬菜云”App客户端及“棚管家”“棚保姆”等一批特色应用。以此建起了立足本地、面向全国的全媒体服务平台，通过热线电话、视频在线、进棚指导等形式，让专家与菜农“面对面”，每年帮助解决问题4200多个。

3.创新性：创新体制机制、内容形态与生产技术

济南广播电视台在网络视听内容生产的过程中，实现了体制机制的创新。具体而言，济南广播电视台新媒体中心内部分了“综合协调＋业务板块”的七个部门：一是综合部，负责协调工作；二是采编部，负责官方新媒体平台的内容采编发布与日常管理，以及政务新媒体的运维（学习强国济南学习平台、济南发布、济南政协协商云系统、济南生态环境局的泉城蓝系统）；三是政务部，主要负责县级融媒体中心的建设任务，在历下区、市中区、天桥区、先行区等区域派驻济南广播电视台的采编力量，参与到县区融媒体中心的建设当中；四是鹊华MCN事务部，负责广播、电视主持人，频道、栏目账号的签约主体，不只是一个部门，也代表济南台做短视频运营；五是运营部，负责一些品牌活动和市场化的新媒体服务，比如湘西茶叶文化节、中国新媒体年会等活动，也为莱商银行、贝壳找房做一些短视频服务；六是技术研发部，主要任务在技术开发和运营维护工作，为其自有平台、天下泉城、济南网等提供基本的技术支持；七是运维直播部，负责技术系统的运营维护工作，包括机房、线上平台等，也兼顾直播的制作。

青岛广播电视台的网络视听内容生产在坚守专业性的同时，也积极探索新的内容形态。针对当前新媒体领域流行的“慢直播”潮流，“蓝睛”与“爱青岛”将镜头对准栈桥、五四广场等青岛著名旅游景点，向用户24小时不间断播出旅游景点的实时动态，使用户足不出户便可观赏青岛的美丽风光。2021年8月，青岛广电引进4K兼容8K的超高清全媒体直播车。该直播车的“全媒体”技术优势在于，车顶配置卫星天线，在没有网络的情况下亦可以做到稳定传输信号，适用于野外环境或紧急情况。相较于传统直播车只能传输视频信号，该车可以实现流媒体传输，在“爱青岛”与“蓝睛”上进行推流，充分调动全媒体平台的传播优势，丰富传播形式。

（五）网络有声读物：以山东电子音像出版社为例

山东电子音像出版社，一直关注网络有声读物的产品和服务。为了提升传统出版机构的互联网传播能力，山东电子音像出版社成立了全媒体中心，集合了影视、音频、视频的能力，在为出版集团服务的同时，也与外部机构合作。

当前，山东电子音像出版社围绕网络有声阅读领域做了一些项目，比如和新浪山东做了一些乡村记忆、探寻山东最美古村落的视频内容，联合制作、联合展播、投票过亿次。后续其还将推出“老家的滋味”，不再是以村落为单位，而是围绕建筑、家风、非遗等主题，走出传统出版的局限。2020 年，在中宣部宣教局的指导下，与播音艺术家、中央人民广播电台播音指导、新中国第一代女播音员、“庆祝中华人民共和国成立 70 周年”纪念章获得者葛兰女士合作，制作了关于抗美援朝 70 周年“葛兰颂英雄”项目。2020 年 10 月 19 日，由葛兰和央视新闻中心新闻播音部主任、《新闻联播》播音员康辉朗诵的《谁是最可爱的人》《黄继光》《我的战友邱少云》等抗美援朝经典作品，在学习强国、人民网、光明网、央视、爱奇艺、喜马拉雅等播出。这些作品 48 小时之内突破了百万播放量，五天之内突破千万，是比较成功的有声读物传播项目。下一步山东电子音像出版社将和其他单位合作，把中国的故事讲给外国人听，以此展示中国城市风光、中国美食等内容。

三、结语

当前，山东省网络视听精品生产均积极实现“思想精深、艺术精湛、制作精良”的基本要求，即在意识形态领域严守红线，在艺术水准方面保持较高水平，并充分运用各种新技术投入制作。特别是在思想性方面，山东省网络视听机构在网络视听精品生产的过程中始终坚持将社会效益放在首位，严格坚守主流价值观。但应当指出的是，山东省对于网络视听精品生产的整体扶持力度相较于北京、上海、广东、江苏、浙江、湖南等其他省市还有一定的差距，网络视听精品生产的人才队伍还存在着“学历低、经验少、流动性大”等弊端。这需要各主管部门和相关机构共同努力，不断革除体制机制方面的束缚，真正实现山东省网络视听精品生产的大发展、大繁荣。

山东省网络视听用户调研报告*

田璐嘉　康慧**

山东省是文化大省、人口大省，截至2020年底，网络视听用户累计规模达2.1亿，在全国9.44亿网络视听用户规模中占据重要比重。[①] 考察山东省网络视听用户构成和使用行为，从宏观角度而言，可以向全国网络视听用户研究提供重要省份的用户画像和使用模板；从中观角度而言，厘清用户使用特征和接触倾向，有助于山东省网络视听机构做好内容下沉和精准营销；从微观角度而言，基于大数据和人口统计学所提炼出的用户特征，可以落实针对用户个体的网络视听内容产品和服务引导。

为完成山东省网络视听用户基本画像，本报告采取问卷调查的研究方法，将调查问卷上传并发布于"Credamo见数"，通过随机抽样选取山东省部分网络视听用户为调查对象。该调查时间为2021年7月6日至2021年9月25日。期间研究人员共收取了1078份问卷，通过人工排除回答逻辑出现矛盾、答题呈现明显规律性等问题问卷后，获得1000份有效问卷。本报告的数据和相关分析，仅对这1000份样本问卷负责。

一、山东省网络视听用户画像

鉴于非网络视听用户的人群大多数不具有视听媒介接入的经济属性和

* 本报告中未标明出处的数据由课题组调研所得。

** 田璐嘉，山东大学新闻传播学院2020级博士生；康慧，山东大学新闻传播学院2020级硕士生。

① 参见国家广播电视总局网络视听节目管理司、国家广播电视总局发展研究中心编著：《中国视听新媒体发展报告（2021）》，中国广播影视出版社2021年版，第60～61页。

媒介素养，所以在一定程度可以将视听用户大致等同于媒介拥有者。

基于问卷调查和数据统计，本报告归纳出山东省网络视听用户呈现的整体特征如下。

(一)视听用户集中于中青年人群

山东省网络视听用户分布呈现出年龄趋中特征，其中60岁及以上的视听用户仅占据总量的0.31%；19～59岁的用户构成视听媒介主要使用群体，且分布均匀，共占据总量的99.69%(见图1)。

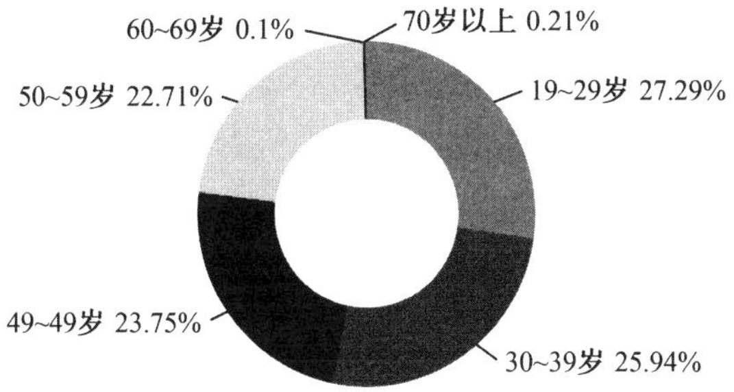

图1　山东省网络视听用户人口分布

(二)视听用户集中于特定文化群体

网络视听用户与文化素养息息相关，大专及本科学历人群构成视听媒介用户的主要学历结构，占据总量的70%；高中及以下、研究生及以上分别占比19%和11%。大专及本科群体拥有较便捷的媒介平台、较高的媒介素养和较强收看、制作与分享的欲望，因此在视听内容制作时可以适度向该群体倾斜(见图2)。

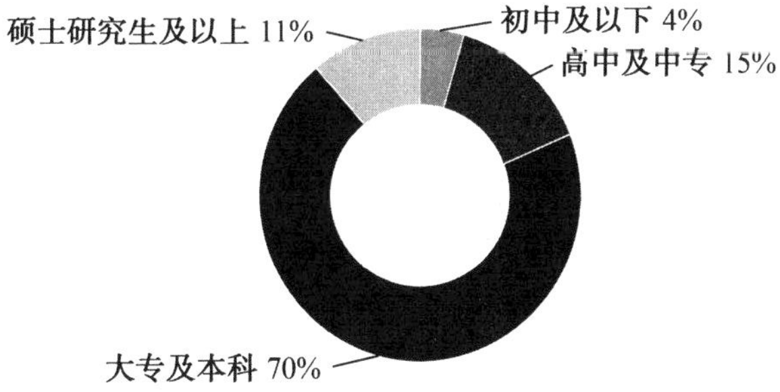

图2　山东省网络视听用户学历分布

（三）视听用户随经济水平波动

山东省中等收入（即月收入 3001～7000 元）群体构成视听用户主要群体，占比 48.8%，其中月收入 3001～4000 元的占比 10.4%、月收入 4001～5000 元的占比 14.2%、月收入 5001～6000 元的占比 12.7%、月收入 6001～7000 元的占比 11.5%。收入较低（即月收入 2000 元以下）群体表现出较为明显的视听媒介占有倾向，占比 19.1%。月收入 2001～3000 元的网络视听用户占比 8.5%。月收入 7001 元及以上网络视听用户呈现出递减趋势，即收入较高的群体较少使用视听媒介，具体表现为月收入 7001～8000 元的占比 6.3%、月收入 8001～9000 元的占比 7.1%、月收入 9001～10000 元的占比 3.7%。随着月收入突破万元，该收入用户的视听媒介接入率出现反升，占比 6.5%，这部分用户喜欢在视听媒介上获取影视娱乐、搞笑段子、新闻报道和时事观点等内容（见图 3）。

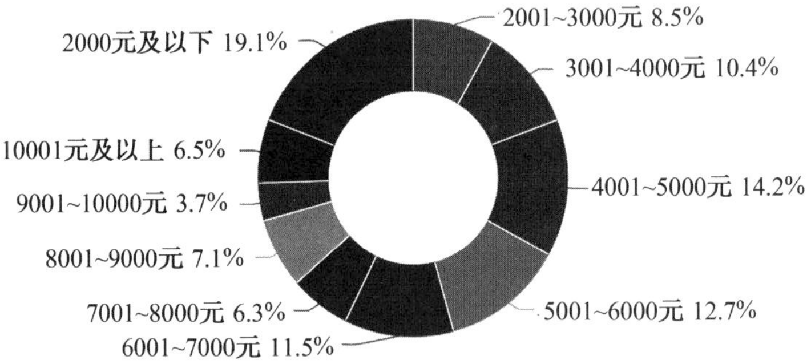

图 3　山东省网络视听用户收入分布

（四）视听用户集中于城市区域，与人口密度勾连

山东省网络视听用户分布呈现出明显的城市趋向，在一定程度上与人口密度勾连。在全省视听用户中，济南市和青岛市的视听用户较为活跃，分别占比为 9.6%和 9.3%，枣庄市和滨州市的视听用户活跃度较弱，分别占比为 4.3%、4.5%。其他城市，如淄博市、烟台市、泰安市等城市的网络视听用户则居于 5.1%～6.8%，分布均匀且比重相仿。具体表现为，新一线城市

(青岛)占比为9.3%、二线城市(济南、烟台)占比为14.7%、三线城市(潍坊、临沂、淄博、济宁、威海、泰安)占比为36.2%、四线城市(东营、菏泽、日照、枣庄、德州、聊城、滨州)占比为39.8%(见图4)。

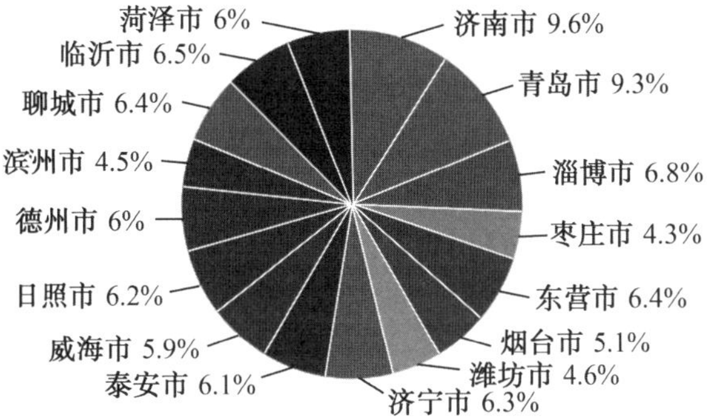

图4　山东省网络视听用户城市分布

(五)视听用户集中于短视频、综合视频平台

山东省网络视听用户呈现出明显的平台集中趋向。用户获取视听讯息主要集中于短视频和综合视频平台,各自占比33.13%和31.83%。其次有11.91%的用户喜欢通过网络直播获取信息,9.91%的用户更倾向使用网络音频媒介。剩余6.11%和7.11%的用户喜欢在智能电视和交互式网络电视(IPTV)上获取视听信息(见图5)。

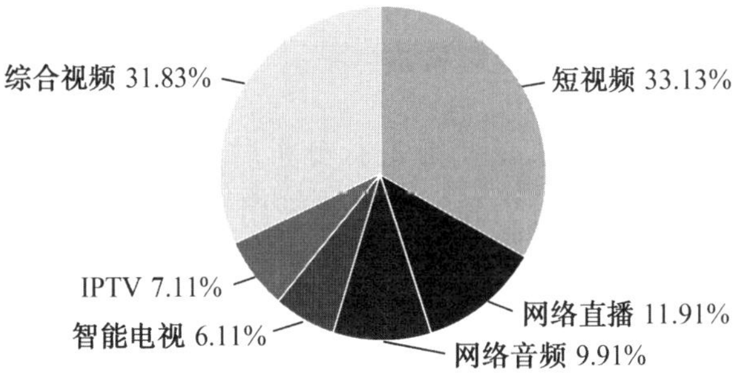

图5　山东省网络视听用户接触平台分布

(六)视听用户集中获取娱乐和新闻内容

山东省网络视听用户喜欢在视听媒介上获取影视娱乐类和搞笑段子类讯息,分别占比 35.2%和 18.7%。其次,获取新闻资讯也是用户使用视听媒介的主要诉求之一,22.8%的用户倾向在视听平台上及时获取新闻资讯,5.4%的用户倾向在视听平台上及时获取时事资讯。喜欢收看直播内容的人群并没有想象中多,仅占比 2.7%,且多集中于“80 后”群体。此外,有 3.2%的用户喜欢获取美人萌宠等信息、2.7%的用户倾向通过视听媒介获取才艺达人的信息、1.4%的用户希望通过视听媒介获取故事抒情等内容、3.9%的用户愿意获取经验知识类信息、4%的用户通过视听媒介获取吃喝玩乐的信息(见图 6)。

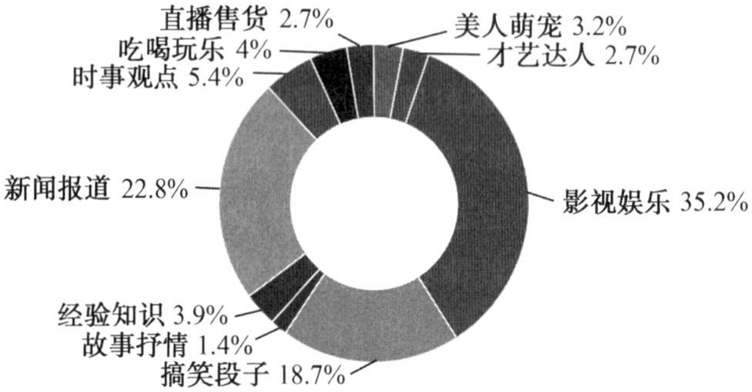

图 6　山东省网络视听用户接触内容分布

二、网络视听用户接入要素构成

在对网络视听用户构成及特征进行分析时,首先应明晰视听用户在使用视听媒介之初所呈现的行为和特征。视听用户的媒介使用过程是一个有机整体,其构成要素存在共存性,要素与要素之间存在线性和非线性的作用关系。接入系统对这些构成要素进行自组织的过程中形成了多层次的结构,并涌现出区别于单一要素的整体性功能。因此,针对视听用户接入要素的分析应首先考察用户一般接入系统的构成要素,其次基于核心用户的特征分析,总结出核心接入系统的构成要素,最后阐述用户在接入视听媒介时呈现的整体性特征。

(一)一般接入系统的构成要素

网络视听用户一般接入系统的构成要素主要为基础要素、资源要素，这两种要素分别由更小单元的要素构成。

1.基础要素:年龄是影响用户接入的主要壁垒

年龄和性别共同构成基础要素的子系统。就年龄而言，在不同年龄段内，综合视频和短视频平台都呈现出压倒性优势，日均使用时长集中于30分钟至2小时，以及2小时以上。视听用户的主要人群，即19～59岁年龄段的用户，在收看综合视频、短视频之余，还习惯性收看网络直播、收听网络音频。其中19～39岁的用户在网络直播和网络音频平台上表现更为活跃，分别占比57%和59%。就性别而言，综合视频和短视频平台依旧呈现绝对优势，女性更喜欢综合视频平台，男性更热衷短视频平台。男性花费更多时间收看网络直播，女性则更青睐网络音频节目。

2.资源要素:城市乡村接入平台差异明显

地域和职业构成资源要素的子系统。就地域而言，城镇居民在视听媒介上更为活跃，其于综合视频、短视频、网络直播、网络音频、智能电视和交互式网络电视上的使用率远高于乡村居民。城镇居民更倾向通过综合视频平台获取视听内容，乡村居民则更青睐短视频平台。以青岛为代表的新一线城市、以烟台为代表的二线城市视听媒介使用程度并没有预期中活跃，反而是三、四线城市，如潍坊、临沂、淄博、东营、菏泽等城市的居民更热衷使用视听媒介。其中，短视频平台和综合视频平台更受这类居民的青睐。值得注意的是，较之其他平台，一线城市居民在网络音频平台，如喜马拉雅、蜻蜓FM等平台表现出更高的活跃度，契合该地区居民在快节奏的工作生活中，倾向音频平台获取讯息的生活习惯。就职业而言，学生构成综合视频平台的主要受众，私企或外企员工更喜欢收看短视频，事业单位人员对网络直播的青睐高于其他职业。较之其他职业，个体经营者和务农人员较少关注视频媒介平台。

(二)核心接入系统的构成要素

核心接入系统通常用来核定深度网络视听用户的特征，由整合协同能力和学习创新能力两部分指标组成。

1.整合协同能力:短视频平台构成学生社交娱乐主要平台

学历和视听媒介的社交倾向构成用户整合协同能力的子系统。就学历而言,大专及本科人群是视听媒介使用的主流人群。这部分人群更喜欢短视频平台、综合视频和网络直播平台。学历为研究生及以上的群体比较青睐通过网络音频获取讯息,在其他平台的活跃度较低。高中及以下人群更喜欢通过短视频平台获取信息。社交倾向主要考察用户在视听媒介平台上好友和所关注主播的数量。用户在视听媒介平台上的好友数量多集中于50位及以下,其中19～29岁年轻人群体、40～49岁中年人群体更具有社交欲望,所关注的好友数量多于其他年龄段人群。公务员、事业单位人群以及大学生群体在视听媒介上的社交频率高于其他职业,更倾向通过短视频平台和好友分享讯息。用户在视听媒介平台上所关注的主播数量,多集中在100位及以下。视听媒介使用主流人群,即19～59岁人群中分布较为均匀,该年龄中用户所关注的主播数量大致相仿。从职业的角度出发,私企或外企员工和事业单位员工更喜欢关注主播。

2.学习创新能力:娱乐的兴趣取向和获取信息同质

用户的视听媒介使用诉求和信息获取渠道构成用户学习创新能力的子系统。就视听媒介使用诉求而言,大多数用户(占比30.8%)喜欢接触娱乐性质的视听讯息,使用视听媒介的主要诉求是为了放松娱乐。23.5%的人群更倾向于通过视听媒介获取实时讯息,取代依赖传统新闻媒介获取实时讯息的路径。在获取资讯之余,将视听媒介视为新的社交平台也成为用户使用视听媒介的主要诉求之一。17.3%的用户更倾向于在视听媒介上寻找与好友的共同兴趣,强化视听媒介的社交性质。13.8%和11.9%的网络视听用户将网络视听媒介分别看作答疑解惑和生活购物的平台,在一定程度上缓解了传统意义上搜索软件和购物软件在人们生活中扮演的角色。就视听信息获取渠道而言,平台算法推荐几乎垄断了视听用户的信息获取渠道,46.9%的用户习惯接收平台推送的信息。同时,视听信息的熟人社交圈传播在一定程度上加深了信息同质化获取,有28.9%的用户习惯通过好友或者已关注者获取讯息。

(三)主要接入平台的用户特征

山东省网络视听用户主要集中于短视频平台、综合视频平台和网络直播平台，不同平台的主要特征如下。

1.短视频平台

短视频是视听用户使用最为频繁的平台，尤以“80后”“90后”最甚，分别占比26.6%和25.6%。“70后”群体在短视频平台也较为活跃，占比22.1%。就学历层面而言，短视频主要用户集中于大专及本科人群，占比70.4%。短视频平台在内容制作时，可以优先考虑“00后”“90后”和“80后”，以及大专和本科学历这部分用户的需求。

2.综合视频平台

综合视频平台是视听用户第二集中的平台，“80后”“90后”是该平台较频繁使用群体，分别占比28.2%和25.5%。就学历而言，综合视频主要用户集中于大专及本科人群，占比72.7%。较之短视频平台女性用户仅比男性用户多0.6%，综合视频平台中的女性用户比男性用户多出2.8%，女性较男性更倾向使用综合视频平台。

3.网络直播平台

除短视频和综合视频外，网络直播也构成了山东省网络视听用户习惯接入的平台之一。网络直播的主要用户集中于“80后”“90后”群体，分别占比28.2%和28.8%。就学历而言，网络直播主要用户集中于大学生群体，占比75.6%。较之前两个平台，网络直播用户表现出较明显的性别差异，男性用户占比62.5%，女性用户占比37.5%，百分值差25%。可见，男性较之女性更青睐网络直播平台。

（四）视听用户接入的结构特征

网络视听用户所表现出的结构特征，是用户在不断深入网络视频平台中形成的，具有聚集性、相关性等特征。

1.聚集性

山东省网络视听用户在接入视频平台时，表现出极强的聚集性。就接入平台而言，对于任何年龄段、职业、收入和受教育程度的群体，短视频和综合视频都是用户使用率、停留率和重复使用率最高的平台。加强短视频平台和综合视频平台的内容打造、优化操作流程，将有助于巩固这部分用户。如上文所述，视听媒介的主要用户年龄分布呈现聚集趋势，集中在“90后”

“80 后”“70 后”群体中，60 岁及以上群体很少使用视听媒介，该年龄段的视听用户仅占比 0.3%。因此，60 岁及以上群体或可构成视听媒介亟待开发人群，平台在制定内容时，可以尝试考虑这部分群体的需求。就区域因素而言，视听媒介的主要使用人群集中在三、四线城市，乡村人口视听媒介接入率较低，并且日均使用时长较短，难以成为视听媒介的忠实用户。就职业因素而言，企业员工和事业单位员工的视听媒介接入率较高，这与其拥有经济优势、时间优势等特点相关。

2.相关性

山东省网络视听用户在接入视频平台时，各个因素之间表现出一定的相关性。就年龄因素而言，“80 后”“90 后”群体构成视听媒介的主流人群，并且这部分群体也构成主要视听平台，即综合视频平台和短视频的主要用户。就区域因素而言，乡村居民媒介使用时长较低、接入平台单一，对视听媒介占有率也较低。用户在视听平台上的社交活跃度，即平台上的好友数量和关注的博主数量，往往与高平台接入率的用户特征息息相关。这部分人群热衷使用视听媒介，依赖视听媒介获取信息和精神慰藉，并表现出更强烈的社交倾向。

三、网络视听用户使用行为分析

视听用户在使用媒介时所表现出的行为往往是潜移默化的，是在长期使用过程中不自觉形成的一套行为模式机制，直接或间接地影响着用户对视听内容的接收和获取。用户的使用习惯并非完全相同，但总会呈现一定的规律。对于使用行为的分析和刻画，将有助于视听平台根据用户行为惯性调整内容生产。

（一）用户主要视听行为

用户主要视听行为，即视听用户在使用视听媒介时，所表现出的宏观特征。将从获取路径、获取内容和人口属性几个维度展开描述。

1.获取路径较为单一

就视听信息获取渠道而言，路径较为单一。平台算法推荐几乎垄断了视听用户的信息获取渠道，46.9%的用户习惯接收平台推送的信息。视听信息的熟人社交圈传播在一定程度上加深了信息同质化获取，有 28.9%的用户习惯通过好友或者已关注者获取讯息。仅有24.5%的群体喜欢通过针对性查找的方式,来获取信息。

2.娱乐消息与新闻时事并重

用户使用视听媒介,首先希望满足自身的娱乐诉求。用户不论年龄、性别、学历和职业,都喜欢在视听媒介上获取影视娱乐类和搞笑段子类讯息,分别占比35.2%和18.7%。其次,获取新闻资讯也是用户使用视听媒介的主要诉求之一,该部分用户占比22.8%。有5.4%的用户倾向在视听平台上及时获取时事资讯,以了解事实丰富谈资。同时,有3.9%的用户会在视听媒介上搜寻经验知识类资讯,3.2%的用户喜欢获取美人萌宠类讯息,且多集中于学生群体。2.7%的用户喜欢获取才艺达人类资讯,1.4%的用户喜欢故事抒情类信息且多集中于“80后”群体。喜欢收看直播内容的人群并没有想象中丰富,仅占比2.7%,且多集中于“80后”群体。

3.年龄构成内容分类获取指标

较之学历、地域等其他因素,不同年龄段用户所获取的内容差异较为明显。“90后”群体视听媒介的参与度较高,占调研总人数的26.2%;这部分人群对美人萌宠、才艺达人、影视娱乐、吃喝玩乐的兴趣高于其他群体,分别占细分项目的65.6%、37%、30.1%和32.5%。“80后”群体对故事抒情的喜好高于其他年龄段人群,该群体对直播售货的喜好也高于其他群体,占细分项目的37%。“80后”“70后”和“60后”群体对新闻报道的讯息更为热衷,分别占比30.3%、26.3%和24.1%。对于视听媒介参与度较低的人群而言,18岁以下的群体最喜欢获取影视娱乐的消息,其次更喜欢获取搞笑段子和新闻报道类消息。60岁及以上的群体在获取新闻报道类消息之余,偶尔会收看搞笑段子类视听内容。

4.男女性在获取内容时各有不同

影视娱乐类信息是男女性共同喜爱获取的首要信息,其中男性占比42.6%,女性占比57.4%。女性群体在美人萌宠类、故事抒情类、吃喝玩乐类、直播售货类信息方面较男性更为热衷,分别占比62.5%、64.3%、60%和70.4%。男性群体则在搞笑段子类、经验知识类讯息方面表现出较明显的兴趣,分别占比64.7%和53.8%。至于新闻报道类和时事观点类讯息的获取,男女性群体并未表现出明显的差异。

5.职业对获取内容影响度较低

就职业因素而言,学生群体占据调研总人数的15.1%,这部分群体更喜欢获取影视娱乐类、搞笑段子类、美人萌宠类和新闻报道类资讯,分别占比45.7%、18.5%、8.61%和11.9%。私营企业员工占据调研总人数的25.9%,对影视娱乐类、搞笑段子类和新闻报道类资讯较为热衷,分别占比37.1%、20.8%和20.8%。国有企业员工占调研总人数的16.3%,其更喜爱获取影视娱乐类、搞笑段子类和新闻报道类资讯,分别占比33.1%、11.7%和30.7%,该群体对于新闻资讯类信息的获取度高于其他群体。公务员和事业单位人员占据调研总人数的24.6%,对影视娱乐类、搞笑段子类和新闻报道类资讯较为热衷,分别占比32.1%、17.4%和27.2%。值得注意的是,公务员和事业单位人员对吃喝玩乐类资讯和直播售货类资讯的获取度略高于其他群体,占细分项目的25%和40.7%。个体经营者占据调研总人数的10.8%,对影视娱乐类、搞笑段子类和新闻报道类资讯较为热衷,分别占比30.56%、25%和20.37%。务农人口仅占调研总人数的2.1%,这类人群更喜欢搞笑段子类和新闻报道类内容,占比23.8%和19%,同时该群体几乎不关注才艺达人、吃喝玩乐和故事抒情类内容。

(二)用户对视听媒介的沉浸行为

沉浸行为,主要考察用户对视听媒介的使用频率和依赖程度。沉浸式的视听媒介使用体验,以用户自身喜好为基础,通过筛选确定特定平台和内容开始视听行为。视听平台的体验感将决定用户沉浸的效果,这种沉浸效果不仅体现在用户使用视听媒介的过程中,也延续至用户接触视听内容之后。

1.视听媒介的日均使用时长

用户视听媒介日均使用时长集中分布在30分钟以上,其中视频媒介和音频媒介日均使用时长呈现出较明显的差异。每天观看31~60分钟的视频内容,是31.4%的用户的使用习惯;同时有25.2%和28.5%的用户,分别每天观看视频内容1个半小时和2小时以上;仅有14.9%的用户日均观看视频内容30分钟及以下。用户音频媒介收听情况同样表现出较大的时间差异。大多数用户日均收听音频媒介10~30分钟或31~60分钟,分别占比26.6%和33.4%,日均收听视听音频媒介超出1小时的仅有32.7%的用户。可见较之音频内容,用户每日在视频内容的获取、观看上所花费的时间更多,短视频用户的忠诚度最高,综合视频平台其次。

就视频媒介而言,用户更青睐短视频和综合视频平台。其中,用户每日消耗在短视频平台上最普遍的时间为30分钟至1小时、2小时以上这两个时间段,分别占比31.5%和28.6%。用户在综合视频平台的日均使用也集中在这两个时间段内,各占比均为30.1%。收看网络直播最容易出现长时间的沉浸行为,有32.1%的用户每日收看直播2小时以上。用户在智能电视和网络电视上投入的时间较少,其中大部分人每日收看电视31分钟至1小时。

2.视听媒介的周均使用频率

测定用户沉浸行为的另一个指标,是用户的周均使用频率。有46.1%的用户经常使用视听媒介,每周使用4～6天;30%的用户每天使用;20.5%的用户偶尔使用视听媒介,即每周使用1～3天;仅有3.4%的用户认为自己对视听媒介的沉浸度并不高,每周使用视听媒介的频率不足1天。由此可见大部分用户每周均消耗一定时间,沉浸在视听媒介营造的虚拟世界中。

用户对不同平台的接入频率各不相同,短视频和综合视频平台的深度用户占比最高。有76.72%的用户经常、惯常收看综合视频平台,有19.8%的用户偶尔使用,仅有3.48%的用户较少使用视听媒介,即每周收看综合视频的频率不足1天。用户对短视频平台的接入频率也呈现出类似特征,大部分用户倾向于经常、惯常性地使用短视频媒介,占比76.3%,有20.5%的用户偶尔使用,仅有3.2%的用户较少使用短视频媒介。用户对网络直播和网络音频的使用频率呈现出不同特征,有44.9%的用户经常收看网络直播,惯常性的收看模式则较短视频和综合视频平台不常见,占比31.7%,偶尔收看、较少收看网络直播的用户则分别占比20.2%和3.2%。网络音频的收看频率测定呈现出相似的规律:49.4%的用户经常性收听网络音频,30.1%和17.4%则惯常或偶尔收听,仅有3.1%的用户很少收听。

3.媒介使用跟进行为分析

考察用户收看视听媒介后的跟进行为,意在分析用户对视听内容的沉浸行为会不会从线上转移到线下。通过数据分析得出，在 1000 名受访者中，有 703 人表示自己在收看视听媒介后会自行搜索相关的剧情信息，有 463 名受访者表示自己会搜索剧中出现的人物信息、服装以及使用物品等周边信息，有 388 名受访者表示会关注视听媒介中主要人物的社交平台账号，有 495 名受访者会观看相关剧情的剪辑。可见，用户对视听内容的沉浸行为会在线上与线下两个维度彼此型构，其中女性的沉浸行为较之男性更为明显。

（三）用户使用媒介时的行为习惯

用户使用媒介时的行为习惯主要包括是否选择倍速、是否会点赞转发、对推送消息的态度等。用户特殊的行为习惯不仅会影响个体在使用媒介时的体验感，也会影响到视听内容的呈现方式和呈现完整度，对视听内容的调节修正起到重要作用。

1.倍速选择与原因

在视听内容观看过程中，有 67.6%的用户喜欢按照视、音频原速度获取媒介信息，有 32.4%的用户喜欢采取倍速的模式。其中，有 19.5%的用户仅加速观看，全程通过倍速收看（听）节目；12%的用户喜欢自己掌握快进的节奏，边拉进度条边观看；还有 0.9%的用户只观看或收听特定人物、特定镜头。

虽然大部分用户喜欢用原速观看或收听视听内容，但 30～39 岁这一群体表现出更明显的原速收看倾向，占该年龄段观看节奏测定的 73.5%。此外，加速观看的行为更多出现在 19～29 岁群体中，占比 40.5%。这部分人群也更加喜欢边拉进度条边观看节目，自己掌握观看节奏，占比 27.5%。同时 50～59 岁群体表现出对选择性观看的喜好，这部分用户只收看（听）自己感兴趣的内容。较之男性，女性的倍速观看倾向更强，占比 59.4%。但不论男性或女性，总体上更倾向于使用原速观看或收听，分别占各自收看节奏比重的 71%和 64.2%，其中男性比女性更习惯通过原速获取视听内容。倍速的选择与学历成正比，仅有 10.1%的研究生及以上的用户通过原速收看（听）视听媒介，80%初中及以下的用户喜欢通过原速获取视听内容。其中，大专及本科以上的人群表现出明显的观看习惯，他们只收看特定人物或特定情节，占比 88.89%。

至于选择倍速的原因，80.5%的用户表示主要是为了避开不喜欢和不感兴趣的桥段；13.8%的用户表示倍速可以帮助自己提升看剧效率，节省有限的时间；5.4%的用户认为剧情太过拖沓是他们选择倍速的主要原因；还有0.3%的用户选择倍速是因为自己对剧情已经大致了解，不再需要完整观看。

2.观看（收听）节目的线上互动行为

观看或收听节目的线上互动行为，主要表现为点赞、转发、评论、收藏、下载、私信以及发表弹幕等。其中点赞、评论、转发和收藏是最频繁的互动行为，发表弹幕次之，私信是最不常见的互动方式，仅有6.2%受访者表示自己曾经通过私信开展互动。13.2%的用户表示自己从没有过互动行为，只专心接收视听内容。

线上互动行为呈现出较明显的性别差异，女性较之男性更喜欢通过点赞、收藏的行为参与互动，分别占比51.1%和51.3%。男性则表现出更强烈的互动倾向，52.5%喜欢通过转发的形式参与互动，51.8%的男性对参与评论更加热衷，55%的男性喜欢将视听内容下载观看、永久保存，还有51%的男性喜欢通过弹幕的形式参与互动。

3.对节目中推送消息的态度

对节目中推送消息的态度，78.4%的用户表示可以接受，推送消息可以帮助自己随时看到内容更新；13.7%的用户表示不能接受，推送消息过多会打扰自己的日常生活，从而影响视听体验。同时也有7.9%的用户对推送消息表示无所谓，推送与否对收看视听节目的影响不大。

就年龄因素而言，30～39岁群体对推送消息的态度最为友好，占比27%。此外，19～29岁群体占比25%，40～49岁群体占比22.6%，50岁及以上群体占比22.4%，18岁及以下群体占比3%。19～29岁的群体对推送消息更为敏感，占比34.3%，该年龄段人群对推送消息的接收程度普遍偏低。此外，30～39岁群体占比17.5%，40～49岁群体占比24.8%，50岁及以上群体占比16.83%，18岁及以下群体占比6.57%。50～59岁群体对推送内容表现出更明显的无所谓倾向，占比27.8%。就学历因素而言，大专及本科学历对推送消息接收程度较高，占比70.8%；研究生及以上学历对推送消息也呈现较为友好的态度，占比8.93%；高中及以下学历人群对推送消息也较为支持，占比20.27%。

4.用户使用视听媒介的经济行为

用户的经济行为将在一定程度上影响网络视听节目的收益情况，也将成为未来视听节目调整产业结构的主要依据。此外，用户对视听内容的获取在一定程度上会影响个体线下的经济行为，从而对用户的经济行为产生调整。在影响用户的购买欲望方面，62.6%的用户表示自己在接触网络视听媒介内容后产生过购买消费等经济行为，18.9%的用户表示视听内容不会激发自己的消费欲望，18.5%的用户表示视听内容对自身消费行为的影响程度较一般。

19～29岁群体、30～39岁群体明确表示自己的消费行为会受到视听媒介内容的影响，分别占比28.3%和26.8%。40～49岁群体、50～59岁群体则表示自己不会受到媒介内容的影响而引发冲动型消费，分别占比25.9%和24.9%。就性别因素而言，女性更容易受到媒介视听内容的影响，52.4%的女性用户表示自己曾根据视听内容购买过相关产品，有50.3%和56.8%的男性用户表示自己不曾被视听内容“种草”，或视听内容对自己消费行为的影响不大。

四、网络视听用户媒介使用情景

视听用户使用情景的考察及其规律的呈现，可以对视听节目生产制作等起到指导作用。本报告从使用情景特征、不同视听媒介的使用场景和体验感等因素入手，力图勾勒出山东省网络视听用户的使用情景特性。视听媒介种类、平台众多，用户在使用媒介平台时出现共性，诸如媒介使用情景的高度相似性、相同情境下媒介使用偏好的差异性、媒介使用并行行为的特点等。

（一）不同视听媒介使用情景趋同

视听媒介多在睡前、午休时间等有较长自主支配时间内被使用。在学习、工作或者通勤时有较少人会选择使用视听媒介，即在需要高度集中精力的情境或场所中，视听媒介的吸引力相对来说较低。

1.睡前或午休时间使用频率最高

本次调研问卷中，分析了山东省网络视听用户使用各类视听媒介的情景。根据数据来看，超过70%的受访者有睡前或午休时使用视频、直播媒介的习惯，同一情景下经常使用音频媒介的受访者也超过60%。

选择在睡前或午休时使用综合视频媒介的人数最多。在1000位受访者中，883名受访者在该情景下有观看综合视频的习惯，占总调查人数的88.3%；799名受访者在该情景下有观看短视频的习惯，占总调查人数的79.9%；735名受访者在该情景下有观看网络直播视频的习惯，占总调查人数的73.5%；618名受访者在该情景下有收听网络音频的习惯，占总调查人数的61.8%。

数据表明，在睡前或午休这个时间相对较长、环境相对私人的休息场景中，拥有各类丰富内容（电视剧、电影、综艺节目、纪录片等）的综合视频媒介是绝大多数受访者的首要选择。而几乎所有受访者在该情景下都习惯使用2～3种视听媒介平台，以达到有效获取信息、放松心情、释放压力、缓解疲劳的目的。

2.学习或工作、通勤时使用频率最低

根据数据来看，仅有20%左右的受访者会选择在工作或学习时使用各类视听媒介平台。其中，选择在学习或工作时使用网络直播媒介的人数最少。在全部1000份有效调查问卷中，195名受访者在该情景下有观看网络直播视频的习惯，占总调查人数的19.5%；236名受访者在该情景下有观看短视频的习惯，占总调查人数的23.6%；244名受访者在该情景下有观看综合视频的习惯，占总调查人数的24.4%；268名受访者在该情景下有收听网络音频的习惯，占总调查人数的26.8%。数据表明，在学习或工作这种场合相对正式，需要集中注意力、提高时间利用效率的场景中，各类容易引起使用者分心、降低学习工作效率的视听媒介平台易不被欢迎。除特殊情况外，绝大部分受访者会尽量避免在该情景下使用各类视听媒介平台，以免影响自身学习或工作的效果。

在通勤场景中，习惯使用视听媒介平台的受访者同样不超过30%。其中，选择在通勤时使用网络直播媒介的人数最少。在1000位受访者中，有200名受访者在该情景下有观看网络直播视频的习惯，占总调查人数的20%；213名受访者在该情景下有观看综合视频的习惯，占总调查人数的21.3%；214名受访者在该情景下有收听网络音频的习惯，占总调查人数的21.4%；260名受访者在该情景下有观看短视频的习惯，占总调查人数的26%。数据表明，在上下班通勤这种时间相对紧张、周围环境相对复杂的场景中，各类容易让使用者沉浸其中、忽略环境变化的视听媒介平台同样不是用户首选。大部分受访者会主动避免在该情景下使用视听媒介平台，以免分心，带来不必要的麻烦。

（二）相同情景使用视听媒介偏好有异

视听媒介种类众多，用户即使在相同使用场景中对视听媒介平台的选择也有偏好差异。盥洗时短视频媒介更受欢迎，运动健身等此类不方便观看视频的情景中，音频会优先被选择。

1.盥洗时短视频媒介受宠

在盥洗如厕这类较为特殊又相对碎片化的时间，各类短视频媒介是用户的首要选择。1000位受访者中，有38.2%的受访者有在该情景下使用短视频媒介的习惯。而在同一情境下，使用音频媒介的受访者仅占20%。

2.运动时音频媒介吃香

运动健身时，用户往往处于相对剧烈的运动过程中，虽然有较高的放松心情、释放压力的需要，但各类视频媒介在该场景限定条件下无法带给用户多重的感官刺激。因此，该情景中音频媒介更合时宜，更受用户欢迎。1000位受访者中，有39.3%的受访者更倾向在该情景下使用音频媒介。

在干家务时，更多受访用户有收听音频的习惯，占全部受访者的36.1%。虽然人数占比不如运动健身场景高，但是使用场景大致相同——用户同样处于运动状态，在无法兼顾视听二者的时候，用户可能会选择性放弃某个感官的使用。

（三）媒介使用的并行行为

用户在使用各类视听媒介平台时，通常处于较为放松休闲的情景中，因此媒介使用时的并行行为是普遍存在的。在本次调研问卷中，问卷课题组专门选取了聊天、购物、搜索、进食和切换五种具有代表性的并行行为，对受访者的行为习惯进行了调查。

数据显示，聊天是用户在使用各类视听媒介平台时最常见的并行行为。在1000位受访者中，750名受访者会在使用网络视听类应用的同时进行线上或线下聊天，占总调查人数的75%；同时，58.1%的受访者会在使用网络视听类应用时购物；50.5%的受访者会在使用网络视听类应用时进行相关资料搜索；48.8%的受访者会在使用网络视听类应用时进食；而在使用网络视听类应用时，会在不同平台间切换的受访者仅占 15.7%。

1.大学生群体在使用视听媒介时并行行为更为活跃

大学生群体是受过高等良好教育的群体，拥有自己相对独立的空间和媒介，对自身有更强的支配能力和欲望。大学生群体年轻富有朝气，是很有个性的一代，很难将心思只放在一件事情上，追求新奇刺激、不拘一格。他们也具有较为旺盛的消费欲望和消费能力，有支配生活费的权利。一边进行购物、聊天等行为一边使用视听媒介，符合大学生群体的生活习惯。

2.19～29 岁群体在使用视听媒介时并行行为更为活跃

19～29 岁群体大多是仍在读书的学生或者初入社会的年轻群体。他们的精力更为充沛，思维更为跳脱，做事也更为高效，很难集中精力在只使用一种视听媒介之上。他们大多会选择一边使用视听媒介，一边做其他事情。

其中，一边使用视听媒介一边购物、进食的情况较多。19～29 岁年龄段的人群是网购的主力军，在一段时间内只单纯使用视听媒介或者网购较为枯燥，所以有极大可能将其进行结合，将收听、收看网络音视频与网购同时进行。进食时使用视听媒介的情况，在 19～29 岁年龄段人群中较为突出。不管是在校就读的大学生还是初入社会的职场新人都是比较有个性的一代，他们更喜欢独处，有自己的生活节奏，大多会选择在进食时使用视听媒介，增强陪伴感（见图 7）。

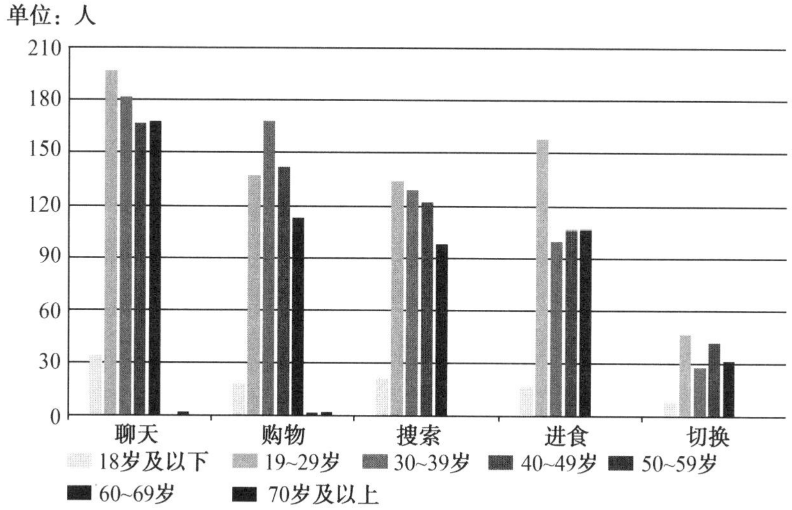

图 7　不同年龄段受访用户的媒介使用并行行为分布

3.城市排名高低与用户的视听媒介使用并行行为活跃度成反比

总体而言，新一线城市用户的视听媒介并行使用行为，没有三、四线城市活跃。其主要原因可能是新一线城市经济水平更为发达，生活节奏较快，用户将更多精力放在工作、学习上。由此导致娱乐时间相对较少，视听媒介并行使用行为在受访者总量中占比较少。

三、四线城市用户生活节奏更慢，用户有更多的自由时间供自己支配，生活压力相对较小，生活更为悠闲，其使用视听媒介同时做其他事情可能性大。经济发达程度越高的城市可能会有更低的媒介使用并行行为，反之亦成立。

（四）用户自发性内容生产模式

当下视听媒介已经全面融入用户日常生活，用户自我的内容生产构成特殊的媒介使用情景，促成用户对视听媒介的使用型构完整闭环。用户对视听媒介的依赖不仅体现在通过视听平台获取信息、展开社交，同样体现在用户在视听平台上的自发性内容生产。一方面，自发性内容生产进一步调动用户对视听媒介的投入程度，使得视听媒介不仅提供着信息和社交平台，也在一定程度上成为用户记录生活、通过视听内容变现的场域。另一方面，用户的内容生成将进一步丰富视听媒介的信息构成，缓解平台生产制作压力，并引导视听媒介向受众导向型平台转变。

1.用户自发性生产的倾向和影响因素

通过数据发现，用户对自发性创作的倾向相对较高，67.9%的用户表示自己曾在视听媒介平台上传、分享自己创作的内容。其中，男性用户较喜欢进行自我创作视听内容，占比50.2%，女性用户则占比49.8%。可见，男性用户的自发性内容生产的欲望略强于女性用户。就学历因素而言，本科人群构成用户内容生产的主要群体，占比72.5%，其次是高中及大专群体，占比14.3%，研究生及以上、初中及以下群体自我生产视听内容的倾向都不明显，分别占比10%和3.2%。

2.用户生产的主要内容

用户的内容生产，主要集中在日常生活的分享。48.65%的用户表示在视听媒介上发表过自己原创的内容，集中记录其家庭生活、美食、宠物和旅行等内容。这部分内容的受众也主要集中在亲人、好友之间，其互动行为主要表现为点赞和评论，凸显视听内容的生活性。28.07%的用户表示自己会根据视听媒介内容进行二次创作，然后上传至视听媒介平台，如将电视剧中个人较为喜爱的片段剪辑再上传。这部分内容创作主要基于用户的个人喜好，挂看、互动行为也主要发生在基于相同喜好的群体中，以圈层性为主导。18.8%的用户表示，自己会将视听平台已经引发热点关注的内容进行搞笑拼接剪辑，如“鬼畜”等。这部分内容创作主要基于趣味性的信息共享。同时，有4.5%的用户表示自己会采取其他形式进行内容创作(见图8)。

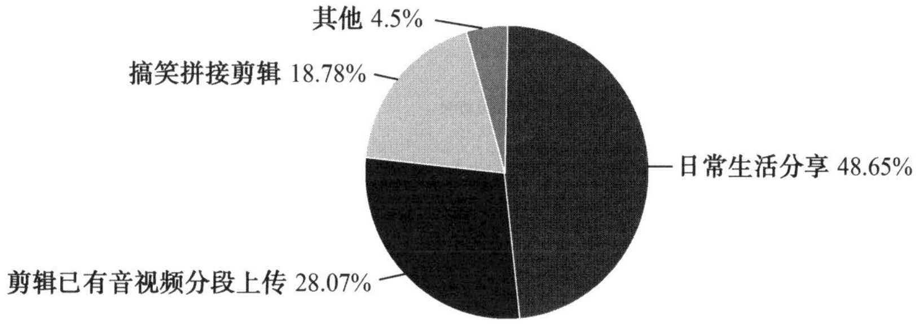

图8　用户生产内容的类型划分

3.用户生产内容的平台

微信上线“秒剪”、哔哩哔哩推出“必剪”、快手收购“OnVideo”、短视频智能创作平台“来画”以及“喵影工厂”，共同构成时下主流的剪辑工具。有32.8%的用户表示会在“秒剪”剪辑生成内容创作，26.8%的用户会在“必剪”完成内容制作，11.9%的用户选择“喵影工厂”、8.1%的用户选择“来画”，以及6.8%的用户选择“OnVideo”，也有13.6%的用户表示自己会选择上述之外的平台进行内容生成。由此可以发现，视听行业上游的内容剪辑工具，存在一定程度的少数平台集聚状况。

五、视听媒介使用体验及存在问题

视听媒介对人的生活产生极大影响——丰富人们的日常生活、拓宽知识面、扩大交友圈等。但是在带来便利趣味的同时也会产生许多问题，如平台信息过多、排布无序带来的找寻困难，平台对消费者的约束、消费者权利不能得到充分保障等。通过分析这类问题可以为网络视听机构提供更精准的用户需求与用户体验,有利于对产品进行改善和提升。

(一)视听媒介使用体验

在调查了 1000 名受访者之后,数据显示,使用视听媒介对现实生活的影响主要是积极的、正向的。超过 80%的受访者认为使用视听媒介可以拓宽视野、丰富知识和缓解日常生活的枯燥乏味(见图 9)。

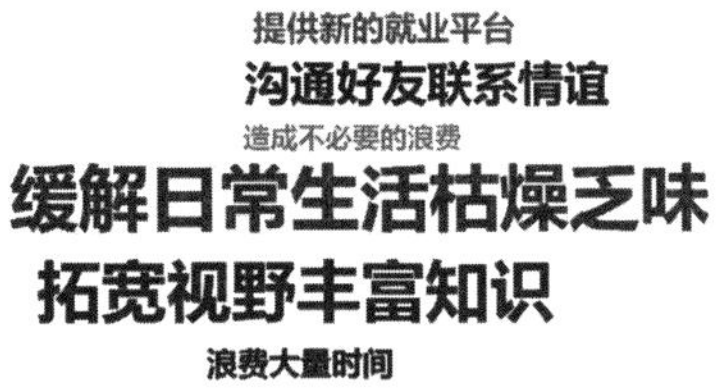

图 9　视听媒介使用体验词频图

1.丰富日常生活

在 1000 位受访者中,接近 30%的人认为使用视听媒介可以缓解日常生活的枯燥乏味。视听媒介平台众多、内容丰富,为受众提供多样的选择,无论在何种情况下都有与之相适合的视听媒介进行陪伴。现代人生活压力大,大多数时间分配给了工作,对个人的放松休息规划可谓少之又少,视听媒介内容可在一定程度上填补现代人生活的空缺。在受访者中,认为使用视听媒介可以缓解日常生活乏味枯燥的比例最大。

2.拓宽知识视野

用户在使用视听媒介平台过程中,认为通过接触平台内容可以拓宽自身知识面、提升自身综合素质。1000 位受访者中,有 811 名受访者认为使用视听媒介可以拓宽知识面。视听媒介平台提供海量内容,按内容进行分类有电视剧、电影、综艺、儿童、动漫、纪录片、体育、直播、娱乐、搞笑等,还可以依据其他标准继续进行细分。平台的确为用户提供多元内容,让用户足不出户便能了解、学习感兴趣的内容、世界大小事。

3.密切好友关系

在媒体社交的时代,很多人情往来是通过网络完成的,网络分享便是一种很好的维系情谊、关系的手段。与朋友分享最近新看的剧,讨论剧情、人物等可以较为快速地抓住共同话题甚至是产生共情，由此在一来一往的分享中，友情可以得到很好的维系。在1000位受访者中，有438位用户认为使用视听媒介可以与好友沟通、联系情谊。由此可见通过使用视听媒介可以形成更多与朋友讨论的话题，从而使关系更加密切。

（二）视听媒介优异因素

视听媒介平台众多，平台内容的趣味性、时新性和可信性对受众更具有吸引力。优质视听媒介的价值取向状况见图10。

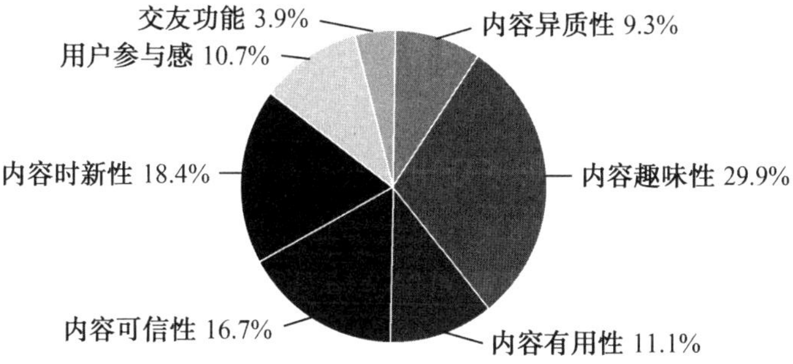

图10　优质视听媒介的价值取向

1.趣味性

在1000位受访者中，有842位用户认为视听媒介平台内容有趣性非常重要，远远超过视听媒介内容的其他方面。内容是第一生产力和核心，其自主生产是避免平台同质化的重要手段。尽管内容有众多方面需要关注，但是内容的趣味性已经成为首要关注点。由此可见，人们使用视听媒介平台更多是寻求放松的渠道。

2.时新性

时间是新闻的生命，对于视听媒介平台来说或许亦是如此。视听媒介平台众多，如何能够巩固自身地位、留住受众，其中一个关键点便是内容的时新性。人们总是渴望第一时间知道消息之后去向别人传播。能够满足受众的好奇心，是绑定用户的重要一点。在用户更看重视听媒介的七个方面中，经调查分析内容是否能够及时更新排在受关注度的第二位。

3.可信性

除了内容的有趣性和时新性之外，内容的可信性也是用户极为看重的。电视剧、电影这一类内容，可以更注重其有趣性、戏剧性。诸如新闻题材类内容受众则更注重其真实性，即关于对社会重大事件内容报道的真实与否，很大程度上影响用户对该视听媒介平台的印象。在 1000 位受访者中，有 472 位用户表示更看重内容可信性。

(三)使用过程中存在的问题

视听媒介平台海量存在，综合视频、短视频、网络视频、网络音频等广泛存在于手机、电脑等媒介。媒介平台在便利了人们生活的同时，也会带来一些问题(见图 11)。

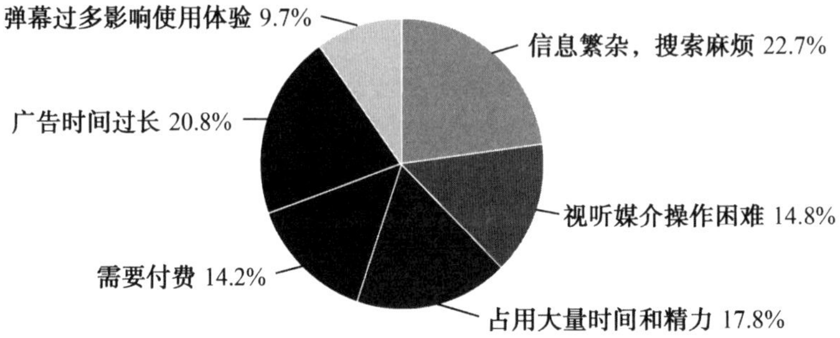

图 11　媒介平台存在的问题

1.平台信息杂乱

在 1000 位受访者中，有 526 位受访者表示因信息冗杂在短时间内难以找到需要的内容。媒介平台内容极大丰富可能会带来诸如信息分类杂乱等问题。如果用户在媒介平台上搜索内容无法快速高效，那么短时间内无法找到所需信息可能会导致用户产生更换视听媒介平台的念头。这也同时提醒视听媒介平台在做好优质内容的同时，也要注意内容分类与排版布局，以此减少用户搜索成本。

2.平台广告冗杂

视听媒介平台多为商业平台，通过高额买断电影、电视剧等播放权吸引大量观众、听众以获取流量。通过广告商在平台投播广告增加收入，是很多视听媒介的运营模式。某些视听媒介平台在电影、电视剧开头设置长达 120

～180秒的广告导致用户难以忍受。除了在电影、电视剧开头有长时间的广告，还有视听媒介在播出过程中也会弹出广告，不仅有贴片广告，有的甚至还会有几十秒的视频广告插播其中。1000名受访者中，有482位受访者认为视听媒介平台广告时间过长。在列出的用户认为视听媒介存在问题中，广告问题位列第二。

（四）视听媒介需要改进的地方

正视问题并针对性地予以解决，方为企业发展的正道。上文提及用户使用视听媒介平台时产生的问题，此部分主要聚焦问题解决分析。

1.维护用户个人隐私

互联网时代个人隐私的泄露是一个重要问题，各平台应重视，将平台对受众信息采集控制在彼此都能接受的程度内。当下载一款视听软件时总会需要用户很多授权，比如需要授权平台可使用摄像头、相册、麦克风甚至是知晓用户通讯录等。开始下载软件时某些用户会产生疑问：为何只是单纯下载一个软件平台便需要提供如此多的个人信息，这对于自身而言是否安全？平台弹出授权申请的页面后，用户可根据自身情况选择接受和拒绝。但是拒绝之后可能再次使用时平台会提醒用户没有打开该权限，如果其想要继续完成操作就要同意授权申请。1000位受访者中，有398位受访者提出视听媒介平台上个人隐私信息授权过多的问题，其排在列出的平台需改进提升问题之首。可见，用户对于个人隐私信息授权过多的不满。相应平台可以根据实际情况进行整改以此挽留用户、提升用户黏性、提高用户满意度。

2.保证会员基本权利

在上述视听媒介平台使用过程的问题中，讨论过广告时间过长让用户不满，通过知识付费成为平台会员可在一定程度上避免烦恼。但用户成为平台会员也不一定能免除所有广告，会员也有高低级之分，缴纳的会员费越高，享有的权利越多，比如免除广告、超前点播等。普通会员也可能是介于非会员用户与高端会员用户之间的尴尬存在，拥有一定的权利但是也不一定满足基本的需求。1000位受访者中有397人认为，视听媒介平台需要保证会员的基本权利，诸如免除看广告等。

六、"她":聚焦女性视听媒介的使用习惯

女性群体是网络视听用户的重要组成部分。虽然课题组分发问卷时设置了性别标准衡定,依旧得到山东省网络视听用户中女性占比 50.3%、男性占比 49.7%,女性网络视听用户基数略高于男性的结论。进一步分析女性用户可发现,一方面,女性比男性群体表现出更高的视听媒介参与度,她们的媒介使用习惯和倾向将对视听平台的内容制作和呈现手段起到引导作用;另一方面,女性用户的沉浸行为和周边行为较男性群体更为活跃,有效帮助视听媒体平台实现产业结构转型和升级。

(一)对不同视听媒介表现出更强的兼容性

女性群体在整体上表现出对短视频、综合视频的喜爱,但同时对其他平台也较男性群体更为兼容。女性用户对网络音频较男性更为喜爱,占比 54.8%。女性用户对智能电视和 IPTV 也较男性更为热衷,分别占比 58.1%和 54%。

(二)内容获取更倾向轻松娱乐类讯息

较之男性,轻松、娱乐、影视类的消息对女性群体更具有吸引力。其中,女性用户对影视娱乐类内容表现出明显的兴趣,占比 57.4%。在美人萌宠、才艺达人、故事抒情、吃喝玩乐、直播售货等内容也表现出较男性更强的关注度,分别占比 62.5%、51.9%、64.3%、60%和 70.4%。相对较为严肃的内容,如新闻报道、时事观点和经验知识等内容对女性的吸引力低于男性,分别占比 48.2%、38.9%和 46.2%。值得注意的是,搞笑段子类的内容对女性吸引力并不强,仅有 35.3%的女性用户喜欢在视听媒介上获取搞笑段子等相关内容。

(三)通过视听媒介开展社交活动

女性用户表现出更强烈的社交倾向。女性在视听媒介上的好友数量集中在 0～50 名和 51～100 名两个区间内,分别占比 52.8%和 50%。这部分用户表示自己在视听媒介平台上所关注的好友,与之互动行为较为频繁,且大多数是自己在日常生活中接触到的熟人。女性用户与好友彼此之间经常会通过视听媒介分享信息、联络情感,同时也会就视听平台上的内容点赞、

评论、转发等，继续在线上维系社交行为。女性群体较之男性用户，更喜欢关注固定博主来持续性获得相关讯息。男性群体关注博主数量集中体现在0～50名，而女性用户则集中在51～100位，占比54.4%、略高于男性。女性群体关注博主数量的基数高于男性，表现出通过视听媒介开始社交活动的明显倾向。女性在视听媒介使用过程中更具有活跃度，51.1%和51.4%的女性用户表示会在观看或收听视听媒介时，对喜欢的内容点赞和收藏。男女性视听媒介互动行为比较见图12。

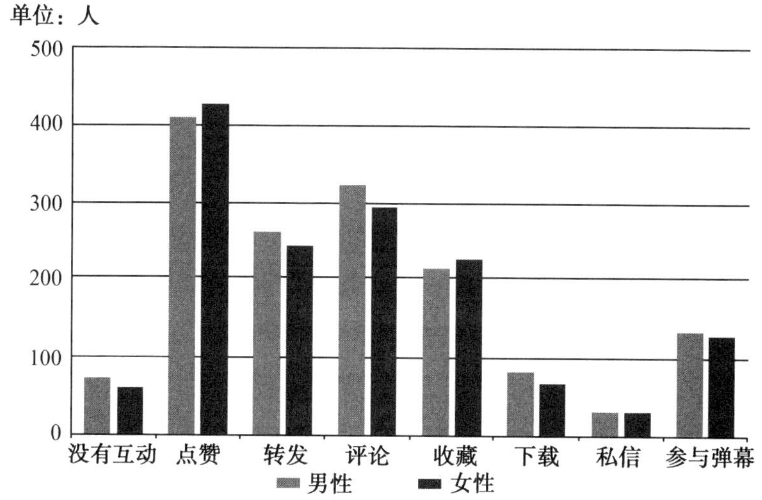

图12 男女性视听媒介互动行为比较

(四)更强烈的购买欲望和周边搜索行为

女性用户更容易受到视听媒介内容的影响而进行消费，52.4%的用户表示自己的购买欲望会受到视听媒介影响，即会在收看或收听视听媒介之后，在淘宝、拼多多等消费平台购买视听媒介推荐或提及的商品。女性接触视听媒介的后续行为也更为活跃：51.6%的用户表示会搜索相关的剧情，54.4%的用户表示会搜索剧中人物服装和使用周边等信息，51%的用户会关注相关人物的社交平台，54.7%的用户会观看剧情剪辑。

七、视听用户发展趋势预测

本部分基于山东省 2020 年网络视听用户使用习惯的考察，对未来用户使用趋势做了研判。

（一）短视频、综合视频发展态势强劲，用户黏度最强

短视频、综合视频人均单日使用时长最高。不论性别、地域、年龄、学历、收入等因素，短视频和综合视频平台以其海量内容和便捷操作等特性，受用户喜爱度最高。用户每日在短视频和综合视频平台消耗大量时间，有部分用户会出现卸载后反复下载的情况，短视频、综合视频较其他平台表现出较强的用户黏度。短视频和综合视频就内容呈现等层面也逐渐向电商、教育、直播等领域渗透，推动时长格局变化，逐渐摆脱短视频时长的限制和束缚。

（二）三、四线城市视听用户发展潜力巨大

就视听用户人口分布来看，山东省三、四线城市居民构成视听媒介内容制作的主要市场。一方面，三、四线城市居民拥有更多闲暇时间，可以将个人时间和精力花费在视听媒介的使用上。另一方面，三、四线城市居民较之一、二线居民对视听媒介的依赖度更高，其需要通过视听平台获取海量的、新鲜的信息。因而视听媒介在内容制作和呈现时可以向三、四线城市居民喜好和需求倾斜，以获取更高的用户喜爱度和更强的用户黏性。

（三）新闻、资讯等严肃类信息仍构成平台核心内容

时事新闻和资讯报道仍是用户首要获取的内容。娱乐搞笑类的内容或许可以在短时间内抓住用户的注意力，但不能够完全培养忠诚用户。从用户喜爱获取的内容来看，严肃类新闻资讯将构成平台持久发展的动力之一。视听媒介所提供的新闻、资讯类讯息具有迅速和广泛传播的优势，并且提供了专业媒体不同的视角，有助于用户更加全面、动态地了解新闻事件的全貌。做好严肃类新闻，或将成为衡定视听媒介质量的指标之一。

（四）用户自发性内容生产或将成为平台内生性驱动力之一

山东省视听用户自发性内容生产现状好于预期。经调研发现，有 67.9％的用户曾经自发地创作过视听内容，且创作的内容主要集中于日常

生活相关。山东省网络视听用户在内容获取和人员分布上表现出较强的相关性和聚集性，所以需注重用户自发性的内容生产。一方面可以在地域、人口等层面深化内容和用户之间的关联，形成以个体内容创作与区域用户的自发性勾连。另一方面视听媒介产业的发展与用户的参与息息相关，将构建出以用户为中心的产业增值模式。基于此，用户自发性的内容生产代表个体在日常生活中最关切的话题，应成为网络视听行业发展所关注的内容。

（五）伴随式的视听内容将更受用户喜爱

快节奏的生活方式，使视听内容很难占据个体的单独注意力。“坐下来专心地刷视频”可能会变成一件奢侈的事情，更多的视听内容将会伴随人们其他行为并行存在：通勤、健身时音频内容可能会更受欢迎，用餐、盥洗时视频内容可能更受欢迎。虽然用户在一个时段内只收看、收听视听内容有所困难，但是收看、收听视听内容的总时长有极大可能不减反增。用户见缝插针式的收看、收听方式会使得频次增多，总时间也可能会相应增加。网络音频市场可观，应用场景更加多元，并向伴随性、底层应用转变，声音社交正在兴起。

（六）视听媒介或将成为用户展开线上社交的新平台

无论是熟人社交平台“微信”还是弱关系连接的平台“微博”，对于用户而言都已经不再陌生。相似或相近的交友模式对于用户而言可能都不再新奇，出于寻求新需求，用户可能转而会寻求新的平台进行自我满足。之前可能未被挖掘的视听媒介平台的社交功能，或许会在新一轮竞争中崭露头角。视听媒介相对微信、微博、QQ 等传统社交媒体有更大的优势，尤其是在传递视频、音频方面。用户通过弹幕、评论可能会找到与自己兴趣一致的朋友，其微信、QQ 等聊天平台上的好友也可能会在视听媒介平台继续进行深入交流。在视听媒介平台上用户可能会组建新的兴趣圈形成兴趣圈层，为其提供交流信息、感想的新平台。

（七）用户隐私和内容付费将成为用户挑选平台的恒定标准

互联网是有记忆的。虽然平台的大数据追踪已经不是秘密般的存在，但是用户在使用过程中发现自己的隐私被大数据追踪总是会产生不适。如何抢占更多用户资源是平台致力挖掘的重点，其中对用户隐私的保护可能会成为用户衡量、选择视听媒介平台的一项标准。知识付费理念已然被很多用户接受，有些用户甚至可能对免费内容产生抵触情绪，诸如不收费的内容质量不高等想法可能存在。优质的内容资源必定是平台花费重金获取的，用户进行付费观看反而成为一件顺理成章的事情。“付费等于优质”的观念或许早已经在用户心中发芽。

山东省网络视听提升策略分析报告

吕晓峰　宋石猛　李子嵩　孙艺彤*

一、行业现状

2020年是“十三五”收官之年。“十三五”期间山东省广播电视行业发展迅速，网络视听行业已摆上位置、重点突破。根据山东省广播电视局发布的《2020年山东广播电视和网络视听服务业发展情况》，2020年，山东省互联网视频累计用户数10980.17万，年度月均独立访客数（UV）为5423.08万户，平均月度活跃用户数（MAU）为732.77万户；互联网音频累计用户数为6541.57万户，年度月均独立访客数863.7万户，平均月度活跃用户数419.32万户；短视频累计用户数7033.94万户，年度月均独立访客数3581.45万户，平均月度活跃用户数400.03万户；制作网络视频节目时间9261.85小时。近年山东省网络视听行业发展基本情况如下。

（一）网络视听发展亮点频现

“十三五”期间，山东省广电行业发展具有多方面亮点，这其中与网络视听发展关系密切。

一是以网络视听有力引导正确舆论。持续深化广播电视媒体“头条”和视听新媒体“首页首屏首条”建设，涌现出一批网络视听重点节目、新闻评论

* 吕晓峰，山东大学新闻传播学院2018级博士生；宋石猛，山东大学新闻传播学院2019级硕士生；李子嵩、孙艺彤，山东大学新闻传播学院2021级硕士生。

和新媒体作品，形成了浓墨重彩、昂扬向上的强大声势。

二是网络视听内容创作生产持续繁荣。加强规划引领和扶持引导，出台《山东省影视产业发展规划（2018～2022 年）》，深入实施“精品创作生产推进计划”“新时代精品工程”“突破网络视听工程”。反映习近平总书记两次回信、指引云南怒江独龙族整体脱贫感人故事的重点网络电影《春来怒江》被写入中宣部宣传思想工作要点，入围国家广播电视总局“精品创作传播工程”重点扶持作品、重大题材网络视听项目库、庆祝中国共产党成立 100 周年精品网络视听节目片单。

三是网络视听改革创新持续深入推进。出台《关于加快推动我省广播电视和网络视听产业高质量发展的实施意见》，推动产业创新融合加速、高质量发展，持续推动“放管服”（简政放权、放管结合、优化服务）改革向纵深发展，18 项行政权力实现网上运行。

四是坚决守好意识形态阵地安全。严格落实意识形态工作责任制，严厉打击擅自开办频道频率、虚假广告、黑广播、非法传播网络视听节目等行为。①

此外，通过推进媒体融合、建设县级融媒体中心省级技术平台、推进广电惠民工程深入实施、加强组织党建工作等措施，也促进了网络视听的繁荣发展。

（二）优秀网络视听作品获奖

为积极应对日新月异的互联网和视听新媒体发展趋势，推动新时代网络视听节目精品创作生产，山东省连续多年举办“弘扬社会主义核心价值观　共筑中国梦”主题原创网络视听节目征集活动暨山东省原创网络视听节目大赛活动。历次大赛共征集各类作品 1626 部，其中 16 部获得国家广播电视总局优秀网络视听作品奖，总计获得国家专项资金 120 万元，排名位居全国前列。②

（三）全力打造“网络鲁剧”品牌

“十三五”期间，山东省规划创作重点网络影视剧取得显著成果。《老疙

① 参见冷成琳：《打造具有全国竞争力和影响力的视听产业发展新高地——专访山东省委宣传部副部长，山东省广播电视局党组书记、局长李昌文》，《中国广播影视》2021 年第 2 期。

② 参见冷成琳：《打造具有全国竞争力和影响力的视听产业发展新高地——专访山东省委宣传部副部长，山东省广播电视局党组书记、局长李昌文》，《中国广播影视》2021 年第 2 期。

瘠脱贫记》入选国家广播电视总局年度优秀网络视听节目，《山里来了个女书记》《妈妈的大学通知书》等 11 部作品在全国头部平台展播。出台全省网络视听（短视频）基地建设实施意见，确定三类共 10 个网络视听（短视频）基地，其中，短视频内容生产传播类基地 5 个，主要任务是加强短视频创作传播，围绕主题主线开展舆论宣传、讲好中国故事；短视频行业发展研究类基地 1 个，主要任务是对网络视听行业发展进行研究，提出关于网络视听提升影响力、扩大产业规模、提高监管能力的意见建议；短视频行业服务培育类基地 4 个，主要任务是开展网络直播、短视频领域专业人才培育，培养新兴文化力量，满足互联网人才需求。① 基地建设为网络视听行业发展提前布局、打下基础。下一步，山东省将继续推进网络视听（短视频）基地建设，组建全省网络视听短视频创意联盟，抓好省网络视听行业服务协会建设，积极推动青岛 5G 高新视频实验园区建设，打牢网络视听行业发展的基础。同时，扎实开展网络视听节目征集和季度推优活动，举办全国网络视听节目精品创作传播峰会、山东省短视频大赛等活动，提升山东省网络视听节目的影响力，讲好山东故事。“十四五”期间，山东省还将继续着力打造反映新时代、具有山东特色、在全国有较强影响力的广播电视和网络视听作品，全力打造“鲁剧品牌”。

（四）IPTV 从四方面实现规范化发展新突破

根据山东省广播电视局发布的《2021 山东广播电视和网络视听服务业发展情况》，2020 年山东省 IPTV 用户数为 1440.83 万户。一是健全管理机制。与集成播控和电信传输单位签订意识形态责任书，明确平台建设、内容集成、节目传输等各个环节责任。制定《关于加强 IPTV 规范建设管理工作的通知》，从落实意识形态安全、加强体系建设、狠抓内容安全等方面提出要求、做出部署。二是加强内容建设。加强“首页首屏首条”内容建设，聚焦做好重大主题宣传。三是严格规范对接。成立规范对接工作领导小组，制定《山东 IPTV 规范对接初核工作方案》，细化成 43 条目标任务。四是强化规范提升。持续开展违规问题执法大检查，严肃整治扰乱传播秩序、传播有害视听

① 参见《山东局开展网络视听（短视频）基地评审工作》，2020 年 11 月 12 日，http://www.nrta.gov.cn/art/2020/11/12/art_114_53800.html。

节目等问题；高标准完成国家广播电视总局测试验收的30项技术指标。

（五）建构“全省广播电视和网络视听节目共享平台”

优化节目供给模式、共享节目资源，不仅能减轻融媒体中心发展压力，也能满足群众多样化收视需求。山东省广播电视局正在按照“政府主导、互惠共享”的原则，建立全省广播电视和网络视听节目共享平台，涵盖电视剧、纪录片、短视频等各类节目资源，形成由省级统一搭建平台、政府购买服务、县级播出机构共享存量节目资源的内容供给模式。一是优存量促增量，搭建内容平台。目前共享平台已建设主备各1PB共享存储空间，具备存储3万小时高清节目能力。一方面，整合各级制作机构、有关高校、社会机构等存量节目资源，上传至平台共享共用。另一方面，组织省级优秀制作团队，带领县级融媒体中心开展联策联拍联播工作。今年围绕传承红色基因等主题，制作系列微纪录片在全省广泛传播。二是抓引导强联络，搭建宣传平台。在宣传引导上，配合党和国家大事要事、重要时间节点，拿出专项资金，购买节目供县级融媒体中心免费下载播出；在信息联通上，通过专线连接省市县三级播出机构，建立覆盖全省的宣传联络员队伍，宣传提示指令、重要信息、通知文件可一网直通、一键直达。三是拓功能广应用，搭建服务平台。开发敏感人物筛查、应急广播、消息播发、智慧编单等模块，实现一个平台多个功能；与应急广播省级平台对接，实现内容交换、互动。[①]

二、当前存在的主要问题

随着互联网平台的不断发展与技术的不断进步，产业融合和媒介融合背景下网络视听行业迎来了突破性的历史机遇、面临着前所未有的发展挑战。2020年山东省网络视听行业不断取得新突破，但同时也存在着诸多问题与不足。课题组经调研发现，山东省网络视听行业所遇问题多属行业“通病”。因此本报告对其发展过程中存在的问题分析，主要从中观行业角度展开。

根据《2020中国网络视听发展研究报告》对网络视听行业市场格局的划分，下文从短视频、综合视频、网络直播、IPTV和网络音频五个领域分别阐

---

① 参见《山东局广播电视和网络视听节目共享平台引领县级融媒体中心创新发展》，2021年9月24日，http://www.nrta.gov.cn/art/2021/9/24/art_114_57998.html。

述山东省网络视听行业当前存在的主要问题，并以此作为提出提升策略建议的重要依据。

(一)短视频领域

短视频自产生到迅猛发展只用了数年时间，相关平台推陈出新、用户群体不断增加。在相对无序的发展环境中，短视频也暴露出不少的问题。由于短视频的准入门槛极低，拥有一部手机就可以参与视频的制作与传播，很多不符合社会主义核心价值观与公序良俗的虚假新闻或不良短视频等频频出现在短视频平台上。以此原因为主国家多个部门先后约谈或点名批评抖音、快手等短视频平台，要求平台进行自我革新及时整改。

同时，由于短视频发展速度过快，整个短视频行业秩序混乱。平台用户数增幅及用户黏度都明显降低，用户不再过多关注并信任短视频所传播的信息，造成了短视频健康可持续发展最明显的发展瓶颈问题。平台如果无法满足用户群体更健康更多元需求、无法自我优化，社会对短视频的批评也会不断增加。①

1.侵权现象严重

自媒体时代，普罗大众都有权发表自己的作品，但也让一些有心之人钻了空子。由于短视频行业版权监管不够严格，许多不具备创作优质短视频条件的人挪用、抄袭别人的原创视频，借此牟利。随意剽窃、改造原创的创作内容不仅是对其创作热情的打击，更是对其个人财产的剥夺。与传统的文字、图片形式相比，短视频的侵权更不易被发现，对此短视频平台不应坐以待毙。侵权团体的猖獗会扰乱网络秩序、助长侵权行为，进而形成恶性循环。相关部门与平台应该开展专项整治，整改短视频平台环境。

2.趋利现象明显

当前短视频平台上，短视频传播主体或商家被利益驱使的情况比比皆是。一些商家将短视频作为营销手段，盲目追求经济利益。其假借消费者对“网红同款”痴迷追求的幌子投放大量虚假广告，使大量假冒伪劣、价格虚高的产品涌入市场。短视频平台上制假售假视频的泛滥反映出两个问题：第一，短视频平台疏于监管；第二，违法惩处的力度不够大，许多售假视频发

① 参见叶齐心:《短视频的生存机遇及发展问题研究》,《传媒论坛》2021年第9期。

布者没受到应有的惩罚。[①] 如果能够加强对短视频平台的把关，制作者花费更多精力制造优质的内容而不是投放虚假广告，短视频行业会朝着更加规范的方向发展。

3."三俗"内容突出

短视频平台的低门槛，使得网友们带来了许多"三俗"内容。如今随着5G网络渗透力的增强，短视频平台上的低俗、无下限内容会带来许多不良影响，不利于未成年人等用户的身心健康。"显性"的低俗内容容易进行治理整改，但"隐性"的低俗内容却很难进行辨别和引导，比如一些攀比心理、散播不积极向上的思维、色情擦边球等。短视频平台需明确道德底线，整治"模糊"地带。[②]

4.虚假信息泛滥

各大短视频平台每日都会上传数以万计、百万计的短视频，用户无法分辨这些短视频的真伪。这也就导致了短视频平台上虚假信息、虚假新闻层出不穷，以短视频为载体的虚假信息在传播时扩大了传播的途径。每个看到短视频的受众都是新闻的转发者与编辑者，他们可以不受平台约束直接发布信息。以此使众多虚假信息短视频滚雪球般地越变越大、越传越远，对短视频受众造成了误导，甚至造成社会恐慌。

（二）综合视频领域

1.网络剧集超前点播模式争议不断

超前点播模式是视频网站的一项增值服务，指用户在成为会员的基础上再付费，就可以提前观看热播剧集内容。部分用户认为，"充了VIP会员，还要花钱购买超前点播。这和'套路贷'有什么区别?"2020年2月28日，爱奇艺创始人、CEO龚宇在财报电话会上表示，超前点播模式很成功，未来将会成为一种常态。会员超前点播并不是视频平台2020年首次采用的热播剧付费模式，早在2019年暑期的《陈情令》播出时，就启动过这种付费模式。如今这一模式，已经成为多家主流商业视频平台热播剧的"常规操作"。

---

① 参见张璐:《抖音快手当前仍存涉嫌制假视频》,2018年4月16日,http://finance.ce.cn/rolling/201804/16/t20180416_28832448.shtml? from=singlemessage。

② 参见关诗濛:《5G时代短视频平台的发展初探》,《新闻传播》2021年第16期。

超前点播模式虽然较为精准地满足了用户需求，拓宽了自身的盈利渠道，但依旧产生了许多负面效应，对视频网站的未来发展产生影响。首先，这在一定程度上使消费者权益受损并使盗版泛滥。在影片已经更新的情况下，受众往往会出于好奇心或者害怕被互联网剧透等心理希望自己能观看最新剧集，但又往往会在高昂的点播费用前望而却步，加之对平台侵犯自身权益的不满，很大可能会选择盗版资源进行观看。其次，高昂的点播价格不利于视频平台的长期发展。以优酷与芒果 TV 拼播的电视剧《琉璃》为例，解锁所有的 33 集点播剧集需要花费 99 元，对大部分受众来说定价过高影响对平台的印象。视频平台目前推出的超前点播模式大体上都只是短时间内揽金，缺乏令大部分受众都能接受的合理规则模式，在没有创新的条件下后续发展潜力明显不足，不能达到可持续发展的目的。[①]

2.网络视频剪辑侵权问题层出不穷

相关侵权问题包括著作权侵权和名誉权侵权，本报告主要围绕剪辑者（制作方）、原著作权人和视频人物及相关人物三方利益主体展开。

网络视频剪辑的著作权侵权涵盖四类行为：一是“拆解”，在视频剪辑中，剪辑者（制作方）将热门影视剧、综艺节目和体育赛事等内容裁剪成若干短视频，上传至网络进行片段式传播；二是“借用”，在视频剪辑中，剪辑者（制作方）使用他人音视频作品和文字作品作为视频素材，例如翻唱视频以及在影视评论中插入部分视频片段；三是“盗用”，在视频剪辑中，剪辑者（制作方）通过删除原视频片头片尾，或打马赛克、缩放画面等方式对原视频进行改动后上传至网络传播。四是“二次创作”，在视频剪辑中，剪辑者（制作方）未经许可将其他作品的视听元素组成新作品，在社交媒体平台流行的混剪视频、恶搞视频和鬼畜视频等均属“二次创作”作品。

网络视频剪辑的名誉权侵权行为主要表现为恶意剪辑。一方面，恶意剪辑是指在视频制作中，剪辑者为制造舆论焦点，不依照客观事实、不尊重视频人物或事物的名誉形象，通过非线性编辑的手段，对前期拍摄的完整视频素材歪曲拼接的行为；另一方面，恶意剪辑也是指通过视频形式恶意侮

① 参见郑晓青：《视频网站超前点播模式的影响与未来发展探析》，《新闻研究导刊》2021 年第 13 期。

辱、诋毁人物或事物的行为。[①]

3.网络综艺中的“饭圈”乱象愈演愈烈

恶意营销、粉丝互踩攻击、控评刷分，粉丝为了给自己喜爱的“爱豆”投票，不惜花费资金、时间刷流量、刷票数。一些所谓的“明星”表面带着正面光环，背后却藏匿着不为人知的违法乱纪种种乱象。即使其不良行为曝光，部分粉丝依然漠视事实真相，不顾法律规定，拥护自己的“爱豆”。各大网络媒体热搜上充斥着各类“水军”，各大网站版面被大量所谓的“明星”报道占满，严重扰乱了网络秩序，造成严重的负面社会影响。“饭圈”乱象愈演愈烈，于理于法都要治理整顿。[②]

“饭圈”中的一些行为不仅触碰法律底线，而且对社会资源造成严重浪费。网络上一段乳制品被直接倒入沟渠的视频广为流传，画面中显示还有许多该款饮料等着被拆开倒掉。这样荒诞的事情起因于某综艺节目的“打投”，即“打榜＋投票”。根据规则，粉丝可以为喜欢的选手打投，票数最高的选手就能成团出道。但要想投票，必须通过品牌联名饮料瓶盖内的二维码。一些粉丝疯狂大量购买该产品以获取瓶盖，但瓶里的奶制品却喝不完就雇人倒掉，于是就出现“只要瓶盖不要奶”这触目惊心的一幕。[③]

（三）网络直播领域

1.直播带货下的消费者权益问题

首先，网络数据平台繁杂，直播带货信息过载。由于直播带货时限较短，大多数交易都在网络上进行，各大直播带货的活动极其容易让消费者产生短暂的意识麻痹购物。消费购物体验不到商品的真实性，也会被“爆炸性”的商品折扣信息掩埋，每逢大平台的促销就会有一大批消费者“剁手”。但信息过载的背后无法清晰认识到货物从展示推销到交易运输，最终易引发商品实际拿到手的差异风险。

其次，直播平台、主播、销售商多方背后趋于契合，三方效应已趋于形成

---

① 参见王刚：《网络视频剪辑的侵权问题研究》，《中国编辑》2021 年第 5 期。

② 参见王囡囡：《整顿“饭圈”乱象　还网络一片净土》，2021 年 9 月 10 日，https://new.qq.com/omn/20210910/20210910A0E56H00.html。

③ 参见《互撕谩骂、反向圈钱、浪费资源……“饭圈”如何成“怪圈”?》，2021 年 9 月 14 日，https://baijiahao.baidu.com/s? id＝1710833868948113522&wfr＝spider&for＝pc。

某些有害产业链。其不仅可能会破坏法律而衍生出损害消费者权益的问题，也会破坏我国市场经济所需的文明和谐的网络购物环境。网络直播带货行业易滋生各种灰色产业，如卖家信用交易、删除商品差评、刷单等。这些行为会诱使消费者下单购买不真实的商品，损害消费者权益。

最后，网络直播带货入门要求低，专业素质不齐。网络直播带货新行业发展门槛极低、无专业性要求，经济利益驱使越来越多的人投身直播带货。有些主播群体为获得经济效益，配合网络直播平台进行商品的虚假宣传，销售假冒伪劣商品。网络直播平台不会虚构平台销售商品数据，营造主播带货大卖的假象。这些无良心的播主大多配合商家参与制假售假，欺骗消费者以赚取利益。①

2.内容低俗问题普遍且严重同质化

网络直播平台的一些内容涉及色情和暴力，甚至违法犯罪行为，导致利用网络直播平台进行经营一直处于社会争议的话题中。不少女主播在直播时穿着暴露、言语暧昧、行为不检点，屡屡触碰底线来换取注意力。除此之外，各大直播平台内容同质化严重。以斗鱼 App 和熊猫 TV 相比较来说：斗鱼 App 分为网游竞技、单机热游、手游休闲、娱乐天地、颜值、科技教育、正能量等几大类；熊猫 TV 分为热门竞技、娱乐联盟、手游专区、主机单机、网游专区、体育专区、音乐、科技教育、熊猫星秀、星颜、二次元等。可见这两个平台栏目分类大同小异，内容差异化特征不明显。如何打造独特直播内容，成为各大平台竞争的焦点。②

3.网络直播猎奇乱象影响青少年价值观

“主播直播翻车”事件能够使主播人气不降反升，原因就在于其迎合了部分受众群体的猎奇心理——越是夺人眼球的，越是惊世骇俗、出人意料的，越是能吸引人。主播通过直播自己的日常生活使其隐私公开化既获得高额利益与人气，又满足了受众群体的窥私欲，实现了主播与受众的“双赢”。如果放任猎奇类网络直播发展下去，易会使这种直播模式愈加泛滥，诱导主播为获得“打赏”不断挑战道德和法律底线。长此以往，很大程度上

① 参见余梵：《网络直播带货下的消费者权益问题》，《河北企业》2021 年第 9 期。
② 参见罗子盈：《论网络直播的现状、问题及对策》，《记者摇篮》2019 年第 11 期。

将严重影响受众，尤其是青少年社会主义核心价值观的树立，使青少年的价值观发生歪曲。

与此同时，网络主播直播炫富的场面屡见不鲜。其利用各种各样的豪车、名表、服饰等奢侈品来吸引受众的眼光，造成一种自身代表上流社会并站在时尚前沿的假象。许多思想尚未成熟的青少年很容易被网络上的此类炫富直播吸引，从而对未知的所谓“上流社会”生活产生极大的好奇心，消费欲不断膨胀，导致原本健康正确的消费观被追求金钱和物质上的攀比等拜金享乐主义思想所取代，造成了青少年消费观的扭曲。①

（四）IPTV 领域

从 21 世纪初我国开始出现 IPTV 业务到现在，IPTV 业务发展越来越好，但也暴露出一些问题。

1.管理和运营主体分开

在 IPTV 业务中，收费、发放终端、拓展用户等与客户打交道的环节主要是由电信运营商完成的，广电侧（如电视台、新媒体公司等）则主要负责播放内容和业务管理。如果这两个主体协同度不足，可能会爆发出各种各样的问题，IPTV 集成播控分平台与传输系统规范对接也将无从谈起。

2.分平台建设标准不统一

各省 IPTV 业务系统尤其是集成播控分平台建设标准不统一，不利于互融互通。目前，大部分省市的 IPTV 集成播控分平台都是与外面公司合作，或者以购买的方式建设，如湖南 IPTV 分平台是由湖南广播电视台的新媒体机构湖南快乐阳光互动娱乐传媒有限公司自己建设。多主体建设不利于标准统一，三大电信运营商以及许多运营商都提出了自己的 IPTV 技术标准，多标准不利于 IPTV 大规模开发和建设。

由于缺乏统一的技术规范，IPTV 各家运营商产品自成体系，技术标准不统一，造成集成产品功能融合存在问题，不利于后期平台的改造和升级。另外 IPTV 各家运营商设备不兼容，不能实现规模化生产和采购，无法降低终端成本，造成 IPTV 终端产业化困难。这一现象已被多方关注并尝试采

① 参见高子轩：《猎奇类网络直播乱象对青少年价值观的影响及对策》，《科技资讯》2021 年第 13 期。

取相应措施，如2021年2月26日，国家广播电视总局发布了《IPTV集成播控平台与传输系统用户“双认证、双计费”接口规范》，对IPTV系统更加规范建设提出了要求。[①]

（五）网络音频领域

1.有“毒”的声音诱惑网络

音频以声音为传播优势，相较于文字、图像等内容载体，其更具有温度，更能够触动人们内心深处的情感，也更具有隐匿性。一些网络音频平台便利用这一特点，传播色情淫秽信息，甚至引诱用户跨平台从事违法违规交易。有的音频即时通信应用竟以私密社交、一对一社交为卖点，公然传播招嫖卖淫等违法犯罪信息。如个别主播通过性暗示来怂恿用户用虚拟币刷礼物；有的直播间公告明码标价，用户只需支付一定的“房费”，便可以任意“带走”一位女主播，私下进行语音甚至是视频裸聊等色情交易。随着视频平台的监管趋严，网络色情业务逐渐蔓延到音频平台，低俗色情之风引起有关部门的高度重视。2019年1月，Hello、喵喵、泡泡等5家语音直播平台因存在涉低俗色情信息被依法下架，受到立案调查和行政处罚。2019年6月28日，吱呀、Soul、语玩、一说FM等26款违法违规音频平台受到处罚。伴随音频内容多样化、形式复杂化以及受众规模扩大，网络音频内容的合规与质量监管将成为国家互联网治理的重要组成部分。

2.不设防的在线神聊

网络实名制已实行多年。网络音频涉及大量情感、社交及深夜话题内容，对用户年龄有一定的要求，但一些网络音频平台的管理制度却形同虚设。不少网络音频平台不需要实名认证即可下载注册，甚至不需要注册，直接绑定社交账号即可登录。有些软件表面上设置了青少年保护计划，但实名认证并非强制，进入平台后不需要通过审核，在短时间内就可以收到数条“匹配情侣”的请求。用户只要支付一定的费用，便可以接受主播的“服务”，甚至在用户没有操作的情况下，就可以自动完成认证和匹配。网络音频平台的这些违法违规行为严重破坏了网络生态，对青少年等特殊用户的健康成长带来恶劣影响。

---

① 参见冯伟、孙海波：《IPTV现状及发展思考》，《广播电视信息》2021年第7期。

3.唯市场化的算法操作

网络音频的快速发展，离不开人工智能与算法推送。“个性推荐算法”的核心，就是为每位用户推荐其感兴趣的精细内容资讯。很多网络音频平台迷信流量决定一切，一味追求经济效益。其通过提供量身打造的信息服务来过度套牢用户、实现流量变现，易偏离内容正确方向、放弃社会责任。部分网络音频平台出于对市场利益的盲目追逐，用算法推荐全方位“讨好”用户，甚至迎合某些用户的低级趣味，造成庸俗、低俗、媚俗信息泛滥。“算法既可用来计算，也可用来算计。如果算法被利益所绑架，就会沦为对用户的算计。”[①]唯市场化的算法操作，使一些网络音频平台在短时期内看似成为市场的赢家，但长远考虑风险尤在。

4.形形色色的价值观

社会的良性运行和健康发展需要主流价值观的感召和引领。出于追求短期效益的急功近利心理，一些网络音频平台唯利是图、金钱至上，向用户兜售形形色色不健康的价值观。网友称之为“三观不正”“节操碎了一地”。一些有声读物平台宣扬历史虚无主义，传播含有惊悚恐怖、神仙鬼怪、僵尸等内容的网络小说，散布封建迷信思想。价值观是一种内心尺度，是一个人的精神支柱，决定着一个人的行为取向。网络空间容易形成“趣缘凝聚”，同样也容易造成“偏离价值观的聚集与发散，若不及时进行引导易走向偏差与极化”。字节跳动旗下“内涵段子”应用程序及公众号就曾因存在导向不正、格调低俗等突出问题被国家广播电视总局永久关停。网络音频平台应吸取教训，避免形成不良的价值导向，明确“正确的价值观导向才是互联网企业真正的内涵”。[②]

三、行业提升的关键策略

山东省网络视听行业的高质量发展，还需要基于意识遵循和战略规划，从多个视角、全方位实施进一步的提升策略。

---

① 张涛甫：《把好算法推荐“方向盘”》，《人民日报》2019年4月11日。

② 参见曹爱民：《网络音频的整治：问题与对策》，《湖南大众传媒职业技术学院学报》2020年第1期。

(一)提升六个意识,筑牢行业根基

1.党建引领,精神支撑

党的领导是一切事业兴旺发达的根本保证,也是筑牢网络视听行业根基的根本保障。随着新一代互联网技术的发展和社交媒体兴起的网络视听行业,既具有文化产业价值,更具有文化事业属性,是意识形态工作和网络宣传文化事业的重要组成部分。2019 年初,习近平总书记在中央政治局第十二次集体学习时指出,移动互联网已经成为信息传播主渠道,媒体智能化进入快速发展阶段。越是在这样的技术背景和舆论变化中,对网络视听行业加强党的领导、推动党的建设、实施党建引领就愈加显得必要而急迫。与此同时,互联网行业作为新兴行业,与传统行业相比在工作机制、人员结构、知识层次、资本运作、日常管理等诸方面都有其特点和特殊性,成为中国非公经济的重要横断面。因此,加强党建引领,既是形势要求,也是决胜关键,是未来网络视听行业发展最重要的精神支撑。

2.政策助力,制度保障

多方面提升政策保障能力和制度保障水平,是推动网络视听行业提升发展的根本保障。网络视听行业作为重要的互联网新兴市场主体、信息生产和传播主体、经营与管理主体既实现了快速发展,也可能会出现野蛮生长。其既需要通过政策保障进一步培育壮大,使之成为国民经济发展,特别是繁荣活跃文化产业的重要力量;也需要加强立法监管,通过政策引导和具体指导,牢牢掌握意识形态主导权、主动权、主控权,坚持红线意识和底线思维,确保网络视听行业稳健积极健康成长。

3.人才支撑,龙头引领

在文化、资本、权力、媒体等网络视听行业发展的诸多核心要素中,人才无疑是重中之重、核心中的核心,是推动网络视听行业发展的"金钥匙"。一方面,要筑巢引凤,通过创新城市管理机制和人才激励政策,积极吸纳更多富有创意能力、创业激情和创新意识的青年人才投身网络视听行业,充实骨干中坚队伍;另一方面,要充分发挥政府和行业协会的统筹协调作用,积极引入在相关行业领域具有理论权威、实战声誉和社会美誉的行业专家。使其积极围绕山东网络视听行业发展建言献策,逐步形成一支实力雄厚、指导性强、专业性强的专家智库队伍，助力山东省网络视听行业蒸蒸日上。

4.资源聚合，放大效能

山东是传统文化大省和经济强省，同时也是人口资源、文化资源和自然资源大省。近年来，山东省网络视听行业取得了长足发展和进步，出现了一批具有影响力的专业机构和作品，网络视听行业资源聚合力度不断加大，为进一步推动行业长久发展积蓄了力量。树立资源聚合意识，就是要进一步统筹整合山东的文化资源、网络资源、政务资源、机构资源、产品资源和创作者资源，为山东省网络视听行业发展释放更大效能，激发更大活力，实现更大突破。

5.行业提升，整体品牌

山东省网络视听行业要树立整体品牌观念。通过对山东省网络视听行业的整体塑造和提升，在全国和全球范围内，逐步培育打造具有知名度、影响力、传播力的山东省网络视听行业整体品牌。将网络视听行业发展，打造成山东文化传播领域的一张全新名片。

6.生态净化，清朗空间

要严格遵守实施中宣部、中央网信办、国家广播电视总局、文化和旅游部等有关部门开展“清朗网络空间”行动的有关精神要求。结合山东省网络视听行业发展现状、存在问题和主要特征，其需要通过加强立法、严格执法、弘扬正气、惩治不法，进一步净化网络空间，为山东省网络视听行业发展营造良好的总体生态环境。

（二）实施三项战略，提升行业水平

山东省网络视听行业的提质增效，需要实施的三项战略主要涉及重点机构的创新升级、行业整体的全面升级和精品生产的品牌传播等方面。

1.实施重点机构创新升级战略

(1)旗舰引领，量级跃迁

“火车跑得快，全靠车头带。”山东省网络视听行业总体规模的扩大与综合实力的提升，需要抓住引领行业发展的“关键少数”，即在不同的垂直细分领域分别培育1～3个“叫得响、立得住、传得开”的省级旗舰平台。并优先推动其向重量级大平台跃迁，打造网络视听行业的“齐鲁品牌”，进入“国字号”的头部方阵。在此过程中，助力行业龙头，推动企业合作共赢、强强联手，巩固不同细分领域全国性头部平台的发展优势。加大指导、扶持和培育力度，行业发展需引导生产要素向优势平台集中，培育大型专业化主体，形成龙头效应和集聚效应。

（2）重点突破，梯次发展

“一花独放不是春，万紫千红春满园。”山东省网络视听行业的健康发展需要和谐共生、动态平衡，避免一家独大、头重脚轻。从中国网络视听节目服务协会历年发布的《中国网络视听发展研究报告》中不难看出，无论是短视频还是网络音频、网络视频等，网络视听行业的各个细分领域都会有第一、二、三梯队的排名，且各个梯队竞争激烈，排名也时有变化。山东省网络视听行业要形成济南、青岛双核驱动，头部企业带动，大中小微梯队协同共生的行业生态。实施头部平台率先发展、腰部平台崛起、尾部平台加速的策略，因地制宜匹配政策、人力、财力等要素资源，重视“长尾效应”所代表的需求及供给，注意平衡网络视听行业发展中传统媒体与新媒体的优劣。以此形成一个具有一定体量和较强业务能力的网络视听行业集群，打造“非零和竞争”的竞合关系。

（3）紧盯前沿，打造特色

“独角兽”“瞪羚”代表着新经济业态。根据对山东省工业和信息化厅公示的企业名单进行分析，两类企业在山东省内的分布领域，多集中于以制造业为代表的实体经济领域和以信息技术产业为代表的数字经济领域，从属于网络视听行业的可谓是凤毛麟角。山东省要善于发现大中小微企业各梯队中的现象级要素，给予优质资源倾斜，不断挖掘其上升潜力，推动网络视听行业诞生一批高成长性的独角兽企业、哪吒企业、瞪羚企业，为省域数字经济发展贡献力量。山东省“独角兽企业”“瞪羚企业”情况见表1。

表1　山东省“独角兽企业”“瞪羚企业”情况　　单位：个

	特点	数量
独角兽企业	成立10年以内，估值超过10亿美元，获得过私募投资且未上市	13
瞪羚企业	成立10年以内，年增长率不低于20%或上一年度总收入不低于5000万元，成长性极好、创新性够强的高新技术类企业	709

资料来源：山东省工业和信息化厅公开数据。该数据截至2020年12月。

2.实施行业整体全面提升战略

(1)行业管理

加强党建引领。要坚持党建引领、守正创新,牢牢把握正确政治方向、舆论导向、价值取向,坚守主流文化责任担当。坚持把社会效益放在首位,实现社会效益与经济效益相统一。要加强组织领导,将行业发展工作纳入意识形态工作责任制,健全工作机制,制定完善配套政策,因地制宜,统筹规划。要及时向党委、政府汇报工作情况,加强同宣传、发改、财政、金融、文旅、网信、工信等部门的沟通协调,争取资金政策支持,合力推动网络视听行业高质量创新性发展。

加强政策管理。探索建立网络视听行业发展联盟,搭建体现行业特色的投融资平台,发挥政府引导作用,建立企业主体和金融机构的供需对接机制。鼓励各类金融机构组建网络视听专业团队,搭建网络视听专业孵化平台,创新行业金融产品和服务,加大对网络视听企业和项目的金融支持力度。鼓励视听企业主动对接金融市场,有针对性地在各类资本市场融资,加强与银行、基金、保险、担保、融资租赁等机构合作,解决资金需求。鼓励网络视听旗舰企业发起设立股权投资基金,积极参与市场并购重组。优先支持符合条件的网络视听企业整合优质经营资源上市融资,尽快利用资本市场做强做大。积极指导网络视听小微企业利用“双创”平台完善发展条件,走“专、精、特、新”发展道路。鼓励引导私募股权投资基金、创业投资基金进入政策许可的领域,加大对小微企业高成长性初创项目的融资支持力度。

推动管理创新。山东省网络视听机构要积极探索混合所有制,以“我”为主实现市场主体的强强联合,可以借鉴其他省份经验。例如,2020 年末,湖南省国有文化资产监督管理委员会出具批复,原则同意芒果传媒有限公司将所持芒果超媒股份有限公司 5.26%股份协议转让给杭州阿里创业投资有限公司。若此番交易最终达成,芒果超媒将借助阿里巴巴集团在云服务、大数据、人工智能、数据中台、电商体系等领域的资源,更深入地推进以内容为核心的大文化产业布局。

创新资金运用。商业网络视听机构以投融资的形式积极布局网络直播、游戏、动漫等新兴领域。根据国家广电智库公开报道《网络视听产业发展新特点新趋势》数据显示,文娱行业的投资数自 2016 年(2635 起)以来呈逐年下降趋势，2020 年仅有 318 家公司获得共计 367.77 亿元的投资，但视听领域仍保持较高的投资活跃度，出现腾讯投资虎牙直播、新华网战略投资梨视频、小米集团战略投资蜻蜓 FM 等众多投资事件。其中，仅视频/直播电商等领域的投融资事件便达 52 起，约占总投资金额的 20%。围绕网络视听内容的生态布局，仍然是资本市场的投资热点。山东省网络视听平台可以根据细分领域特点进一步吸引商业网络视听平台投资，强化对网络视听发展的资金保障和支持。

(2)协会助力

中国网络视听节目服务协会成立于 2011 年 8 月 19 日，是网络视听领域唯一的国家级行业组织，也是我国互联网领域规模最大的行业协会之一。协会现有会员单位 700 余家，涵盖了网络视听行业全产业链。被视为“年度行业风向标”的中国网络视听大会由中国网络视听节目服务协会主导举办，迄今为止已连续举办九届。山东省网络视听节目服务行业协会要完善与其的沟通协调机制和协作关系，学习先进经验，积极推动网络文化建设，不断推进行业自律，组织会员单位树立媒体责任，抵制不良和有害内容；积极开展节目评议工作，以评优和文艺评论为工作抓手，引领网络视听作品创作方向，促进网络传播秩序规范，弘扬社会主义核心价值观；积极开展网络视听节目审核员培训、行业研究，深入调研，为政策制定建言献策，为行业发展提供权威数据和研究成果；积极开展行业交流，推动经验分享和思想互动，推动媒体融合发展；积极推动版权保护，打击盗版盗链等违法侵权行为。

(3)科学治理

一是严守政策红线。2021 年 9 月 2 日，国家广播电视总局办公厅发布《关于进一步加强文艺节目及其人员管理的通知》。通知提出，坚决抵制泛娱乐化，树立节目正确审美导向，严格把握演员和嘉宾选用、表演风格、服饰妆容等。

2021 年 9 月 16 日，国家广播电视总局召开“贯彻落实文娱领域综合治理部署　推动电视剧事业高质量发展座谈会”。会议强调，要坚持问题导向，坚持防微杜渐，坚决抵制文娱领域不良现象的渗透侵蚀，严格执行电视剧片酬管理规定，坚决抵制天价片酬、“阴阳合同”、偷逃税；加强电视剧创作生产正面引导，坚决抵制流量至上、“饭圈”乱象、“耽改”之风等泛娱乐化现象；坚持现实主义创作理念，坚决抵制畸形审美；规范电视剧市场秩序，坚决抵制资本不良牟利；加强从业人员管理，强化行业自律，树立崇德尚艺的良好风气，坚决抵制违法失德艺人。

2021 年，国家网信办部署开展网络“清朗”系列专项行动，目的在于重拳整治网络违法违规问题，有效遏制网络乱象滋生蔓延，针对突出问题打好攻坚战、持久战，在全网开展“大扫除”，为管网治网长效机制建设积累经验，为构建清朗网络空间打下坚实基础，通过专项行动集中时间集中力量解决群众反映强烈的问题，提高人民群众幸福感、获得感。为确保专项行动有的放矢，国家网信办前期开展了扎实调研和深入分析，把影响面广、危害性大的网络问题作为专项整治重点。同时，为确保专项行动“不走过场”“不放空炮”，从时间和主题两方面对全年专项行动做了统筹安排，坚持多维度多层面治理，将信息内容、行为过程、网络账号、平台运营、平台规则等全部纳入治理范围。2021 年网络“清朗”系列专项行动主要有 8 个方面任务：整治网上历史虚无主义，整治春节期间网络环境，打击网络水军、流量造假、黑公关，治理算法滥用行为，整治未成年人网络环境，整治网上文娱及热点排行乱象，规范网站账号运营，整治 PUSH 弹窗突出问题等。

二是释放政策红利。持续深入实施“放管服”改革。在符合法律法规的前提下，山东省网络视听行业可以进一步研究放宽市场准入条件，积极引导社会力量进入网络视听行业，增强市场活力，指导民营企业参与行业公共服务领域建设。及时跟踪网络视听行业市场发展的新产品、新服务、新业态、新模式，适时完善行业结构调整指导目录。建好用好总局政务服务大厅，推进“互联网＋政务服务”“互联网＋监管”，深入开展“双随机、一公开”制度的标准化、规范化建设，提高服务水平和监管效率。规范总局主管协会等社会组织会费层级和标准，坚决清理取消行政审批中介服务违规收费及各类利用行政影响力违规收费项目，切实减轻企业负担。巩固行业广告专项整治工作成果，加强对网络视听节目传送有关许可业务的市场监管，推动治理工作常态化、长效化。

三是加强规划引导、政策支持和管理服务。科学引导网络视听优质资源、优势产业、优秀企业集中集约发展、做大做优做强。山东省要积极培育一批符合高质量创新性发展方向的网络视听专业性或综合性产业基地（园区），推动产业基地（园区）专业化、规模化、高质量发展，发挥引领示范作用。规范基地（园区）申报、认定、命名程序，加强跟踪考核，建立健全退出机制，对长期经营不善、社会效益不好、示范作用不强的产业基地（园区）撤销资格。探索打造集网络视听节目采集制作播出分发、智能网络传输、智能终端接收、提供高新视听节目和融合服务的全产业链高新视听产业示范基地（园区）。

(4)行业集聚

短视频联盟、短视频基地。2020 年，为推动网络视听工作专业化、规模化发展，山东省广播电视局开展了网络视听（短视频）基地评审工作，山东省网络视听（短视频）基地入围单位 10 个，其中短视频内容生产传播类基地 5 个、短视频行业发展研究类基地 1 个、短视频行业服务培育类 4 个（见表 2）。短视频内容生产传播类基地的主要任务是加强短视频创作传播，围绕主题主线开展舆论宣传、讲好中国故事；短视频行业发展研究类基地的主要任务是对网络视听行业发展进行研究，提出关于网络视听提升影响力、扩大产业规模、提高监管能力的意见建议；短视频行业服务培育类基地的主要任务是开展网络直播、短视频领域专业人才培育，培养新兴文化力量，满足互联网人才需求。通过山东省广播电视局省市基地管理专班，实施目标管理与动态管理，扶持优秀项目和精品，充分发挥基地的引领带动作用，推动网络视听（短视频）行业高质量发展。

表 2　山东省网络视听（短视频）基地类别及入围单位

类别	申报单位
短视频内容生产传播类	山东广播电视台
	山东大众报业（集团）有限公司
	济南广播电视台
	青岛广播电视台
	山东美猴文化创意集团有限公司
短视频行业发展研究类	山东大学

续表

类别	申报单位
短视频行业服务培育类	山东传媒职业学院
	山东奔跑吧贝壳文化传媒有限公司
	中译语通文娱科技(青岛)有限公司
	烟台广告创意产业园区管理服务中心

资源聚合。强化本地土地、政策、资金、人才等支持条件和高质量发展的目标约束,建设网络视听某一领域或综合性的产业发展先导区(示范区)。优先支持将先导区重大发展项目纳入国家中长期发展规划、文化改革发展规划、区域发展规划、广播电视发展规划以及相关政策文件,并从宣传推广、项目推介扶持、改革试点、创新试验等方面给予支持。

人才聚力。以增强“脚力、眼力、脑力、笔力”为重点,加强对网络视听从业人员的思想教育和政治引领,加强专业人才队伍培养,通过深入实施行业“领军人才工程”和“青年创新人才工程”,为高素质视听人才特别是行业管理和经营、国际交流合作人才培养创造条件,打牢人才基础。建好用好国家广播电视总局媒体融合发展专家库。支持高校、科研院所开展网络视听行业前沿研究,承担总局重点社科课题和发展规划课题。强化人才激励,鼓励业内名家、学者、技术能人以知识产权、专有技术等无形资产出资、入股,参与企业经营或项目开发。

技术赋能。5G通信、人工智能、大数据、云计算、区块链、算法推荐等正在重构我们的生活方式、沟通方式。新技术、新模式对传媒行业和网络视听行业的影响是颠覆性的,推动行业竞争日趋激烈,尤其是新兴媒体不断挤压传统媒体发展空间,不断蚕食传统媒体市场。网络视听是信息技术的产物,未来的出路与空间也在于新技术。

3.实施精品内容品牌传播战略

(1)实施视听精品工程

以实施“新时代精品工程”为抓手,谋划实施好网络视听节目的重点创作规划,完善优秀选题项目储备库,加强动态调整管理,加大专项资金扶持力度。以结构化管理、宏观调控、引导扶持、评析交流、宣传推介等多种措施推动各类节目创新创优，进一步完善创作选题规划，切实加强创作生产引导，深刻把握时代主题、时代脉搏，努力创作生产更多讴歌新时代的精品佳作。强化好节目进入好平台、好时段的政策取向，加强网络视听节目收视综合评价大数据系统建设和数据发布应用，建立正向舆论引导和市场激励机制。深入推动科创、文创在内容生产领域的应用，不断创新产品形态。积极拓展产品开发、衍生产品市场，提升内容产业价值链，促进创意制作和相关产业创新融合，提高精品节目的成果转化率、社会影响力和市场占有率，推动产业良性循环和综合效益增长。

(2)围绕重大主题突破

党的十八大以来，习近平总书记多次视察山东并做出重要指示批示。习总书记对山东发展寄予厚望，期望山东有大的担当、新的作为，为山东擘画了高质量发展的蓝图，期待山东人民书写新的辉煌。近年来，山东省委坚决贯彻落实习近平总书记对山东工作重要指示要求，锚定“走在前列、全面开创”，苦干实干，拼搏进取，全省各领域各方面呈现出一系列趋势性、关键性变化，良好的经济生态、政务生态、自然生态、社会生态、政治生态正在加速形成，人民生活从物质上到精神上蒸蒸日上。加快新旧动能转换、推进区域协调发展、保障改善民生、打造乡村振兴齐鲁样板、建设现代化海洋强省、推动优秀传统文化“两创”、深化九大改革攻坚行动、打造对外开放新高地等工作都是山东的重点工作和任务，也是网络视听行业发展必须对接的重大话题。

山东全省网络视听服务机构开设系列专题专栏，推出一批重点报道、新闻评论和新媒体作品，持续推动习近平新时代中国特色社会主义思想家喻户晓、深入人心。统筹网上网下，做好重大主题宣传工作。做好新旧动能转换、打好三大攻坚战、实施乡村振兴战略等全省性重点工作宣传，指导办好行业舆论监督栏目，营造担当作为、狠抓落实的浓厚氛围。

四、结语

山东省网络视听行业必须以改革创新为动力，以推动供给侧结构性改革为主线，以推动行业高质量创新性发展为目标，推动网络视听行业结构布局优化调整，推动行业体系转型升级，提升行业服务水平和发展质量。在工作中，重点突出“四个聚焦”。

（一）聚焦内容产业发展，提升创作生产新水平

一是提高规划谋划能力。在省级层面建立支持优秀作品创作生产的长效机制，聚焦讴歌党、讴歌祖国、讴歌人民、讴歌英雄，聚焦全面建成小康社会等重要时间节点，聚焦弘扬齐鲁优秀传统文化和沂蒙精神，按照“找准选题、讲好故事、推出精品”的要求，编制网络视听节目重大主题创作规划。建立并完善山东省网络视听重点作品种子库、优秀题材库、人才专家库，形成规划一批、储备一批、实施一批的重点选题创作生产格局。全面发力网络视听行业，引导全省网络视听机构创作传播更多传承中华优秀传统文化、蕴含社会主义核心价值观、记录书写讴歌新时代的视听精品。

二是顺应融合传播趋势。引入互联网思维重塑传统媒体的生产流程和产业形态，在网络视听节目策划、制作、播出、宣传推广的各个过程与新媒体深度融合，实现传播效果的升级。引导内容生产单位借助云计算、大数据、人工智能、5G、VR、AR等新兴技术把握受众需求，挖掘市场需求，增强作品创作的针对性。引导网络视听机构从以节目为中心向以用户为中心转变，借助融合传播和新兴技术，再造制作、宣发、购销、播出体系和流程，创新内容呈现方式，提升视听体验，增强用户黏性。引导网络视听行业积极拓展产品开发、衍生产品市场，提升内容产业价值链，推进创意制作和相关产业创新融合。

三是强化机制创新保障。优化对听视节目制作机构宣发、购销、播出等流程的跟踪服务，引导制作机构按需生产、以播定投，实现播出效益最大化。完善“深入生活、扎根人民”主题实践活动长效机制，探索省、市、县合作共创项目机制，支持一线节目工作者深入一线、体验生活、采风创作。通过政府购买服务、建设智库等方式，探索开展网络视听作品综合评价试点，建立多维度的公平、公允评价体系，综合解决过分强调收视率、点击率等问题。做好网络视听精品创作引导服务，强化对优秀作品的跟踪关注，推动题材规划关口前移、立项创作关口前移、备案审查关口前移，线上线下全方位做好网络视听作品版权保护。引导全省网络视听单位在用人机制、经费保障、经营管理、组织形态、流程再造等方面大胆尝试，打破体制机制束缚，打破单位内部壁垒，调动人员积极性、创造性，激发内生动力，解放生产力。

(二)聚焦传统动能转换,重塑视听行业新优势

行业高质量发展,应准确把握媒体融合、智慧广电、5G新技术等新趋势新需求,加快科技创新、业态创新、管理创新和服务创新,推动“高精尖”发展、融合发展和全产业链发展,推进产业动能转换、加快升级。

一是以技术创新促升级。向发展好的省份看齐,通过项目和技术合作等形式,围绕人工智能、大数据、区块链、广电5G、有线无线卫星智能协同、5G高新视频等重点领域开展研究开发,推动网络视听行业先进技术和综合应用集成创新。支持智慧视听家庭物联平台建设,发挥各机构互联互通、用户资源优势,建设智能公共服务体系,实现其对智慧家庭、智慧社区、智慧政务的服务引领。比如,支持全省网络视听机构依托智慧云平台和有线网络,广泛参与“数字山东”、雪亮工程、智慧交通、智慧医疗、智慧农业、智慧教育、智慧应急等建设。

二是以延伸链条促升级。鼓励超高清视频自主关键技术和产品研发,推进4K/8K超高清芯片等的产业化配套。结合山东省网络视听行业产业链实际,研究建立下游设备制造及销售对上游节目制作的反哺机制,推动上下游产业协同共进。例如,支持有条件的网络视听下游重点企业加快高清播出设备采集制作、集成播出、互动分发、数据中心、管理平台等系统建设,积极开展5G环境下的视频应用和产品创新。

三是以资源聚合促升级。推动全省网络视听机构“合纵连横、共同发展”,建立全省行业发展联盟,打造信息互通、资源共享、优势互补新格局,逐步打破“区块分割、各自为战”不利局面,形成省域网络视听行业整体竞争优势。积极参与全国行业资源整合,构建高速、泛在、智慧、安全的新型合作模式。构建面向5G的移动交互网络视听技术体系,实现天地一体的业务融合。统筹建设省、市、县三级应急行业管理平台,完善应急资源配置,建成多级统一协调、上下贯通、可管可控、综合覆盖的全省应急体系。

(三)聚焦载体功能提升,构建行业发展新支撑

企业、项目和基地(园区)是行业高质量发展的重要载体和有力抓手,需要以新理念、新机制、新载体来引导网络视听机构改革发展,推进行业集聚,整体提升行业发展水平。

一是引导企业做大做强。大力支持视听领域国有文化企业发展，推动企业改革创新、整合资源、放大优势，发展成为主业突出、实力雄厚、核心竞争力强的传媒集团。积极开展国有视听企业社会效益评价考核，引导推动各类主体履行政治责任、社会责任、文化责任。在政策允许领域，支持国有视听企业通过增资扩股、股权激励、员工持股等形式开展混合所有制改革，完善企业治理体系，提升经营管理水平。鼓励民营视听企业、个人工作室参与重点项目创作，鼓励支持社会资本参与网络视听节目制作发行、基地建设、旅游开发、衍生品生产、文化服务，扶持培育一批“专精特新”民营网络视听企业。

二是推动项目做精做实。大力实施项目带动战略，建立山东省网络视听行业项目库和服务平台，紧密结合产业高质量方向，推出实施一批对全局带动性强、转型效果显著的重点项目。对入库项目积极与中央和省里各类产业投资基金对接，争取多方支持与合作，在宣传推介、技术引导、成果应用等方面给予支持，带动起各地各单位争上项目的积极性主动性。加强与国内短视频头部平台、MCN机构合作交流，聚合技术、内容、服务、用户、流量资源，打造具有齐鲁特色的短视频、微电影系列品牌。支持国内外知名网络视听平台、短视频创作基地、专业制作中心落户山东，打造网络视听行业政策洼地、创新高地。

三是扶持基地（园区）做好做优。支持各地网络视听制作播出机构、网络视听企业、设备生产厂家、产学研等企事业法人单位，以特色产业、优势项目为依托，建设网络视听节目制作、内容审核、网络传输、超高清视频、新技术应用等方面的专业性或综合性产业基地（园区）。发挥示范引领作用和试验孵化作用，重点支持中国广电·青岛5G高新视频实验园等基地（园区）建设，形成科技创新、高新视听、融合发展、链条重构、平台云化等方面研发、实践、应用新高地。鼓励产业基地（园区）建立众创空间，构建文创、科创人才培养平台，精准推进视听行业招商，集聚优质资源要素，提升基地（园区）服务水平。

（四）聚焦服务体系完善，优化行业营商新环境

山东省视听行政主管部门在企业贴心服务、营商环境打造上，还需切实

转变政府职能和工作作风，营造有利于行业高质量发展的制度环境和服务环境。

一是加大体制机制改革。大力实施审批流程再造，提升政务服务效能，缩短备案立项审批时间，进一步打造审批事项少、办事效率高、服务质量优的政务环境。借鉴浙江“服务企业、服务群众、服务基层”经验，建立省级层面联系帮包服务制度，定期走访听取企业单位需求和建议，帮助解决或推动解决困难和问题。强化制度保障，将行之有效的实践成果转化为制度机制，加快推进制约行业发展的规章和规范性文件的立改废释工作。大力开展引资金、引人才、引机构“三引”，实行备案立项、摄制服务、审查发行等各流程“一站式”平台服务，引导更多省外大型网络视听制作机构、项目、优秀资本投资山东。

二是用好财税优惠政策。切实落实好国家关于经营性文化事业单位转企改制、支持文化企业发展、文化产品出口、民营企业发展、小微文化企业发展、高新技术企业发展等财税优惠政策，推动经营性事业单位转制企业免征企业所得税、有线数字电视基本收视维护费和农村有线电视基本收视费免征增值税、国家重点鼓励的文化产品和服务出口实行增值税减免等政策落到实处，让视听行业轻装上阵。

三是强化人才智力保障。坚持早发现、早储备、早培养，探索实施行业“领军人才工程”和“青年创新人才工程”，重点遴选推荐一批网络视听行业领军人才和青年创业人才。围绕增强脚力、眼力、脑力、笔力，通过专题培训、阶段轮训、以干代训等多种方式相结合，重点培养媒体融合、采编制作、视听技术、业务营销、监测监管等领域的专业人才，以及特殊技能型人才、复合型人才，推动专业人才队伍整体素质提升。健全人才选拔使用和奖励激励机制，建立竞争上岗、薪酬绩效、优胜劣汰机制，打破地域、所有制、人员身份等限制，在项目申报、业务培训、评比奖励、职称评定等方面同等对待，打通广电媒体单位技术职称与行政职务互通的晋升通道。①

① 参见孙杏林、倪广宏、周琛：《山东省广播电视和网络视听产业高质量发展调研报告》，《现代视听》2020年第5期。

山东省部分网络视听机构实地调研报告

调研报告一：山东影视制作股份有限公司

唐璇　古若村　尚霄　薛复英*

一、机构介绍

山东影视制作股份有限公司是目前国内顶尖影视制作机构之一，也是我国最早的电视剧生产单位之一。其为山东影视传媒集团旗下的控股子公司，以电影电视剧制作发行、影视文化产业项目开发等为核心，是山东省著名文化品牌"鲁剧"的生产者和缔造者。

多年来，山东影视制作股份有限公司推出了一系列思想性、艺术性、观赏性俱佳的精品力作，其中60余部作品荣获"五个一工程奖""飞天奖""金鹰奖""华表奖""金鸡奖"等80多个中央和国家级大奖。20世纪80年代初期，以《武松》《今夜有暴风雪》《高山下的花环》取得了全国电视剧评奖连续三年荣登榜首的"三连冠"荣誉。从2000年开始，拍摄了以《大法官》《誓言无声》《大染坊》为代表的一批精品力作，2008年以《闯关东》在中央电视台的热播打造了成熟的"鲁剧"品牌。近年来，以体制改革为助推，激发活力，探索创新发展之路，走正道、出精品、出效益、出人才，取得了可喜成绩。先后

---

* 唐璇、古若村、尚霄、薛复英，山东影视制作股份有限公司研发中心人员。

推出《沂蒙》《知青》《温州一家人》《父母爱情》《战长沙》《北平无战事》《老农民》《大秧歌》《伪装者》《琅琊榜》《青岛往事》《温州两家人》《欢乐颂》《安居》等优秀电视剧作品，以及《守望天湖》《西游记之大圣归来》《超能太阳鸭》《疯岳撬佳人》等电影作品。这些作品不仅获得了市场认可，更充分发挥了影视作品对社会的积极影响，成为鼓舞人心的精神力量。

山东影视制作股份有限公司努力丰富艺术类型和样式，不断推动艺术创新，使“山影制作”从竞争激烈的中国电视剧市场中脱颖而出，始终保持强劲的发展态势，被业内称为电视剧制作的领跑者和标杆。《闯关东》创造了电视剧首次作为央视开年大戏播出的模式；《知青》是中国电视剧史上第一部全景式展现知青群体的作品；《马向阳下乡记》首次开启了国内农村现实题材创作的新风尚；《老农民》是新中国成立后首次从全景式视角以编年体的形式为农民树碑立传的电视剧；《琅琊榜》以史诗品格与正剧品质引领开拓了国内古装剧新潮，打造了古装剧新标杆；《欢乐颂》日网播量突破6.8亿次，成为年度最具话题和影响力的电视剧；《安居》作为新时期“中国棚改第一剧”，被央视誉为具有国家气质的精品正剧；电影《西游记之大圣归来》书写了中国动画电影的票房传奇。“山影制作”对电视剧艺术个性的丰富、题材样式的多样化起到了积极的推动作用，并不断探索和创新发展思路，以积极的心态迎接开放化市场大潮的考验。

二、内容生产

（一）创作理念

影视剧是人民大众的艺术，影视剧的创作与生产，要以扎根大地的宽阔胸怀和人民性的写作立场，为人民提供情感的抚慰和道德的支援，让人民感受到希望的激励和理想的光芒。这是山东影视制作股份有限公司影视剧创作的“温暖现实主义”立场，也是山东影视制作股份有限公司积累的宝贵创作经验。在网络文艺的创作上，这也是山东影视制作股份有限公司遵循的根本立场。

山东影视制作股份有限公司以主旋律创作优势赋能网络文艺作品。山东影视制作股份有限公司认真践行习近平总书记关于文艺作品要“扎根人民、扎根生活”的指示精神。在内容创作上立足现实，积极弘扬主旋律，将守正与创新、主旋律与多样化、社会效益与经济效益等创作理念有机整合，真正创作“有意义、有意思、有故事、有生活”的文艺精品。

（二）人才队伍

山东影视制作股份有限公司有良好的“传帮带”传统，目前公司主要创作人员有明显的年轻化特征。当前整个影视行业的工业化、标准化流程正逐步完善，编剧、导演、制片、服化道、宣发等专业人才不断细化，山东影视制作股份有限公司也聚集了大批专业人才，组成了成熟的创作、宣发团队。同时，公司近年来不断挖掘导演、编剧等新人主创，充实公司的创作力量。

（三）代表作品

《毛驴上树》是北京广播电视网络视听发展基金扶持项目，也是首部聚焦精准扶贫题材的网络电影。该片不仅有过硬的制作水准和艺术水平，更在立意塑造和价值引领层面实现了主旋律文艺作品的新突破，成为网络电影创新的样本，被誉为“网络第一主旋律电影”。影片讲述了第一书记林大为两年任期内经历的一系列冲突、矛盾和碰撞，最后用真诚、智慧和担当带领贫困山村党员群众同力同心、强村富民。该片于 2019 年 9 月上线爱奇艺平台，上线一个月票房过千万元。

《毛驴上树 2：倔驴搬家》延续了第一部的精品路线，在 IP 开发上做了全新升级，入选国家广播电视总局重大题材网络影视剧项目库。该片以“搬迁下山”为叙事切入点，讲述了“麻辣女书记”以灵活多变的工作方法帮助村民顺利迁入新居，并让大家在生活和思想上全面脱贫的故事，展示了广大第一书记扎根农村、践行职责使命、助力脱贫攻坚的时代风貌。

该影片于 2020 年 9 月 17 日在爱奇艺独播，分账票房超 800 万元，国家广播电视总局新媒体平台、《光明日报》、山东广播电视台等多家主流媒体高度评价该片，实现了社会效益、经济效益双丰收。该片荣获第二届人民日报数字传播融屏传播盛典“决战脱贫攻坚　决胜全面小康”优秀作品、2020 年度网络视听“新力量”榜单网络电影佳作、2020 金南狮网络视听盛典年度优秀影片、“云＋”奖年度主旋律网络电影等奖项。

抗疫题材电影《武汉，你好！》于2021年11月12日在爱奇艺独播。该片根据山东援鄂医疗队的真实事件改编，从普通人的视角切入，讲述了山东援鄂护士丁晓彤、志愿者邱天以及病患段阿姨等在新冠肺炎疫情下彼此关照、全民同心抗击疫情的感人故事，以小见大地诠释了“生命至上、举国同心、舍生忘死、尊重科学、命运与共”的伟大抗疫精神。该片由山东省广播电视局指导，入选“山东省重点网络影视剧项目库”，被列入“山东省广播电视局2021年重点任务公开承诺事项”。

三、市场运作

（一）对标垂直细分领域，加强宣发

以需求为出发点，精准对标播出平台。当前，各大网络平台的品牌定位及受众定位越来越精细化。针对这种情况，山东影视制作股份有限公司对各平台的购片需求、政策导向以及受众群体偏好进行准确的判断及分析，对国内发行渠道及网络发行渠道进行全面的开发、管理和维护，与各平台建立了良好的沟通机制，确保发行渠道畅通。

发行前置，降低项目发行风险。为了保证剧目顺利播出，山东影视制作股份有限公司将发行工作前置，在创意研发、剧本创作阶段及时与目标平台沟通，根据平台意见修正创作思路以契合平台要求。

提高定制剧制作占比，降低投资风险。根据平台需求，山东影视制作股份有限公司近年来提高了平台定制剧的制作占比，《老家伙》《师兄总是要开花》《我将喜欢告诉了风》等定制剧正顺利推进。

（二）优势互补，合作共赢

传统的影视公司和互联网影视公司各有优势。传统影视公司的优势在于对内容的把控和制作，互联网影视公司则更擅长市场运作，体现互联网思维。传统的影视公司和互联网影视公司强强联合，发挥“1＋1＞2”的协同效应。《毛驴上树》系列就是由山东影视制作股份有限公司和北京奇树有鱼文化传媒有限公司合作推出的精品。山东影视制作股份有限公司与北京奇树有鱼文化传媒有限公司的合作实现了传统影视力量与网生影视力量的强强联合与优势互补，为创作社会效益与经济效益双丰收的网络文艺精品奠定

了坚实的基础。

四、发展趋势

内容层面，精品化创作已经成为行业共识。山东影视制作股份有限公司也将继续秉持“思想精深、艺术精湛、制作精良”的创作要求，严格对待每一个影视项目，不骄不躁，谨守初心，稳中求进。一是题材选择上，紧扣时代脉搏，探索多类型的影视剧题材类型；二是剧本创作上，深入生活、扎根生活，保障剧本品质，奠定项目坚实基础；三是始终把艺术质量作为电视剧创作的生命线，实施精品战略。

在技术层面，互联网影视公司引入了大数据分析系统。通过数据系统，可以分析片名、播放量等数据，如抓取实时弹幕，分析受众对视频内容的反馈。大数据对于网络视听的创作虽然不是决定性的因素，但它在存在诸多不确定因素的情况下，为制片方提供了用户喜好情况的参考。数据有其独到之处，许多数据公司转型做互联网影视，其在特定题材的影视剧方面，具有优势。

网络受众对于正剧的接受度越来越高。面对当前的市场生存空间，山东影视制作股份有限公司将继续坚守社会责任，秉承鲁剧优良传统，打造至臻文化品质。山东影视制作股份有限公司将怀揣国剧良心的梦想，在精品创作道路上阔步前行。

调研报告二：山东电子音像出版社

景新*

一、单位简介

山东电子音像出版社是一家具有图书、电子、音像、数字网络出版资质的多介质、跨媒体综合性出版机构，先后荣获国家级各类奖项 40 余种、省级奖项 130 余种。其中，《为了胜利——纪念中国人民抗日战争暨世界反法西斯战争胜利 60 周年》和《中国汉画像石粹编》荣获第一届、第五届中国出版

* 景新，山东电子音像出版社编辑部主任。

政府奖提名奖;《中国汉画像石粹编》《乡村记忆——探寻山东最美古村落》《小学美术课件》等十余项重点选题连续四届荣获“中华优秀出版物音像、电子出版物奖、提名奖”;《文化中国·影像典藏》《正道——社会主义核心价值观影像读本》等选题入选国家新闻出版广电总局“向青少年推荐百种优秀出版物”;《正道——社会主义核心价值观影像读本》入选“2015 年主题出版重点出版物”并列入国家出版基金主题出版项目;《“时代楷模”“最美奋斗者”系列有声读物》获 2021 年国家出版基金支持;《天下文庙》《孔子大学堂》《中国吕剧艺术百科》等近十种选题,列入国家新闻出版总署“十二五”“十三五”音像电子出版物出版规划项目。

二、组织架构

山东电子音像出版社的组织架构,属于传统出版机构的组织架构。其设办公室、计划财务部、市场营销部、大众产品出版中心(下设智融全媒体中心)、教育产品出版中心和印务部等部室。

三、体制机制

山东电子音像出版社隶属于山东出版集团,其体制机制相对来说比较传统。山东电子音像出版社的选题机制还是传统选题论证的机制:首先由编辑提出选题,编辑部内部对选题进行讨论,如果认为可操作性比较强再在社内选题会上进行讨论;选题如果获得社领导认可,社领导会继续向中宣部、省委宣传部汇报选题。选题经过层层论证的好处在于,如果选题比较优质,这样的选题机制可以为选题层层赋能。

对内容的审读、校对,是出版社传统的三审三校制度。包括公众号、视频号发布的内容也是严格执行三审三校制度,部门负责人和分管领导都需要对内容进行审阅,一旦出现问题都会问责。这套制度应用于山东电子音像出版社的网络视听作品。层层审阅的机制最大限度地扫除难以发现的问题盲区,有助于精品内容生产。

四、内容生产

山东电子音像出版社的有声书内容生产成果出色。除了有声书业务外，山东电子音像出版社还在策划原创网络视听项目。

智融全媒体中心成立后，山东电子音像出版社在网络内容生产方面做了一些标杆项目。比如与新浪山东合作制作的关于“乡村记忆”的视频，选取山东具有代表性的40多个村落进行拍摄，彰显这些村落的历史文化、自然风景、特色物产。该视频内容在新浪山东的平台上展播，并设置投票环节，获得票数过亿。智融全媒体中心与新浪山东合作的第二个项目是“老家的滋味”。其每一期都有不同的主题，比如建筑、家风、匠心等。该系列视频与互联网平台进行合作，是山东电子音像出版社打破传统、提升互联网传播能力的重要一步。

为纪念中国人民志愿军抗美援朝出国作战70周年，山东电子音像出版社在中宣部的指导下，制作了《葛兰颂英雄》节目。该节目由新中国第一批播音员葛兰携手央视主持人康辉等，朗读《谁是最可爱的人》《黄继光》《我的战友邱少云》等大众耳熟能详的经典作品。“学习强国”、央视网、《光明日报》、人民网、文明网、爱奇艺、喜马拉雅等平台都对该节目进行了传播。节目发布48小时内播放量过百万，播放量过千万。这是一次比较成功的有声读物的传播。

目前正在进行的项目还有“时代楷模”“最美奋斗者”系列有声读物。新中国成立70周年时表彰了一批最美奋斗者，中宣部每年也会表彰时代楷模，该项目从中挑选具有代表性的人物做成有声书。山东电子音像出版社将挑选部分展示中国城市风光、中国美食的内容在YouTube平台上展播。下一步，山东电子音像出版社除了与国内互联网平台合作，还计划“走出去”，把中国的故事讲给外国人听。山东电子音像社还与其他出版社合作有声书，比如齐鲁书社的《一驿过一驿：中国驿站两千年》邀请中国人民大学历史学博士讲述中国古代驿站的故事，山东电子音像出版社从中挑选了10个故事制作成有声书。

目前，山东电子音像出版社发布的精品内容，已经获得了较好的社会反响和较高的用户播放量。其中《葛兰颂英雄》获得中宣部的支持，达到非常可观的千万播放量。同时，该节目在“学习强国”等平台上也达到了20万次左右的播放量。相对比，山东电子音像出版社与其他单位合作的有声书内容，一般播放量都在几千次。以此可以看出，传统出版社自身能够利用的社会资源比较少，国家驱动力对于提升出版社内容传播力的作用非常大。

五、社会效益

山东电子音像出版社在意识形态问题方面遵守图书出版行业严格的倒追机制，其非常注重意识形态相关工作。

在社会效益方面，山东电子音像出版社按照山东出版集团的制度实施。山东出版集团每年会对出版社的社会效益进行考核，也会对整个集团的社会效益进行评估。一般对出版社而言，最能凸显社会效益的就是所获奖项。比如出版行业三大奖项——五个一工程奖、中国出版政府奖、中华优秀出版物奖，以及由此衍生出来的各项国家级和省级奖项，包括主题出版重点出版物奖、有声读物精品奖、青少年推荐读物奖等。

据《山东出版集团有限公司 2020 年度社会责任报告》，2020 年山东出版集团积极履行疫情防控的社会责任：坚持正确导向，弘扬中华传统文化、革命文化、社会主义先进文化，履行文化传播责任，做好主题出版，打造文化精品，加强教育服务，推进品牌建设和文化“走出去”工作；坚持把社会效益放在首位，履行文化扶贫责任，开展文化扶贫、文化下乡和精准扶贫工作；举办书展，做好农村流动售书工作，履行促进全民阅读责任；继续完善公司治理，履行规范运作责任；开展安全生产检查，压实安全生产主体责任，履行安全生产责任；严格执行印刷业排放标准，对印刷项目进行环境影响评价，履行社会环境保护责任；加强员工队伍建设，履行员工关怀责任。

山东电子音像出版社坚持：必须有社会效益目标，要以社会效益为重，注重社会效益的提升。出版其实就是与读者的交流，如果内容能够获得读者的认可，这对出版机构来说就是最大的鼓舞。比如制作生产面向儿童的出版读物，一定要做到优质精品，要让内容给儿童带来有益影响。用情怀创作精品，再用精品吸引更多的读者。

六、面临的问题

（一）传播方式落后

随着互联网的发展，人们获取信息和知识的渠道越来越多样化。图书不再是人们获取信息和知识的唯一渠道，消费者购买实体书的需求下降。

面对这样的情况，山东电子音像出版社积极转型，并开始制作有声书等网络视听作品。为提升互联网传播能力，山东电子音像出版社投资 300 多万元成立了智融全媒体中心。这是一个音频、视频制作传播平台，既为山东出版集团服务，同时也提供一些社会化服务，比如与《上海证券报》、中国银行等单位的合作。智融全媒体中心生产了许多音视频作品，在互联网平台上进行传播，着力提升互联网传播能力。

（二）资金补助较少

山东电子音像出版社的现有补助资金来源一般包括国家出版基金补助、国家财政补助、省内资金补助。国家出版基金补助一般是事前补助，省内资金补助一般是事后补助。有些音视频内容的制作，特别是精品内容的制作前期需要投入的资金比较大，易造成出版社在这一方面的资金难题。

（三）人才缺口较大

山东电子音像出版社面临人才引进的困难，主要表现为：在招聘人才时难以招到对口、顶尖人才。山东电子音像出版社缺少新媒体运营、策划、制作、拍摄等各类人才，缺少能够做出爆款内容产品的人才。抖音、快手等商业化短视频平台的扶持机制偏向于扶持内容创作者，但由于缺乏网络视听领域的优秀专业人才，山东电子音像出版社很难做这样的模式。另外，出版社的薪资待遇问题也是导致人才缺乏的原因。

调研报告三：齐鲁晚报·齐鲁壹点

时培磊　刘海鹏　赵艳*

一、单位介绍

《齐鲁晚报》是由大众报业集团主办的、山东省唯一的省级晚报，1988 年

---

* 时培磊，齐鲁晚报·齐鲁壹点首席记者；刘海鹏，齐鲁晚报·齐鲁壹点总编辑助理、“果然视频”新闻中心主任、审读委主任；赵艳，齐鲁晚报·齐鲁壹点“果然视频”新闻中心副主任、视频中心副主任。

正式创刊，多年来一直是山东省发行量最大、广告收入最高、社会影响力最大的报纸。目前，《齐鲁晚报》以“齐鲁壹点”客户端为核心，“报网端微”总覆盖人群超过8000万人。

齐鲁壹点App诞生于2014年，是由《齐鲁晚报》自主研发并独立运营的山东本土新闻客户端。其是《齐鲁晚报》推进媒体融合、实现新旧动能转换的战略平台。

作为“最懂山东”的客户端，齐鲁壹点依托《齐鲁晚报》创刊34年积淀下来的新闻专业主义，提供精确权威、有态度的新闻。经过了几次大型升级改版，重新结合自身优势定位了地方客户端的特色，齐鲁壹点确立了“找记者上壹点”的口号，已经实现新闻资讯、生活服务、爆料互动等全时覆盖，实现内容生产、商业服务、价值传递等全方位运营。

2020年，齐鲁报系以建设“省内领跑、全国一流”新型现代智慧传媒为定位，实施“齐鲁晚报·齐鲁壹点”双品牌战略，做强“智媒、智云、智库”三大平台，做优“传媒＋N”的业务模式。11月发布中台战略，以内容、数据、技术三大中台为行业和区域全面赋能。

2020年11月，《齐鲁晚报》新闻客户端齐鲁壹点9.0版上线。这次版本升级是对齐鲁壹点从内至外的一次全新构建。其最大的亮点是从用户角度重新构建了一套完整的互动体系，实现了PGC、UGC内容专业化的再次升级，对产品的互动体验进行了全面提升。此外，升级后的新版本在UI交互、互动、视频、数据、智能等方面也有了重大提升。

二、组织架构

（一）全媒体调度中心

《齐鲁晚报》改革内容生产传播流程，设立并完善了全媒体调度中心。将其作为议题设置、内容策划、调度指挥、生产发布的责任部门，统筹“报网端微”内容生产，初步形成了集约高效的内容生产体系和全媒体传播链条。

目前，齐鲁壹点基本实现以移动端为中心组织生产，“全媒化、立体化、即时性”报道成为常态。

（二）中台战略

2020年11月26日，齐鲁壹点正式推出中台战略。其三大中台分别是内容中台、数据中台和技术中台。

中台战略将进一步提升齐鲁壹点智能化水平，更好地为区域和行业治理现代化全面赋能。比如，为了更好地为用户赋能，2020 年壹点视频电商基地闪亮登场，以“电商直播经济”为核心整合资源，围绕电商直播服务和齐鲁传媒 MCN 两大业务开展工作。

“内容、技术、数据”三大中台将有效推动内容生产供给侧结构性改革，实现内容生产、信息聚合、技术引领能力大幅提升。使其成为引导群众、服务群众的国内知名媒体平台、区域社交平台和综合服务平台。

三、内容生产

(一)融媒体矩阵

截至 2021 年 11 月底，齐鲁壹点下载量超过 5000 万次，日均活跃用户超过 90 万人；《齐鲁晚报》官方微博订阅用户超过 1270 万人，影响力居省内媒体首位，微博矩阵订阅用户超过 3200 万人；官方微信粉丝超过 130 万人，微信矩阵粉丝超过 550 万人；官方抖音粉丝数近 600 万人，影响力居省内前列；齐鲁壹点“报网微端”矩阵总覆盖人群近 1 亿人。情报站“情报员”超过 18 万人，日均生产 PUGC 内容 5000 多条，已经成为山东最大的 UGC 聚合平台、山东最大的正能量挖掘和全网分发平台。

客户端中的“壹点号”汇集了来自山东以及全国的自媒体大 V，目前已经入驻用户 1 万多个，包括个人号、党建号、政务号、教育号、企业号、健康号六大类，日均生产 PUGC 内容 900 多条。《问壹点》栏目上线专家超过 1000 名，包括壹点问暖、壹点问考、壹点问法、壹点问财等 17 个子栏目，为用户线上解决问题。壹点公益频道有 5500 个公益组织或个人入驻。

(二)精品内容生产

“果然视频”“壹视频”“壹直播”等成长迅速，现象级视频产品频出，全国影响力迅速扩大。其中，果然视频日均生产新闻视频超过 100 条，累计播放量超过 200 亿条。生产了《张玉环案》《杭州女子失踪案》《青岛快递难进校园》等 12 个传播量过亿的现象级产品。

2020 年初，面对新冠肺炎疫情，齐鲁壹点迅速进入全员战斗状态，239

名编辑记者奋战在一线。战“疫”期间，共刊发各类稿件约 8 万篇，全网点击接近 90 亿次，4 篇稿件全网传播量过亿次。

讲好中国故事，传播好中国声音。2020 年大型话剧《孔子》山东首演，齐鲁壹点全权负责《孔子》的线上、线下宣传推广，主视觉、文创产品的创意、设计，以及新闻发布会等众多活动的落地执行，获得中外观众的广泛好评。

四、品牌建设

2021 年 6 月 22 日，由世界品牌实验室（World Brand Lab）主办的第十八届世界品牌大会在北京举行，会上发布了 2021 年《中国 500 最具价值品牌》分析报告。作为山东省内社会影响力最大的都市类媒体品牌，《齐鲁晚报》连续第 18 年入选《中国 500 最具价值品牌》榜单，排第 352 位。

2021 年 9 月 23 日，由世界品牌实验室主办的“亚洲品牌大会”在上海召开，2021 年“亚洲品牌 500 强”排行榜揭晓，齐鲁壹点第五次入选。

中央网信办《网络传播》杂志 2018 年稿源单位移动端综合传播力上半年榜单中，齐鲁壹点名列第四。

五、发展困境

“三审把关”压力越来越大，齐鲁壹点面临审读人员不足和把关能力不够的问题。个别人员业务水平有待提升，对政策和行业内的新动态吃不透、拿不准，观察还不够深。齐鲁壹点部分新闻还不够接地气，不够鲜活。其部门单兵作战现象仍存在，融合能力有待进一步提升。

六、提升策略

（一）继续推进深入融合发展

做实内容中台、技术中台、数据中台三大中台，继续做大做强智媒平台，创新“新闻＋政务服务商务”模式，将齐鲁壹点打造为国内知名媒体平台、区域社交平台和综合服务平台。

（二）构建全媒体传播体系

加快视频化转型，提升优质内容生产能力，建设全国知名媒体平台；坚持“开门办报”的理念，做大做强特色用户互动体系，打造区域社交平台；创新“新闻＋政务服务商务”模式，广泛链接资源，打造综合服务平台。

(三)加强体制机制改革

深化内部组织架构和采编流程改革，建立适应移动互联网传播的组织架构和工作机制。创新人才引进机制，可以通过定点培养、定向引进等形式，引进一批专业人才和业务骨干。

(四)开展员工培训

强化政治素养。2020 年齐鲁报系始终将坚持正确的舆论导向作为重中之重，坚决落实“政治家办报”的要求，落实“两个维护”，把政治导向、政治要求体现到工作的方方面面。

3 月，齐鲁报系下发《关于在报系范围内开展大学习的通知》，要求全体员工不断加强政治学习和业务学习，并将其落实到各项工作环节中。此外，继续开展全员培训。

调研报告四：济南广播电视台融合发展中心

马进　延磊　张婧*

济南广播电视台于 2010 年 1 月 23 日挂牌成立。2019 年初，落实中央和省、市区划调整要求，整合原莱芜广播电视台，为市政府直属正局级事业单位、全国文明单位。除广播、电视外，济南广播电视台大力发展新媒体和户外媒体，现有济南智慧全媒体中心（鹊华云）和“一网六端”，即由公交电视、城市大屏、楼宇电视、出租车屏、地铁电视、城市画报、公益广告等组成的全媒体矩阵。济南广播电视台斩获“金长城传媒奖”五项大奖，获评中国十大影响力城市电视台，跻身“中国电视满意度博雅榜”三甲；所属互联网平台获评国家网信办主办的“中国新闻网站综合传播力榜”移动端二十强。

---

* 马进，济南广播电视台融合发展中心主任；延磊，济南广播电视台融合发展中心综合部总监；张婧，济南广播电视台融合发展中心业务主管。

一、任务职能

济南广播电视台融合发展中心主要负责在全台推动媒体融合发展，构建全媒体传播体系的发展战略和实施措施，对全台媒体融合和新媒体发展进行统筹协调和考核管理，打造和研发新媒体平台和新媒体产品，推进市场化和产业化运营，开展媒体融合相关业务培训工作。通过多年的建设，部门已形成政务新媒体平台、区县融媒体中心服务平台、全媒体编发平台、鹊华MCN网红孵化运营、鹊华直播、全媒体营销六大业务板块。创建运营的鹊华MCN跻身国家广播电视总局2020年度全国广播电视媒体融合成长项目名单，获评全国广电十佳MCN机构、2020年度抖音广电MCN最具影响力机构、快手区域短视频最佳MCN等奖项。策划开展的“疫情防控显担当”案例获评中央网信办“2020年网络公益助力疫情防控优秀案例”；举办的明湖之夜红人节暨“网红济南”腾讯城市品牌计划，获评中国新文娱·新消费年度峰会年度创新案例。开发的济南政协“协商云”系统软件获批计算机软件著作权，荣获全国政协颁发的2020年度“政务新媒体年度最佳融合创新奖(副省级)”。济南智慧全媒体中心(鹊华云)荣获全国广电十佳融媒体平台。

二、主要建设情况

打造精品内容集群，弘扬主旋律，传播正能量。济南广播电视台融合发展中心坚持精品内容立身，聚焦主题主线，充分利用各类全媒体手段，深入开展新媒体内容建设。推出党的十九大精神主题宣讲系列网络访谈节目《讲习时间》，策划推出了50期“我的黄河故事”系列短视频，围绕庆祝建党100周年推出了《100岁正年轻》网络系列访谈，其他精品内容包括创意互动H5——《我的音乐课本》《丰收节里话“丰收”——我们的小康“味道”》融媒体直播、《巷战——来自战“疫”一线的报道》Vlog等。围绕“庆祝中国共产党成立100周年”“庆祝新中国成立70周年”“两会”“脱贫攻坚”“我们的节日”等重大主题宣传，推出网络专题数百个，《阳光照进桑梓店》《纪念济南解放70周年：英雄如山　缅怀先烈》《叶落留翠》等数十部作品荣获山东优秀广播电视节目网络新闻奖一等奖、山东新闻奖网页设计类二等奖等政府类奖项。

构建政务融媒体矩阵，培育媒体融合发展新动能。承建“学习强国”济南学习平台，发稿量名列全省前列；建设市委市政府新闻发言人官方发布平台——济南发布，该平台入选市“互联网＋”十大示范工程；建设市党员手机学习平台“泉城党建”，获得全国“互联网＋党建”典型案例奖；承建济南政协“协商云”移动履职平台，该平台获得全国政协系统政务新媒体年度最佳融合创新奖；推出“泉城蓝”“温暖人社”等政务新媒体，与历下、市中、先行区等合作建设区县融媒体中心；抢抓短视频风口，开拓市行政审批局、市城管局、市委党校、济南联通、莱商银行、农业银行、高新区投促局等账号短视频运营项目十余个；与济南市烟草专卖局开展活动策划执行、品牌宣传等全方位合作。

创建短视频孵化机构“鹊华 MCN”，推动直播经济产业发展。在全国城市台率先推出与头部机构合作的短视频孵化品牌“鹊华 MCN”，该机构已拥有 180 多个账号，总粉丝量突破 3000 万人。发起“我的战‘疫’生活”短视频全网征集展播，共收到 6 万多件作品，累计播放量超 4.5 亿次，起到了稳定民心、凝聚力量的作用。打造全国城市台首个区域性媒体直播电商平台“鹊华严选”，建立“三涧溪”品牌电商直播间，以“媒体＋直播＋电商”的模式，助力本地企业、产品，传播品牌文化、提升品牌内涵。开展“百名县长的山东味”“鲁力助农”“县长来了”“微爱助农”“银座带你云扫货”“广电严选嘉年华”等直播活动；推出“二安”带您游泉城——济南文旅“云端好物节”系列直播活动，吸引超过 500 万名网友参与；举办“济南制造　天下共享”云展览展示会，活动持续 20 天，吸引了本地近百家企业参与；上千场直播活动拉动销售额逾亿元，助力打造国家中心城市和国际消费中心城市。入选山东省网络视听（短视频）基地，被《传媒内参》《广电独家》《电视指南》等央级专业媒体专题报道，做出了广电转型发展富有成效的探索。

创新品牌活动，丰富市民文化生活。连续三年举办中国（古丈）茶旅文化节济南推介会，助力乡村振兴。联合济南高新区启动开展“我在古丈有亩茶”东西部扶贫协作助农公益活动暨古丈茶旅济南宣传月活动，组织济南爱心企业、湘西茶企和茶农通过 5G 视频网络直播进行云签约，强化产业带动效果。连续三年举办中国新媒体发展年会，打造媒体融合行业峰会，引发业界高度关注，助力打造新媒体之都。举办的明湖之夜红人节暨“网红济南”腾讯城市品牌计划，总曝光量超 1.4 亿次，擦亮了城市名片。举办“不忘初心、牢记使命”济南市党建微视频、微电影大赛颁奖典礼，市直机关短视频大赛；联合山东大学附属生殖医院举办“紫薇课堂”女性健康科普行，丰富市民文化生活。

以技术创新为引领，服务省市重点项目。创新融媒体技术，实现了多点双向视频网络同步直播，先后完成全省新旧动能转换项目观摩活动、全市重点项目春季开工活动、全市重点项目建设进展情况暨市直部门单位工作完成情况半年展示评议活动、全市重点项目建设观摩评议活动、中国(山东)自由贸易试验区济南片区启动建设暨动员大会、山东重工百万辆整机整车绿色智造产城园产业基地项目、东营市重点项目集中开工活动，受到市委市政府表彰。采用多点双向网络直播技术，既最大限度地减少人员聚集，又保障了省市重大项目顺利启动实施，直播项目多次作为各地推进复工复产的典型案例登上央视《新闻联播》。团队以高度的专业性和敬业精神赢得广泛认可，成为市委市政府大型活动网络视频直播连线唯一指定服务机构，并走出济南为全省服务，为济南广电打造了一块新的金字招牌。

加强团队建设，积极探索“中心＋公司”运营模式。按照“中心＋公司”的模式，深入探索体制机制创新，筹办建立山东鹊华云网络科技有限公司，运营新媒体产业园、IPTV、MCN孵化、商业活动等项目，部门整体营收呈不断增长态势。

三、现存问题

一是全媒体人才匮乏。“既专又能、一体多用”的新型全媒体复合型人才匮乏，创新意识有待提升；二是运营经验不足，缺乏新媒体运营模式，缺少新媒体平台运营经验，变现能力不强；三是政策资金扶持力度不足，新闻采编专业设备具有投入成本高、损耗大、更新快等特点，在设备购置、更新升级、运行维护等方面存在较大资金缺口；四是融合理念有待进一步提升。媒体融合关键是转变观念，树立用户理念和互联网思维。目前，员工虽然已认识到融合的必要性与必然性，但在实际工作中依然存在诸如知识滞后、本领恐慌和观念偏离等问题。

调研报告五：青岛广播电视台

胡振华　刘正茂*

一、机构概况

青岛广播电视事业拥有悠久的发展历史：1949年6月2日青岛解放当天，青岛人民广播电台即开播；1971年9月15日，青岛电视台建台，是我国最早的城市电视台之一。目前，青岛广播电视台开办六个广播频率、七个电视频道，基本形成以广播、电视为主，以报纸、网站、移动电视、网络电视、手机电视、可视广播等为重要组成部分的"多平台、广覆盖"的全媒体格局。

在网络视听方面，青岛广播电视台目前拥有"爱青岛"和"蓝睛"两个主要平台。"爱青岛"手机客户端于2013年1月上线，是青岛网络广播电视台的官方客户端。青岛网络广播电视台依托青岛广播电视台，是以视听互动为核心、融网络和电视于一体的跨地域、多终端的新媒体平台，具有覆盖面广、容量大、互动性强、多屏（电脑屏和手机屏）同步发布等特点。"爱青岛"内容覆盖新闻资讯、交通服务、政务公开、便民生活四大类，功能包含电视电台直播、公交查询、违章查询、天气潮汐空气质量状况、视频路况、视频报料等20多项。目前"爱青岛"用户已经超过百万人，是"智慧青岛"的手机门户。

"蓝睛"新闻客户端于2017年1月1日正式上线。作为青岛广播电视台融媒体平台，"蓝睛"依托青岛广电新闻中心，是以直播为核心，视频新闻首发为特色，面向移动客户端推出的官方新媒体发布平台。其将依托青岛电视台的品牌优势和新闻资源，第一时间把最新、最全的视讯新闻带给广大市民。

二、内容生产

（一）专业性

新闻业务实践长期积累的经验，使青岛广播电视台的网络视听内容生

---

* 胡振华，青岛广播电视台"爱青岛"新媒体部总监；刘正茂，青岛广播电视台"蓝睛"新媒体部总监。

产体现出较强的专业性。特别是在重大活动直播方面，青岛广播电视台与区域内其他机构相比具有显著优势。“蓝睛”问世以来，始终坚持“新闻为主，直播为特色”的方针。基于原电视新闻综合频道精干的直播队伍——“直播青岛”团队，“蓝睛”客户端每天推出3～5场直播，全年直播数量在1000场左右。

在前期素材拍摄过程中，“蓝睛”团队在活动现场搭建直播间，向用户实时播出活动现场情况。在后台，“蓝睛”团队以融媒体指挥系统为引导，统筹整合传统广播电视新闻和新媒体视听内容的制作流程：对于选题较为宏大、涉及省市宣传工作重点的内容，选派专业摄像团队，用专业设备进行拍摄；对于选题切口相对较小、较为轻松活泼的内容，则与新媒体直播类似，运用手机、云台等便携式设备进行直播。借助“中央厨房”，青岛广电融媒体平台能够将直播内容即时编辑为适合不同渠道分发的内容产品，实现“一次采集，多种分发”，避免了内容生产过程中不必要的环节，实现了媒介融合的纵深发展。

（二）地域性

作为地面频道的融媒体平台，“蓝睛”与“爱青岛”的用户群体与地面频道的覆盖范围基本重合，地面频道所能到达的本地用户是“蓝睛”与“爱青岛”优先考虑的目标受众。在媒介融合的浪潮到来之前，青岛广播电视台的本土优势便已十分稳固，每天晚间收看《今日》《生活在线》等王牌栏目已成为不少青岛市民雷打不动的收视习惯。据有关机构统计，2017年《今日》在青岛地区的收视率为2.6%，市场份额达11.03%。其在2017年青岛地区节目（不包括电视剧）收视TOP50中位列第29，在2017年青岛地区新闻/时事类收视TOP30中位列第一，这对于一家覆盖范围与制作成本较为有限的城市台而言实属不易。这一地域优势延伸到了“蓝睛”与“爱青岛”。在包装层面，UI设计及穿插于客户端之中的系列城市形象宣传短视频以青岛的城市符号为元素，在一定程度上增强了用户群体对于青岛这座城市的归属感；在内容编排方面，“蓝睛”与“爱青岛”的海量内容中，与青岛市民日常生活息息相关的本埠新闻与生活服务资讯内容占比在70%以上，真正做到了“关注生活、贴近民生”；在上海合作组织青岛峰会等重大活动的报道中，“蓝睛”与“爱青岛”发挥播出平台的优势，有效整合“中央厨房”的资源，并与中央人民广播电台、中央电视台、中国国际电视台的报道团队紧密配合，将青岛的良好形象呈现给全国乃至全球受众的同时，也进一步提升了市民的自豪感，巩固了“蓝睛”与“爱青岛”在青岛地区融媒体平台的龙头地位。

（三）创新性

青岛广播电视台网络视听内容生产在坚守专业性的同时，也积极探索新的内容形态。针对当前新媒体领域流行的“慢直播”潮流，“蓝睛”与“爱青岛”将镜头对准栈桥、五四广场等青岛著名旅游景点，向用户 24 小时不间断播出旅游景点的实时动态，使用户足不出户便可观赏青岛的美丽风光。针对高清视频生产，2021 年 8 月，青岛广播电视台引进 4K 兼容 8K 的超高清全媒体直播车。该直播车的“全媒体”技术优势在于车顶配置卫星天线，在没有网络的情况下亦可以做到稳定传输信号，适用于野外环境或紧急情况。直播车自带发电机，在完全没有电源的情况下，如遇到洪涝灾害、大风大雨等恶劣环境，依然可以保障正常工作。相较于传统直播车只能传输视频信号，该车可以实现流媒体传输，在“爱青岛”与“蓝睛”上进行推流，充分调动全媒体平台的传播优势，丰富传播形式。

三、人才队伍

（一）人才流失

受制于体制机制层面的因素，作为传统媒体机构的融媒体平台，“蓝睛”与“爱青岛”同样面临人才流失的困境。2017～2020 年，包括“蓝睛”与“爱青岛”在内，青岛广播电视台共流失在编人员 154 人，其中不乏中层正职干部与青年业务骨干。与新媒体机构、大型国企等机构给出的高额薪资相比，青岛广播电视台无论是待遇还是发展前景都远远逊色于竞争对手，人才流失的局面在短时间内难以逆转。

（二）人才引进

为了优化人才队伍，2021 年青岛广播电视台开启大规模招才引智活动。70 多名全国“双一流”建设高校毕业生、海外高校本硕毕业生加盟青岛广播电视台，所学专业囊括新闻传播学、中国语言文学、播音与主持、广播电视编导、计算机科学与技术、电子信息工程、软件工程、影视摄影、数字媒体技术、艺术设计等。他们具备扎实的理论基础及高水平的专业技能、专业素养，契合广播电视行业人才所需。

四、用户情况

"蓝睛"与"爱青岛"用户的年龄整体在30岁以上。由于"蓝睛"与"爱青岛"还承担着大型融媒体直播问政节目《问政青岛》的播出职能，并在客户端上设有反馈端口，因此职能部门的一线基层干部是"蓝睛"与"爱青岛"用户群体的重要组成部分。此外，"蓝睛"与"爱青岛"与青啤、海尔、海信等本地大型国有企业保持着良好的合作关系，国有企业的干部员工也成为"蓝睛"与"爱青岛"的用户群体。在市场化推广层面，"蓝睛"与"爱青岛"曾经试图通过抽奖活动、注册送礼、享读活动等吸引用户，但这种推广方法对于人力、物力、财力的耗费较大，远远不如通过爆款内容来吸引用户，后渐渐放弃。

调研报告六：胶东在线

崔景友*

一、机构概况

胶东在线网站开通于2002年4月28日，经国务院新闻办公室批准，由烟台市委宣传部主管，烟台广播电视台主办，是烟台市对内、对外宣传的重要窗口。胶东在线网站作为山东省九家重点新闻网站之一，于2007年6月获得互联网新闻发布资质，成为中国北方第一个地级市获批主管的综合性重点新闻门户网站。

作为综合性信息门户网站，其内容除了包含视频新闻、短视频、音频等网络视听节目，也包括互联网多方面的新闻服务和其他品牌栏目业务。

在20年的发展中，胶东在线两次获得中国新闻奖一等奖，旗下的《网上民声》《爱心无限》《网上问法》《考试》《快乐健身》先后五次获评中国互联网站品牌栏目。其中，全国首创的《网上民声》于2009年荣获第19届中国新

---

* 崔景友，烟台理工学院融媒体中心负责人。

闻奖名专栏一等奖，成为山东省第一个获中国新闻奖一等奖的栏目，为后续山东省优秀网络新闻作品的生产和打造树立了良好标杆。“接力寻美　温暖中国”专题紧随其后，于2012年荣获第22届中国新闻奖一等奖。

二、内容生产

（一）民生起家：《网上民声》栏目

《网上民声》作为胶东在线的优秀栏目，于2003年探索创办，是烟台市政府部门和窗口单位在线为群众答复疑问、解决疑难问题的互动栏目，也是国内最早的网络问政栏目。通过网上民声平台，网民能够向各级部门和领导咨询问题，提出建议或进行投诉并及时获得回复，可谓“有求必应”。

胶东在线的发展得益于《网上民声》这一知名品牌，可以说没有《网上民声》，就没有现在的胶东在线。一方面，《网上民声》得到了烟台民众的全面认可，民情民意的汇集不断提高胶东在线的知名度；另一方面，《网上民声》探索出了网络问政的全新模式，即通过机关部委的统筹合作，设立回复率等考核标准，督促各单位及时回复并解决问题，网络问政已与广播、电视问政一起构成党委政府与群众沟通常态化的三条渠道。目前，《网上民声》平台已有200多家窗口单位入驻，其大多是烟台市直管部门，也包括一些区级单位。通过十几年的不断改版，《网上民声》栏目根据网友及政府部门的反馈，不断增加便捷功能，提升平台服务能力。

（二）新闻主题策划：从“爱传百城”到“风从海上来”

除了社会民生领域的优质内容生产，胶东在线卓越的新闻主题策划能力和优质的新闻作品也逐步扩大了其在全国的影响力，形成了地级市新闻网站新闻宣传策划的突出特色。

2011年冬天，烟台“最美女孩”刁娜车流中舍身救人的事迹发生后，胶东在线准确把握时机，对刁娜进行了典型宣传。当时广东“小悦悦事件”刚过去不久，刁娜救人的温暖举动为“道德寒冬”增添了最暖的一抹亮色。全国150余家网站纷纷转载，使刁娜的英勇精神得到广泛传播。为了进一步挖掘宣传全国各地涌现的舍生忘死、感人至深的先进人物，在全社会营造助人为乐、见义勇为、勇敢担当的舆论氛围，胶东在线面向全国百家城市网络媒体发起并完成了“爱传百城——寻找最美的你”接力选题。在一个月的时间里完成了300多个先进人物的报道，此接力活动被称为2011年度最具影响力的三个网络活动之一。

继“爱传百城”活动之后，胶东在线又接连策划了好几个国家级活动，包括2014年联合全国100家新闻网站与800多家旅行社策划的“绿行中国”活动，2016年围绕中国梦展开，在全国各地发掘扶贫攻坚先进典型并被纳入中国梦网络工程的“美丽家园”活动等。2018年，胶东在线围绕改革开放40周年策划了“风从海上来”主题活动，从第一批14个沿海开放城市的40年角度入手，联合这14个城市的重点新闻网站共同报道沿海开放城市40年里的发展变化。此活动也成为山东省内改革开放40周年宣传活动中唯一一个被中央网信办纳入全国统筹指导工作日程的活动。

三、从业人员及用户情况

（一）从业人员情况

目前，胶东在线从业人员有96人，根据“自收自支”的经营模式，在编的有11人，包括编辑、记者、技术设计人员等。在薪资方面，编辑的薪资在3000元左右，记者的薪资因为稿费的加成可以达到6000～8000元，技术人员的薪资普遍在6000元以上。在人才招聘方面，双一流高校学历背景的人才较少，招聘时更看重对口专业背景和综合能力。

（二）用户情况

目前，胶东在线的日访问量为120万人次，其中社会民生板块点击量较高，民生新闻更受老百姓欢迎。网站用户以政府办事人员和热心网友为主，年龄层次为30～40岁。在地域分布方面，用户地域以烟台为主、约占90%，少数分布在省外，还有1%左右分布在国外。

四、面临的问题及解决策略

（一）人才问题

胶东在线面临的人才问题主要有两个：一是人才的层次与时代需求不统一，二是留不住人才。这两个问题是胶东在线一直在破解的、制约其下一步发展方向的困境，高层次人才的不匹配与人才氛围的缺失构成了不断的恶性循环。

当前，对于胶东在线来说，PC 端已经成为过去式，而移动端正在飞速发展。当下的发展方向，除了要打造并巩固胶东在线在微信、微博端建设的品牌，还要积极在抖音、快手和哔哩哔哩等短视频平台探索自己的发展空间。在转型的道路上，人才团队需要熟悉年轻人的平台，适应新的网络变化和产品形态，面向年轻人的消费群体打造新的媒介生态，把能力发挥出来。而现在胶东在线网络人才的能力，还停留在 5 年前的水平。

在人才管理方面，最大的困难是人才的流失。胶东在线在招聘中发现本科生留烟意向较弱，在不到 1/3 就业的人才中，留在烟台的人才很少。地方的待遇问题，也是招才引智困难的直接原因。很多工作了几年的人才也会选择重新考研、考编或到其他城市发展。以技术人才为例，烟台缺乏互联网氛围，吸引不来高层次的技术人员，也难以完成技术人员的自我创新。

人才建设的举措主要包含两个方面：一是不断探索改革管理体制，坚持自收自支，提高经营能力；二是不断引进人才，提升人才素质。

从 2007 年初采用自收自支管理模式以来，胶东在线获得了一定的用人自主权，可以自主招聘、培训人才。网站的经营能力大幅提升，人才增加了近 60 人，创收增长了 3 倍。2008 年在改革管理体制时引入了科学的绩效考核系统，对员工的工作量实现量化考核和管理，这帮助胶东在线在 2010 年进入了高速发展的时期。

在后续对移动端的突破中，胶东在线也不断提出人才建设的一些思路。例如正在落实的人才种子计划、领军计划，在各个分管领域培养出类拔萃的人才。此外，落实人才的提升计划，引入培训技术，使人才培养适应新时代的发展需求。在招聘方面，胶东在线也将与高校进行合作，把人才调动起来。

（二）技术问题

技术研发是胶东在线不断发展壮大的强有力支撑，也是新挑战下的一大制约因素。胶东在线在 2012 年底决定发展自己的技术力量，并在 2013 年推出了自主研发的“胶东头条”客户端。区别于花重金买技术，胶东在线通过自己的技术力量打造平台，扩大了产品调整升级改版的自主权。同时以技术推升生产力，胶东在线便开始承接对其他地市网站移动端的开发以增加创收。

自2016年前后PC端的辉煌达到顶峰以来，移动端的激烈竞争使胶东在线不得不面临新的挑战。随着网络视听领域逐步发展起来，虽然技术革新还在不断进行，但是新技术的研发远远满足不了飞速发展的视频行业的竞争需求。如果没有更先进的技术支撑，就没有经营能力和经验承接更多项目。胶东在线充分认识到以目前的技术研发能力和技术功底难以与以严肃新闻报道为主的电视传播平台竞争，因此将发展重点转向短视频行业，打开新的创作方向。

在此基础上，胶东在线将提升措施归纳为两个方面：通过媒体融合促进内容传播；依靠短视频创意加持，并推进新的传播手段常态化。

在转型探索的过程中，近年来胶东在线有一个方向性的变化，即将新闻中心升级为全媒体新闻采编及分发中心，扩大内容传播。媒体融合不是一个简单的思维，传统媒体和网络媒体的合并或多个网络媒体的融合并不一定成功。胶东在线在保证品牌可持续发展的基础上，借助其他平台，把内容推到更多人面前，将其传播出去并得到市场接受。通过扩大影响，引起网友的关注，获得更高的点击量和更大的市场。

此外，胶东在线强调创意策划作为技术的加持，利用新闻策划的优势，实现对更多创意短视频的打造。很多媒体更多关注怎么把视频做出来，但如果没有好的创意，技术上再怎么努力也很难打造经典作品。立足于创意和内容，除了是技术层面的补充，也是成就作品的必经之路，这便是胶东在线正在努力发展的一个方向。而对于新式传播手段的运用，胶东在线思考的是在现有基础上如何更好地利用各种传播手段，例如H5、动画等，如何使之发挥更大的传播价值。5G时代，新的传播形态带来更多的新兴行业和产品，胶东在线致力于推动新平台、新手段常态化。但目前其还没有形成非常明确或者非常成熟的路径，仍在进一步的探索前行中。

调研报告七：烟台市蓬莱区融媒体中心

孙传强　王成业[*]

一、机构概况

烟台市蓬莱区融媒体中心(以下简称“蓬莱区融媒体中心”)属于公益二类单位,拥有手机客户端、广播、电视、报纸四大自主平台以及抖音、快手等20多个第三方平台账号。蓬莱区融媒体中心荣获山东广播电视台“电视宣传先进集体”“广播宣传先进集体”“融媒体宣传先进集体”三个一等奖。“仙境蓬莱”客户端改版后,各项排名在山东省县级融媒数据汇总中名列第一,荣获2021年“山东县级融媒优秀传播力奖”“新时代文明实践先行奖”“山东县级融媒优秀生产力奖”。“今日蓬莱”微信公众号,综合排名位居山东省县(区)级官方媒体号第一,连续四年位居蓬莱新媒体榜单第一名。截至2021年5月,快手号“蓬莱融媒”粉丝量达77.9万人,在烟台县市区快手媒体号中名列第一;抖音号“蓬莱观察”粉丝量达22万人,“蓬莱融媒”达30万人。

同时,蓬莱区融媒体中心加强了服务平台建设。“仙境蓬莱”客户端新时代文明实践中心注册集结了133个志愿服务队,14689名志愿者,从打扫卫生到紧急救援,实行点单服务和送单服务,全方位开展社会公益服务。“仙境蓬莱”客户端与广播电台同步直播阳光政务热线问政栏目,全区68个部门和窗口单位轮流由一把手带队现场接听群众来电,解决问题。电视台、报纸跟踪报道阳光政务热线群众反映的问题和部门解决情况,全心全意为群众办实事解难题。“仙境蓬莱”客户端开设问政专栏和爆料专栏,网上接受群众提问,部门网上解答。80多个部门单位在客户端上设立了自己的政务号,宣传各自的业务、报道动态,服务百姓。

另外,蓬莱区融媒体中心制作的《学党史传承精神　办实事为民服务》在央视《新闻联播》播出1分30秒,《肖本琦　肖作鹏父子:寻客寄照30年》在《新闻24小时》播出8分40秒,分别创下了蓬莱区融媒体中心在央视《新

* 孙传强,烟台市蓬莱区融媒体中心主任;王成业,烟台市蓬莱区融媒体中心办公室主任。

闻联播》和新闻节目发稿时长新纪录。2021年上半年，在中央电视台发稿数量和质量均创历史新高。

二、内容生产

（一）生产流程：以“闪电云”为中心组织采访报道

蓬莱区融媒体中心所有记者外出采访前要提前在“闪电云”上报题，完成的稿件要及时上传到“闪电云”。各记者、各主任、各台长可以根据记者提报的选题决定是否需要组织多人、多平台联合采访。各平台、各栏目可以根据自己的需求调用发在“闪电云”上的稿件图片、视频等。所谓“一端在手，媒体全有”，客户端实现了广播、电视、报纸、新媒体的所有功能，但同时也仍然需要其他媒体业态。蓬莱区融媒体中心的四大平台、二十多个账号与“闪电云”报题系统相通，各科室、各平台、各账户之间互通有无，互相联通，互相借用，组团采访、集群报道。以此形成客户端、广播、电视、报纸、第三方账号等媒体的联合发力，突出重点、突出主题，通过媒体矩阵形成战役式报道，抢占舆论阵地和舆论制高点。

（二）生产主体：移动优先，全员办客户端

各部室除了按照各自职责做好各自平台、各自栏目的节目、版面，客户端上有其对应负责的栏目。其他技术后勤人员也要及时传递信息，包括图片、视频等。

（三）生产内容：准新微快，深耕本地

蓬莱区融媒体中心把打造“仙境蓬莱”手机客户端作为重中之重，突出区委、区政府中心工作，深耕本地内容。本地新闻是蓬莱区融媒体中心的原创，也是优势。外埠新闻作为二次传播，因存在很多很强的竞争对手故是其劣势。外地人下载本地客户端的概率偏小，客户端的主要用户是本地人，因此中心把本地新闻列为重中之重，努力打造本地的主流舆论阵地。

蓬莱区融媒体中心在新闻内容、表现形式、制作流程和发布手段等方面与互联网融合，重点在“准”“新”“微”“快”上下功夫，不断增强新闻传播的针对性、时效性，形成了一批有影响力的作品。过去受到传播手段的限制，蓬莱区融媒体中心总是等整个新闻事件结束后再进行报道，以完整、全面、深

度为主。现在有了客户端这个移动平台的加持,传播手段的限制被打破,时效性也得到了大幅度提升。中心转变观念,及时适应移动传播的特点,针对新闻事件的前、中、后期进行全过程报道。中心始终秉持“只要事件有进展就有报道,只要事件有变化就有报道,哪怕是没有进展也要找到由头进行背景介绍和事件预判”的报道理念。

(四)生产平台:打造自主平台,实现直播常态化

蓬莱区融媒体中心除了对重大新闻事件进行直播之外,还精心策划各类活动,以第一时间、第一现场、第一视觉让群众成为新闻事件的直接目击者。“仙境蓬莱”客户端突破传统直播模式,实现4G多场景信号回传,先后对蓬莱区正月十五非遗大展演、2021蓬莱八仙超级马拉松,五一假期各景区文旅节目、全国击剑比赛、建党100周年系列活动,交警、志愿者、环卫工人的日常工作和拆除违法建筑专项行动等进行全方位体验式直播。

其中,2021蓬莱八仙超级马拉松直播参与全省公益联播,总观看人数达22.9万人次,创下新媒体直播观看浏览量新高。截至2021年7月,“仙境蓬莱”已直播各类活动700多场。在直播的同时,中心也要求一场直播要有6条左右的实时报道,以吸引用户关注直播,并增加二次传播的可能性。到目前,“仙境蓬莱”生产力、传播力等指标在山东省一县一端后台数据统计每周排名中均位居前列。“仙境蓬莱”App融媒体移动终端设置十多个板块,可实时收听收看蓬莱广播电视台各频道、各档新闻栏目及广播直播、报纸《今日蓬莱》。蓬莱区融媒体中心推出广播直播,《阳光政务热线》一改以往“我播你听”的形式,创新性地把主持人播音间实况直播到了移动端,实现与听众交流等互动功能。

(五)生产理念:开门办媒体,破解瓶颈冲破“围城”

蓬莱区融媒体中心不断加强镇街业余记者的队伍建设,每个镇街聘请1～2名驻镇记者,配备专业设备,定期进行培训,使其及时回传来自基层一线的鲜活新闻。一经采用即发放稿费,有力推进了全媒体融合宣传向镇街基层延伸。

另外,蓬莱区融媒体中心充分发挥媒体平台优势,广泛吸纳各部门以及社会精英、社群领袖、文艺创作者入驻客户端平台。发放特约记者聘书,开

放发稿端口，帮助其注册“仙境号”，实现精准传播、有效传播，提高舆论引导力，推进了融媒体宣传向社区大众延伸。“仙境蓬莱”客户端开通政务号，全区已经有80多家单位入驻，开展网上办事公开、动态发布等工作，并定期发布政务号排行榜。通过“上下”“内外”相通相融，进一步破解了融媒体人员不足、人才不够的瓶颈，形成全社会共建共享互通互联的良好局面。

三、从业人员与用户情况

（一）中心从业人员概况介绍

目前蓬莱区融媒体中心共有在职人员163人，事业在编87人，企业和劳务派遣76人，采用参公事业编和企业化双重管理机制。

（二）用户情况

客户端现有用户以本地人为主，关注第三方平台账号用户以外地人为主。且就本地用户而言，其年龄层次跨度较大。

四、面临的问题及解决措施

（一）用人机制方面

蓬莱区融媒体中心积极争取并赢得组织部、编办、人社局、纪委等部门的支持，对中层干部实行竞聘上岗，彻底打破身份界限，不分身份，不分是否在编，不分原职务是什么，一律在同一起跑线上竞聘。这种竞聘方式打破了原有科室部门的界限，改变了以往各自为战的格局。同时，蓬莱区融媒体中心通过这种竞聘方式完成了机构重组和科室人员任职，建立了人员设置和流程相匹配的工作机制。蓬莱区融媒体中心充分对人员、设备等多方因素进行统筹，从而更合理地利用人才资源。蓬莱区融媒体中心为人才使用培植沃土、提供环境、搭建平台，对人才充分信任、大胆使用，打破身份界限，充分调动员工的积极性、主动性、创造性，从而推出更多群众喜闻乐见的新闻与服务产品。

同时，蓬莱区融媒体中心瞄准行业风向和全媒传播趋势，加速培养“能写会拍、能采会制”的全媒型人才，致力于打造一支能创新、懂技术、会策划、擅执行的一专多能全媒型人才队伍。通过组织外出考察、参加培训、轮岗培训，以赛促练等形式不断渗透，促使员工转变思维，从根本上解决“合而不融”问题。

另外，蓬莱区融媒体中心经常组织集体采访比赛活动，称为“仙境采风”，活动后评出一、二、三等奖。各部门员工进行统一采访、分组评奖，其学习积极性也因此被调动起来。现在部分后勤员工采制的作品，也可以同专业记者一比高下。这种活动能够让员工在学习培训中实现思维的转变，并最终成为改革的强大内驱力，以及改进作风的强大引擎。

（二）绩效考核方面

为鼓励员工多创作好作品，蓬莱区融媒体中心出台了《蓬莱市广播电视台稿费发放暨考核办法》，每年拿出 20 万元来奖励为宣传蓬莱做出突出贡献的记者编辑。

另外，蓬莱区融媒体中心实行“一个中心，两种制度”，即体制内实行有限的绩效考核；体制外公司人员实行企业化管理和考核，工资、奖金完全与工作岗位、工作量和工作质量挂钩。下一步蓬莱区融媒体中心将积极与组织、人事、纪检委部门沟通，解决体制内人员考核的政策问题，争取实行全员统一的绩效考核制度。

调研报告八：潍坊高新区融媒体中心

王国栋　祝双敏　王琼洁　魏颖涛　马勋*

一、机构概况

潍坊高新区融媒体中心是经高新区党工委、管委会批准设立，具有独立法人资格的正科级事业单位。其于 2015 年 7 月 28 日正式成立，承担全区对内对外宣传、媒体及队伍建设等职能。

目前，潍坊高新区已建成高标准融媒体中心办公场所和“中央厨房”。潍坊高新区融媒体中心办公场所位于高新区蓝色智谷，总共两层，一楼为功

* 王国栋，潍坊高新区党群工作部部务委员、潍坊高新区融媒体中心主任；祝双敏、王琼洁、魏颖涛、马勋，潍坊高新区融媒体中心副主任。

能区，主要有演播室、播出机房等；二楼为办公区，包括融媒体指挥调度中心（“中央厨房”）、编辑机房、传输机房等。整个办公场所由国际顶尖设计公司量身打造，突破传统设计风格，采用开放包容、简约大气、集约实用的理念，打破人员、业务融合的“有形壁垒”，创新打造独特的“媒体融合新空间”。潍坊高新区融媒体中心外观见图 1。

图 1　潍坊高新区融媒体中心外观

二、组织架构

2015 年底，潍坊高新区融媒体中心开始探索实施媒体融合，打破按媒体形态划分的部门设置。其以内容为导向，以受众个性化需求为指引，再造新闻生产流程，创新设立“一委三中心”，即融媒体编委会、新闻采访中心、创意呈现中心、新媒体运营中心。

作为新闻生产发布的中枢机构，融媒体编委会由各媒体负责人组成，负责融媒体新闻生产发布及活动的策划把关。每天召开采前会、编前会，策划重点选题、重大报道事项，把好政治关、业务关。

新闻采访中心由一线记者组成，分主题报道部、综合报道部、时政报道部、社会活动部。其负责第一时间采写新闻及品牌活动的策划实施，实现一次采写、多媒体使用、多平台呈现，极大提升了工作效率和质量。

创意呈现中心由编辑、后期制作等人员组成，负责内容的编排、发布及融媒体产品的包装提升。

新媒体运营中心由新媒体策划和技术人员组成，分新媒体部、技术部，负责新媒体账号运营、管理和全中心技术保障工作。

三、人员构成

潍坊高新区融媒体中心的工作人员共 65 人，多为户籍所在地是潍坊市的本科毕业生，来自双一流高校的员工非常少。工作人员大多数为“85 后”，其次为“90 后”，少数为“70 后”。

在人才招聘方面，潍坊高新区融媒体中心重视职业技能，但不限制专业背景。目前其不同岗位对人才的要求不同，尤其对技术人才、男性员工需求较大。

四、运营模式：“公益＋经营”

潍坊高新区融媒体中心一手抓公益，一手抓市场，在融媒体中心基础上，成立山东世纪虹响文化科技有限公司以此创新探索“公益＋经营”的“一体两翼”运营模式，提升自身造血功能，全面提升媒体融合服务社会的“硬载体”和“软实力”。

山东世纪虹响文化科技有限公司是潍坊高新区国有文化科技公司，注册资本达 1000 万元，接受高新区融媒体中心业务指导，致力于打造基于互联网技术的全流程全媒体整合传播机构。该公司深耕电商直播、影视制作、创意设计、大型活动、媒体推广、品牌策划、新媒体运营、展览展示、战略咨询等文化科技类业务，提供一站式、全方位宣传推广服务。

五、内容生产

（一）媒体平台

现拥有中、英文报纸（《潍坊日报·高新区报》《高新社区报》《中国日报·潍坊高新》），《梦响高新》广播栏目，潍坊高新区电视台，潍高网（虹新闻 App），“潍坊高新传媒”新媒体平台（微信、微博、今日头条号）五位一体的融媒体平台。

1.报纸

《潍坊日报·高新区报》与潍坊日报社合作出版,每周二、周五出版;《中国日报·潍坊高新》与中国日报社合作出版,是全国国家高新区及全省各县市区中首份与中国日报社合办的高端英文报纸,随《中国日报》在全国范围内发行,发行量约为35万份。

2.电视

2014年11月,经山东省新闻出版广电局批准设立广播电视站。同年12月高新频道在潍坊有线电视第九频道开播,该频道从每天早上7点到晚上12点,播出17个小时节目。潍坊高新区融媒体中心还自办《高新新闻》《少年侦探团》《毛逗请说》等栏目。目前,采编播设备全部实现高清化。

3.广播

自办《梦响高新》广播栏目,在潍坊电台933频率播出,每周一到周五8:00～8:20首播,18:00～18:20重播。节目主打“音乐新闻,快乐播报”,分《高新新闻》《快乐引擎》两大版块。2017年启动建设应急广播户户通工程,创新研发全国首款应急广播户户通智能客户端。

4.网站

2017年11月,潍高网正式上线运行。潍高网是由山东省网信办备的案潍坊市第四家市属重点新闻网站。其立足潍坊高新区、面向全国提供全方位资讯服务,弘扬主旋律、传播正能量,为高新区奋力争当现代化高品质城市建设领头羊持续优化舆论环境。

同步上线的“虹新闻”客户端是依托高新区融媒体中心强大采编力量打造的一款手机移动端传播平台。该客户端突出原创、突出活力、突出互动,做有品质、有温度的新闻,努力打造中国移动互联网深具公信力和影响力的主流新闻门户、权威观点引擎、聚合信息平台。

5.新媒体平台

拥有“潍坊高新传媒”微信公众号、微博、今日头条号及36个社区微信公众号等新媒体平台。“潍坊高新传媒”微信公众号目前拥有粉丝30万余。该平台重点策划打造“虹视频”系列精品短视频节目,每周一期在各新媒体平台推送。

（二）精品内容

2020 年，抗疫原创歌曲《我愿为你负重前行》荣获中国力量·战“疫”短视频二等奖，全网点击量过亿。

2020 年，原创微纪录片《潍坊肉火烧　藏着一个城市的味道》，入选新华社《小康中国　千城早餐》项目，一亮相就名列单周作品榜全国排名第二。

《少年侦探团》获“2019 年全国优秀区县融媒体中心十大优秀案例”，并受邀赴京做典型发言。

“潍坊高新传媒”微信公众号连续三年蝉联潍坊市“十佳两微一端”，“潍坊高新传媒”微博年年位列“山东省十大党政新闻发布微博”，今日头条号年阅读量过亿。

在 2020 年中国创新创业文化发展高峰论坛暨第二届国家高新区微视频大赛总结表彰会上，视频《239，一吻三十年》荣获纪实类优秀类别奖，视频《汤海威：在发动机上写诗的人》荣获剧情类优秀类别奖。

六、发展困境

（一）政策扶持力度有限

虽然目前国家对县区级融媒体中心的扶持政策、扶持项目比较丰富，但是扶持政策较为宏观，不一定完全适用于各地方媒体，各地方只能依据自身情况进行探索。由于媒体单位层级较多，资金较为分散，若是县级融媒体中心想向精品方向发展，那么资金支持力度依然不够。

（二）人才技能培训困难

潍坊高新区融媒体中心难以对员工进行较高层次的学习培训。一方面，潍坊高新区融媒体中心日常的工作时间较紧、任务较重，加之工作人员数量有限，常常出现一个人负责多项工作的现象。在人手不足的情况下，大规模的技术培训活动难以开展，甚至抽调部分人员进行培训都难以实现。另一方面，潍坊高新区融媒体中心的预算有限，难以支持全覆盖的技术培训。

（三）自主创收受疫情影响较大

潍坊高新区融媒体中心表示，在疫情之前，潍坊高新区融媒体中心资金方面一切正常。近两年由于疫情影响，自主创收情况不如从前，生产与经营受疫情影响较大。

（四）只加不减导致精力不足

潍坊高新区融媒体中心在不断创新新媒体传播途径的同时，坚持报纸、电视等新闻产品的更新，只做加法不做减法；而工作人员数量有限、精力有限，这就容易导致工作疲惫。记者不仅要外出采访，还要完成写稿、校对、编发等工作，精力不足。这种疲惫的状态引出了另一个难题，即难以做出精品。人力有限，精力分散，没有足够的时间和精力去完成一篇深度报道，也抽调不出人员专注生产符合新媒体传播规律的作品。

七、提升策略

（一）建立专项资金

根据潍坊高新区融媒体中心目前的建设发展情况，针对扶持政策落地效果有限、扶持力度不够的问题，建议面向县区级媒体中心设立专项资金。该资金可用于县区级融媒体中心的人才引进与培训、技术升级、精品生产等工作，为服务群众、治理社会蓄力，更加有效地打通“最后一公里”。

（二）突出工作重点

潍坊高新区融媒体中心在兼顾报纸、广播、电视等传统媒体的同时，将更多的人力财力用于开拓、完善新媒体传播渠道。借助人工智能播报新闻等技术升级解放人力，与互联网新媒体公司交流合作，借鉴其新媒体生产经营经验。

调研报告九：寿光市融媒体中心

张祥东*

一、机构概况

寿光市融媒体中心是山东省第一家挂牌成立的县级融媒体中心。其挂

* 张祥东，寿光市融媒体中心文秘科主任。

牌成立于 2019 年 11 月 4 日，投资金额为 1551 万元。寿光市融媒体中心为市委直属公益二类事业单位，架构采用“融媒体中心＋传媒集团”的形式。

寿光市融媒体中心由寿光日报社、寿光市广播电视台整合而成。部门设置方面，主要分为新闻宣传部室、广告经营创收部室、后勤服务保障部等。寿光市融媒体中心坚持矩阵全覆盖，创新开发了“寿光云”“蔬菜云”两个手机客户端，架起了由 1147 个智能接收终端组成、覆盖全市农村社区的广播——“村村响”广播平台，打造了面向全国的“中国寿光蔬菜视频云校”，创建了 27 个官方微信、微博、抖音号，构建起了集两报《寿光日报》《北方蔬菜报》、两台(电视台和广播电台)、一网(寿光网)等 36 个平台于一体的全媒矩阵，融媒体受众达到 650 多万人。

目前寿光市融媒体中心主推“寿光云”App，其设置咨询、媒体、政务、服务等几大板块，已初步实现了社会实践中心、大数据中心等各职能部门通过 App 的互联互通，形成了“媒体＋政务＋服务”的大格局。此外，依托蔬菜优势，寿光市融媒体中心打造了“蔬菜云”App。其通过对全市 2600 多个微信群、微博、公号进行摸底整合，从中筛选合并出 27 个进行微信矩阵的重点打造。

二、体制机制

(一)融合发展的体制机制

寿光市融媒体中心坚持以改革创新推动融合发展，建立了党委领导下的编委会、经委会、管委会、技委会四个机构，构建了组织、干部、薪酬、制度“四大体系”。扎实推动党委会领导下的“企业化”运作，深化“岗位＋绩效”薪资管理创新，制定出台了《关于鼓励员工岗位成才的奖励办法》《员工考评管理办法》等制度办法。通过 100 多个中层岗位实行竞聘上岗，推动干部职工从身份管理向岗位管理转变，激发了员工的创新活力和工作激情。

(二)规范、积极、活跃的宣传队伍

为积极发挥县级融媒体中心专业技术强、辐射影响大的作用，寿光市融媒体中心在寿光市委宣传部指导下成立了全省首家县级新媒体协会，为新媒体公司、自媒体人搭建交流发展的平台，推动实现了融媒体与自媒体无缝对接。突出党的建设，在新媒体协会成立了党支部，融媒体中心中层党员干

部兼任支部书记、副书记，推动实现了党的建设与业务培训同频共振。其先后举办了网络达人、知名主播培训班，累计发展会员单位22家、成员100多人，粉丝总量达2000多万人，引领更多群众、自媒体人加入，推动形成了弘扬“主旋律”的生力军。

三、人才队伍

截至2021年6月，寿光市融媒体中心内部数据显示，寿光市融媒体中心现有在岗人员504人，其中事业在编104人，合同制400人。年龄30岁及以下人员53人，占总人数的10.52%；31～35岁人员195人，占总人数的38.69%；36～40岁人员95人，占总人数的18.85%。从人员和职称构成上看，现有主任编辑、主任播音员、高级工程师、高级会计师、高级经济师等高级职称人员17人，占总人数的3.37%；编辑、工程师、经济师、会计师等中级职称人员34人，占总人数的6.75%；助理编辑、助理记者、工艺美术员、助理工程师、助理会计师等初级职称人员101人，占总人数的20.04%；技术工人16人，占总人数的3.17%。

目前寿光市融媒体中心核心工作团队主要为原市广播电视台及寿光日报社工作人员。这部分人员受传统媒体的影响较大，对新媒体、新技术的敏感性、运用能力等有一定欠缺，且人才队伍年龄整体偏大，缺乏创新性与发展活力。寿光市融媒体中心在人才招聘和培养的过程中，更加倾向于将专业知识、技术水平作为衡量标准，尤其倾向于招聘具有新闻传播、广播电视、编导、数字媒体技术等学科背景的应届毕业生；同时也欢迎其他专业毕业生的加入，为团队注入新活力、开拓新视野。

在经济下行压力加大、区域经济发展不平衡加剧的环境下，县域一级对于高水平人才的吸引力相当有限。寿光市融媒体中心由于工资有限、编制不足等现实因素的影响，更加面临人才吸引力不强、人才流失等问题。

四、内容生产

（一）基本情况

一是完善了一个可管可控的全媒矩阵。寿光市融媒体中心坚持设施全提升，财政投资1551万元对生产管理指挥调度等五大系统进行改造提升，率先与省台“闪电云”互联互通，成功入驻央视全国县级智慧融媒体平台、人民日报全国党媒信息平台。坚持内容为王，强化栏目创新、内容创新、作品创新，打造了《菜乡播报》《理论之窗》《爱心寿光》等品牌栏目。寿光网稳居全省县级网站综合实力第一位，《寿光日报》官方抖音号位列全国县市报前三名，寿光网、《寿光日报》微信公众号分别位列全国县市报前五。

二是开发了一个全媒融合的掌上平台。寿光市融媒体中心坚持移动优先，自主开发了“寿光云”App。在客户端建设上，整合资源建平台。围绕“媒体＋政务＋服务”，整合电视、报纸、媒体号上云，深化推进新时代文明实践中心、社会综合治理服务中心共建共享，完成了居民社保、职工社保、公积金、健康档案、实名认证等73项政务服务项目上云，开通了求职招聘、供求发布、就医、公交路线等23项便民服务，整合镇街、部门单位等126个公众微信号入驻“菜芯号”，打造了引领群众、服务群众的掌上政务大厅、便民服务大厅。寿光市融媒体中心整合信息抓发布，推出各类信息4万多条，开展直播238场，68场收看人数超过10万人次。其中，联合省台“闪电云”和多家媒体手机台同步直播的第22届菜博会开幕式，全网转发量达1.6亿余次，打破了寿光本土媒体直播在线观看量的最高纪录。“寿光云”App下载量突破81.2万次，注册用户达30万人，稳居全省县级第一。在第二届山东省大数据创新应用技能大赛上获“山东省大数据创新应用技能大赛一等奖”和“疫情防控专项奖”。

三是搭建了一个以菜为媒的特色平台。寿光市融媒体中心立足蔬菜产业发展需求，以服务菜农、助推蔬菜产业发展为目标，打造了“以菜为媒”的综合媒体平台。首先，组建专家团队。成立了由40多名蔬菜专家和310名联络员队伍组成的4支为农服务队，组织记者进驻覆盖20多万名菜农的“千村千群”，定时推送技术指导短视频，收集社情民意，累计推送短视频420多条，收集上报民意信息100多条。其次，完善媒体平台。开办了全国唯一一个蔬菜专业电视频道，创办了唯一一份蔬菜专业报《北方蔬菜报》，在电台服务菜农的基础上，建设了中国寿光蔬菜视频云校，开发了“蔬菜云”App及棚管家、棚保姆等一批特色应用，建起了立足本地、面向全国的全媒体服务平台。通过热线电话、视频在线、进棚指导等形式，让专家与菜农“面对面”，每年帮助解决问题4200多个。“以菜为媒”全矩阵服务平台争创2021年度全省媒体融合优质项目(省委宣传部组织的评选项目),并作为全省广播电视媒体成长项目被山东省广播电视局推荐到国家广播电视总局。

(二)精品内容生产

2020年以来,寿光市融媒体中心参与策划拍摄了四集纪录片《蔬菜改变中国》、央视五一特别节目《劳动如歌》、央视庆祝建党100周年特别节目《今日中国》直播等重大宣传作品,向中央、省市媒体推送线索2000多条次。其中,央视发稿40条,山东台发稿460条,实现营收8000多万元,被山东省广播电视局作为全省广播电视媒体融合典型推荐到国家广播电视总局。

短视频方面,寿光市融媒体中心成立了由64人组成的文创工作小组,培养员工创新能力和熟练运用新媒体技能的能力。截至目前,其共创作短视频、图片、音频等文创作品1200多条。

2020年7月,在山东省文学艺术界联合会、山东广播电视台、山东省音乐家协会举办的2020年度“声暖人心,致敬榜样”公益歌曲展播活动中,寿光市融媒体中心被评为抗击疫情爱心公益组织单位。

2020年6月,《信心就是力量》《山东捐赠350吨优质蔬菜驰援武汉》,入围山东省广播电视局“抗击疫情　我们在行动”——山东省抗击疫情主题优秀网络视听作品评选展播活动。

2020年11月,“寿光融媒”在中共山东省委网络安全和信息化委员会办公室举办的“这就是山东”系列短视征集活动中获得“抖一抖可爱山东人”话题二等奖。

2021年1月,寿光市融媒体中心被山东省广播电视局评为2021年度全省统一供片工作先进集体。

2020年12月,《字条里的父亲》在山东省委组织部举办的2020年度全省优秀党员教育电视片评选工作中获得二等奖和最佳编导奖。

2021年3月,《蔬菜之乡“包”您满意》成功入选新华社新闻信息中心、音视频部与百度App、百家号、好看视频联合出品的“小康中国　千城早餐”大型视频展映活动第二季,荣获优秀奖,并在新华社客户端和百度平台发布。

五、现存问题

(一)专业技术人员缺失与流失

寿光市融媒体中心工作人员主要为原来传统媒体迁移过来的,人员年龄较大,对新兴技术的了解和把握程度大多数不能适应新技术的发展及其带来的业务要求。此外,由于工资、编制等各方面条件的限制,实习的技术人员流失比较严重。可以说,技术人员的缺失和流失是全国网络视听行业亟待解决的重要问题。

(二)融媒体中心发展实施的政策仍在探索

目前国家的融媒体中心建设在政策上主要停留在宏观层面,就具体如何建设的问题,国家要求各地依据自身的实际情况进行探索。国家对融媒体中心提出了除原有的宣传、舆论引导等以外的社会综合治理的目标,这一层面目前尚未出现非常成熟、能够全国推广的经验、模式。各县级融媒体中心在自主探索时容易出现偏差和问题,需要具体实施文件的指导。

(三)资金匮乏,自主创收受疫情影响较大

近几年来,寿光市融媒体中心面临广告营收急剧下滑的问题,尤其是疫情的到来和常态化对自主创收影响较大。目前其自主创收主要分为四大部分:一是建设创收影城,新建完成一个影城;二是进行视频制作,已经成立了两个工作室,这方面在寿光市极具影响力;三是大型社会活动创收,已经进行了上百场,如车展、文化活动(市或乡镇级别)、行业活动(护士节)、防汛演练等;四是与企业合作创收,如蔬菜频道的配送服务。

调研报告十:兰陵县融媒体中心

魏磊*

一、机构概况

兰陵县隶属于山东省临沂市。

---

* 魏磊,兰陵县融媒体中心副主任。

2019年，兰陵县根据省里的要求开始进行融媒体中心建设。2019年8月，兰陵县宣传部牵头挂牌成立兰陵县融媒体中心，并加挂兰陵县广播电视台和兰陵首发网络群众工作部的牌子。

兰陵县融媒体中心目前的传播渠道除了有线电视、TPTV以外，还有无线地面数字电视和广播。无线地面数字电视主要针对农村老年用户和公共场所用户。广播以“村村响”为主，早中晚固定时间内在村内用大喇叭广播。

二、组织架构

兰陵县融媒体中心既按照职能划分了总编室、采访中心、专题制作中心等部门，也按照项目单列了小组。横纵结合，各司其职。

“兰陵首发”在组织架构上的主要创新点在于挂了网络群众工作部的牌子，并且设立了分拣交办科。“兰陵首发”团队人员近30人，主要是由宣传部和融媒体中心的人员组成，同时也抽调了其他部门的人员。在运营过程中还与县委县政府的各个部门进行合作，并对各个部门的工作进行监管和督办。“兰陵首发”在每个乡镇设有工作站，其相当于一个分站。工作站设有代办员，对群众反映的问题进行处理。

三、内容生产

在兰陵县融媒体中心成立初期，按照县领导要求，融媒体中心要发挥好监督作用，不能只宣传不监督。县级融媒体中心需要配合县委县政府抓好工作。比如县委县政府近段时间在推行某项工作，那么融媒体中心相关工作人员可以去各乡镇实地查看工作开展得进度如何、成果如何、存在哪些问题，并对调查结果进行公示。在这个基础上，兰陵县融媒体中心做了一档节目——《问政》。这档节目基本每天一期，每期围绕一个主题、一件事情进行问政，在问政过程中发现问题督促各乡镇及时解决。该节目每个月进行总结，复盘问政中出现的问题是否得到解决。如果未解决就需要说明原因，如果长时间解决不了问题，那么就会由县委办公室发通知请相关负责人到演播室谈谈原因。这档节目充分发挥了兰陵县融媒体中心的监督功能。

从2019年开始，兰陵县融媒体中心开发了“兰陵首发”App，开通了微信公众号以及其他新媒体平台账号。“兰陵首发”是一款服务基层治理的

App,平台除了发布热点信息外,主要特色是为民办事。兰陵县融媒体中心公众号主要发布热点新闻和本地新闻。其自开通以来,在一年半的时间内已有44万人关注,约占常驻人口的40%。这放在全省县级融媒体中心来看也是很高的比例,且公众号关注人数在市排名中常居第一的宝座。近两年来,兰陵县融媒体中心重点抓"兰陵首发"App平台建设工作,取得了优异的成果。

兰陵县融媒体中心依托"兰陵首发"生产了许多特色内容。"兰陵首发"功能集信息和服务为一体,即为民办事和信息发布。兰陵县融媒体中心的工作人员反映,县级客户端比较难做:一方面是因为地方生产的信息内容难以做到新颖,另一方面是因为现在各类客户端很多,存在竞争。在这些原因影响下,县级客户端的用户留存率比较低。按照最初的理解,"兰陵首发"主要是做新闻宣传工作,但后来兰陵县融媒体中心的工作人员逐渐感觉到县级融媒体中心的定位不仅仅是一个媒体,"兰陵首发"这个平台应该发挥更大的作用。在探索中,他们逐渐发现真正能够吸引当地群众的内容是与群众息息相关的身边事。因此"兰陵首发"改变定位,发展为一个为民服务、社会治理的平台。

"兰陵首发"上的诸多板块都是服务于群众的。首页"我有话说""为您服务""老苗调解"等板块倾听群众声音,为群众解决问题;"问政""问责""问计"板块监督政府各部门的工作开展情况,也成为群众监督的一个窗口。当地群众通过"兰陵首发"反映的问题基本没有大事,都是生活中的小事,比如农村宅基地纠纷问题、秋季学生入学问题等。

"兰陵首发"刚推出时,每天能收到近300条群众反映的问题,目前每天也能收到近200条群众问题反馈。兰陵县融媒体中心成立了专门的"兰陵首发"工作室处理群众反映的问题。工作人员会将各种问题进行分类,然后把各类问题转给归属的各个政府部门进行处理。政府各个部门有专门对接这项工作的人员,他们会将处理结果和答复转发给融媒体中心人员,最后由融媒体中心人员将结果和答复上传"兰陵首发"。融媒体中心负责对这部分工作进行考核和排名,因此能够引起各个政府部门的重视。对于不积极处理问题的政府部门,比如回复工单比较敷衍,则将对其答复进行公示并进行问责。

"兰陵首发"为群众解决问题的职能与12345特别像。目前兰陵县融媒体中心与12345相邻办公，相互沟通。有些政策性问题，12345难以解决的，会放到“兰陵首发”上来解决。

“兰陵首发”除了为民办事的栏目板块，也有热点新闻板块。但是对于当地群众来讲，只有类似于新冠肺炎疫情的重大事件才具有吸引力。群众对类似于领导出席活动之类的新闻关注度不高，主要还是关心与自己紧密相关的社会民生问题。“兰陵首发”的热点新闻发布思路也是将与群众相关的新闻放在头条，让群众能第一时间获取这些信息。

“兰陵首发”的精品内容就是群众关心的事。兰陵县融媒体中心将该平台完全群众化，从群众中来到群众中去。在内容上注重搭配，将群众关心的事放在最前面位置，再将社会民生新闻搭配其中。比如，将学校的招生信息放在头条，提醒家长尽快给孩子报名；再比如，报道某条公路开始动工，说明这条公路修完后能够给群众带来哪些便利和效益。

“兰陵首发”给党建留有页面链接，帮助党建部门做信息服务工作；同时，也跟新时代文明实践中心有合作，合作内容包括志愿服务、文化旅游、文化遗产等内容板块。群众可以通过“兰陵首发”注册志愿者，了解志愿服务工作、兰陵传统文化和旅游资源。

四、人员情况

目前，兰陵县融媒体中心员工共100多人，其中40人有编制且工资是财政拨款，另外40人有编制但工资是自收自支，剩余20多人是合同制员工。每年员工工资、补助、津贴等各项费用加起来总共需要600多万元，其中财政拨款300万元，剩余300多万元就需要县融媒体中心创收来补齐，这对于县融媒体中心来说压力也很大。

兰陵县融媒体中心员工的学历目前以本科为主，大多不是新闻专业科班出身，学历背景比较多样化。目前近100名员工的平均年龄为40多岁。其中负责新闻采编工作的约30人，基本都是年轻员工；此外，负责新媒体板块的也都是年轻员工。员工的职称按照上级要求分配，其中高级职称有5～6个，约占总数的5％；中级职称有20个左右，约占总数的20％。

“兰陵首发”中群众反映的问题涉及方方面面，可能牵扯不同政府部门的不同职责。此外，如果群众反映的问题，政府工作人员一直不解决，就需要纪委找相关负责人谈话;如果群众反映的问题需要调解,就需要司法局参与调解。“兰陵首发”还设有线上约访板块,群众可以根据县级领导时间安排表选择上访领导和时间,涉及上访的事情就需要信访局进行管理。除了县级各政府部门配合工作外,“兰陵首发”还在每个乡镇设有工作站,工作站的代办员负责处理涉及乡镇的问题,对于难以处理的问题可以上报。代办员其实是由网格员兼任的。由于乡镇老年人居多,出现的问题琐碎,代办员还需要帮助不会使用智能机的老年人在“兰陵首发”上反映问题,同时充当调解员,为群众化解日常矛盾纠纷。

兰陵县融媒体中心的从业人员培训活动主要由各个科室自行组织。如果县里、市里有集中的培训活动,他们也都积极参与。

五、用户情况

兰陵县融媒体中心公众号的关注用户、“兰陵首发”App的用户大多为兰陵本地人,以及部分常年在外工作的兰陵户籍人口。目前公众号关注人数已经达到44万人,这在县级融媒体中心中是比较出众的。

六、发展问题及解决措施

(一)技术方面

“兰陵首发”是信通公司帮助开发的App,目前每年需要向信通公司支付一定的费用。这笔费用对于县级融媒体中心来说是一笔不小的开支,但是县级融媒体本身缺乏技术人员,很难集中技术人才再开发一款同类型App。而且“兰陵首发”已经有不少本地用户,再开发一款同类型App也很难将用户进行迁移。由于兰陵县乡镇较多,乡镇中很多老年用户不会使用智能机,因此县融媒体中心希望能在“兰陵首发”上开发出语音录入功能。但目前合作的信通公司尚未开发出此功能,因此在技术提升上还需要继续寻找新出路。

(二)创收方面

自兰陵电视台设立以来,广告为电视台带来良好的效益。广告发展最好的阶段是2007~2013年,但随着新媒体传播方式逐渐增多,传统媒体广告的发展日渐走下坡路。后来与有线电视分家后，兰陵广电的总收入减少了有线电视费，导致融媒体中心的资金比较紧张。目前兰陵县融媒体中心的创收渠道有宣传和广告，其中以宣传为主。宣传方面主要是帮助乡镇、企业做宣传片，以及在“兰陵首发”平台上做日常宣传；广告方面主要是为兰陵几个规模较大的企业做广告。这两部分收入加起来勉强能够达到收支平衡。

兰陵县融媒体中心的收入分配制度还不完善。对于创收所获的资金，目前只能发放给合同制员工。而对于为创收做出贡献的在编人员，在现有机制下无法进行创收收入的分配。为了避免资金的浪费，兰陵县融媒体中心成立了控股传媒公司，下一步将把所有的创收盈余投放到控股公司。这样资金的管理将更加灵活，可让资金创造更大的价值。

（三）人才方面

兰陵县融媒体中心目前面临专业人才缺乏的问题。兰陵县融媒体中心的待遇是：正式工薪酬按照县财政统一标准；临时工底薪是 2000 元，绩效工资按照评分发放，工作能力强的临时工月工资能达到 4000～5000 元。对于特招的优秀员工，每月多发 2000 元工资，一共发放三年，三年之后还能直接晋升。但是受待遇等原因影响当前很多高学历人才不愿意去县域，甚至实习生也不愿意来县级融媒体中心。目前兰陵县融媒体中心计划与高校进行合作，进一步解决专业人才短缺的问题。

（四）内容生产方面

兰陵县融媒体中心在其他新媒体平台上都注册有账号，同时也拥有独立的“学习强国”账号，是山东省七家试点县之一。但是作为县级融媒体中心，其在这些平台上发布内容限制较多，真正能够传播的内容不多，很难做出精品内容。同时，运营众多新媒体平台账号对于融媒体中心的员工来说压力也很大，兰陵县融媒体中心为此还请科技公司开发了全平台内容一键发送的功能。

此外，在精品内容生产方面，“兰陵首发”上关于兰陵特色文化的内容比较少。与当地特色文化相关的内容并没有做成专题节目或专栏，而是有了新内容随时编辑上传。同时文化类内容的影响力小，群众关注度不高。兰陵县融媒体中心还是希望依托“兰陵首发”平台，把群众最关心的问题作为打造精品内容的素材，让内容服务于群众需求、服务于社会治理。

调研报告十一：微山县融媒体中心

王学新　崔猛*

一、机构概况

微山县融媒体中心的前身是微山县电视台。以前电视台在各方面受到限制，互联网业务起步确实比较晚。2012 年网站流行时，微山县电视台开始有了一点互联网意识，但是由于人才、技术的限制，没赶上网站发展的好时机，之后主攻广播和电视这两块业务。

微山县电视台的互联网特别是移动互联网业务真正开始起步是在 2018 年。2018 年微山县电视台看到了移动互联网的发展趋势。按照移动优先的策略，微山县电视台从微信公众号和微博账号开始做起，探索新媒体发展路径。每天由信息采集部门以及乡镇通信员队伍收集微山县县域内发生的大小事件，以微信公众号图文短消息的形式推送信息。当时虽然微信已经十分流行，但由于缺乏人才、员工偏老龄化，这些工作对微山县电视台来说也是摸着石头过河。这些内容推出之后，受到微山县人民的喜爱。

2019 年 7 月 18 日，微山县融媒体中心正式成立。其整合微山县电视台和微山县新闻中心两个机构，归口县委宣传部。微山县融媒体中心逐渐开通今日头条、抖音、快手、微信短视频等各种新媒体平台。考虑到之前没赶上网站的潮流，微山县融媒体中心希望在这块业务上能够迎头赶上，着手新闻网站的建设。大多数县级融媒体中心只有自己的政务网站，而微山县融媒体中心希望建设一个大型独立的新闻网站。目前网站各项手续已经办妥，拿到了互联网新闻信息发布许可证和网络视听许可证。

微山县融媒体中心在内容生产方面注重地方特色，结合当地百姓关注的热点做图文、音视频产品。比如，2019 年荷花节宣传片的观看量、点赞量都不错。从后台的数据和观众评论来看，荷花节的宣传片受到各地人们的

---

* 王学新，中共微山县委宣传部副部长、微山县融媒体中心主任；崔猛，微山县融媒体中心新媒体部主任。

关注，甚至海外人士都有观看。精品内容生产一方面是因为内容生产部门收集和制作能力强，另一方面是因为平台的传播和推广能力强，但主要还是以内容取胜。

通过发展互联网方面的业务，微山县融媒体中心明确了互联网对于县级融媒体来说确实是一个很好的发展机遇。但是如何把握住机遇，微山县融媒体中心仍然在不断地学习和尝试。目前微山县融媒体中心形成了“融媒体＋新闻＋政务＋服务＋党务”的内容结构，同时也想探索网络视听方面的内容。

二、组织架构

微山县融媒体中心内部设有 23 个机构，分别是综合科、党建科、财务部、后勤保障部、研究室、指挥调度中心、监审科、采集中心、宣教部、录制部、经济部、技术部、编辑中心、新闻中心、重点报道部、广播部、播音部、广告部、文艺部、编排中心、播出部、新媒体部、平面媒体部。其中，新闻中心是重要的一线采编机构，负责统筹协调新闻宣传，对全县新闻资讯进行采访报道，策划重大新闻选题的全媒体报告。

除了设置横向的职能部门，微山县融媒体中心还设置了许多项目小组，负责综合性的项目工作。横向的职能部门与纵向的项目小组相结合，形成了矩阵式的组织架构。

三、人员情况

微山县融媒体中心改革之前人员编制有 61 个。受编制的限制，期间有 13 年没有招新人。2019 年微山县融媒体中心正式挂牌时县里批了 101 个编制，在原有编制基础上增加 40 个，为下一步的人才引进提供了保障。微山县融媒体中心通过人才引进方式不断招聘专业人才，2020 年共招聘 12 名研究生。这些人才引进方式过来的人员，每月在正常工资的基础上再多发 2000 元，持续三年。除此以外，微山县融媒体中心还尝试了人才引进的其他方式，例如通过下属企业招收全日制本科及以上新闻专业人才，向县里申请成为人才见习基地，以充实一线人才队伍，缓解应届毕业生的就业压力。目前微山县融媒体中心招聘的人才涉及专业包括新闻传播、文艺、市场营销、管理，但很难招聘到计算机专业的人才。

为培养人才，微山县融媒体中心还制定了相应的管理和学习模式。其每周召开两次培训会，一次是每周二的学习会，一次是每周四的专题论坛。在专题论坛中，员工可以在自己专业领域内自由选取感兴趣的主题，精心准备分享的内容，通过 PPT 给其他成员讲课，形成了一种共同学习、共同进步的氛围。此外还有一年五次的培训会，包括全媒体记者培训班、专题研讨班、专项业务培训班、技能比武大赛、一线外出采访活动。为激发微山县融媒体中心年轻人的积极性和能动性，中心还成立了六个技术小组，包括综合管理小组、摄影小组、摄像小组、后期制作小组、声音处理小组、文案写作小组，以此鼓励年轻人在自己的工作领域内攻克技术上的难题，同时与同事团结协作、头脑风暴，产生更多的想法和创意。对于好的想法可以形成方案向上申报，经评审通过后即可实施。为提升中心人员的写作、拍摄能力，微山县融媒体中心从内部人员的基础学习抓起，为人员订阅了大量新闻传播类、广告类、管理类报刊，同时鼓励人员主动申报学习教材，单位集中采购。微山县融媒体中心认为这样的人才培养和管理体系，能够满足人才自我发展和价值实现的需求。

从 2020 年下半年开始，微山县融媒体中心进行了高校团队建设。从融媒体中心主要业务科室抽调人员，成立类似于智囊团的研讨小组，每个科室的负责人作为团队主导人员，带领大家学习科室业务。通过此研讨小组也能够帮助员工提前制订每月甚至每年的工作计划，使得员工清楚自己应该做哪方面的提升。实施一年以来，团队成员在学习能力、业务能力、团队配合方面有了明显提升。微山县融媒体中心希望通过完善的人才培养体系和管理体系，把人才的潜能全面激发出来。这套人才培养和管理体系的实施，也让微山县融媒体中心的人才更加具有竞争力。

四、内容生产

微山县融媒体中心在做精品内容方面，有自己的心得体会。他们认为，以县级融媒体中心的实力很难与中央级别的媒体竞争，县级融媒体想要做出有特色的作品，就需要抓住细分市场，制作群众喜闻乐见的“土”作品。作品只有接地气，符合地方特色，才能具有竞争力。

随着新媒体、自媒体的发展，受众逐渐从大屏转到小屏，看电视的人逐渐变少，但是内容永远是有市场、有需求的。为了在这一趋势下获得进一步发展，微山县融媒体中心坚持生产优质内容并多渠道发布。微山县融媒体中心认为，在基层难以获得较大的技术改变和提升，优质内容生产对于县级融媒体中心的发展来说很重要。

微山县融媒体中心实施“中央厨房”内容生产方式，由新闻中心收集素材，并将素材提供给各个信息传播渠道，每个渠道需要根据渠道特点对素材进行相应的加工和修改，然后再进行发布。例如，某政府部门举办活动，那么新闻中心首先将活动的新闻以图文形式上传头条，做到迅速和及时。随后对活动中拍摄的视频素材进行剪辑，在当晚的本地新闻中发布，并在公众号上进行宣传。此外，新媒体部还会将视频素材缩减为 15 秒左右的短视频，在抖音号上发布。

目前微山县融媒体中心制作生产的内容，主要包括党史学习教育、创卫行动、微山湖运河文化节暨荷花节活动、文化节活动、风俗节活动、疫情防控行动等。在报道形式上积极向央媒、省媒以及其他县级融媒体中心学习，并努力改进领导出席会议和活动的新闻报道，提升社会新闻和非事件新闻的占比。在内容主题的选取上突出本地化、民生化、社会化，以满足群众的需求。

五、栏目介绍

微山县融媒体中心的特色栏目有很多，具有代表性的有《新动能》《文旅微山》《家访》。《新动能》属于经济方面的内容。该栏目开办于 2018 年，旨在根据山东省新旧动能转换战略报道微山县本地实施新旧动能转换的企业情况，介绍这些企业动能转换过程中优秀的经验做法。目前该栏目已累计制作 40 期，每期时长在 12 分钟左右。《文旅微山》属于文化方面的内容。该栏目主要介绍当地人文、历史、风景、美食，其生产出不少精品内容，且多次荣登“学习强国”平台。《家访》属于教育方面的内容，以老师、家长、学生为切入点进行相关内容的生产。

县域经济地域性比较强，微山县融媒体中心根据自身地域特点，不断发现具有特色的可报道内容。微山县融媒体中心制作的《红色微山湖》被评为山东省优秀文艺作品入库项目，与企业合作拍摄的一些宣传片也被中央、省、市评为优秀作品。

六、技术设备

2018年以来，微山县融媒体中心的设备不断更新，有了很大改善。目前拥有10部无人机，配置比较高，能够满足日常的拍摄需求。微山县融媒体中心工作人员能够熟练、灵活地运用拍摄技巧，拍摄出优秀的作品。

七、面临的问题及解决措施

（一）人才方面

微山县融媒体中心成立之初，人员年龄偏老龄化，学习网络新技术是比较困难的。同时，中心可用的编制比较少，很难引进新人。后来微山县融媒体中心向县里争取了40个编制，近几年每年招聘七八个本科及以上高学历人才，逐渐解决了人才缺乏的问题。目前中心共有80多人，下属企业员工共有10多人。

（二）资金方面

微山县融媒体中心刚成立时，经济很困难。由于缺乏创收项目和渠道，中心收入少，近两个月未发工资，向县里申请了拨款才给员工发放工资。为了进一步的发展和建设，中心两年内又向县财政申请了1000多万元资金，对十几年未更新换代的演播室设备进行更换，给所有记者配备设备，并给所有员工配备电脑。

（三）组织架构方面

微山县融媒体中心在实际工作中，主要采取跨部门团队作战的形式。静态的组织架构从一定程度上来看，已经非常不适应当前县级融媒体中心的工作。静态的部门只能胜任单项任务，但当前的工作基本都需要跨部门合作完成，一个部门很难胜任综合性项目。微山县融媒体中心积极推动高校团队建设，成立项目小组来完成综合性项目。横向的职能部门与实践过程中纵向的项目小组相结合，逐渐形成了矩阵式的组织架构。在目前的组织架构与体制框架下，微山县融媒体中心积极探索适合自身发展的道路，转变发展思路。

（四）社会服务方面

微山县融媒体中心在改革过程中强调的是生产流程的改革，即改变过去的内容生产方式，采取“中央厨房”的方式，一次性采集，多渠道发布。但是同时也忽视了一个重要的方面，即县级融媒体中心不仅仅是一个媒体，也应该助力基层社会治理，充当社会治理机构。县级融媒体中心参与社会治理的主要方式之一是宣传党和国家的各项政策，向群众传递地方县委县政府的声音。为了发挥社会治理的作用，微山县融媒体中心策划报道了许多非事件性新闻，通过这些新闻来传递核心价值观，这是微山县融媒体中心有效参与社会治理的一种方式。

调研报告十二：青岛古麦嘉禾科技有限公司

于爱山　高睿*

一、机构概况

（一）机构整体情况

青岛古麦嘉禾科技有限公司（以下简称“古麦嘉禾”）是业内领先的网红经纪公司及短视频内容制作公司，总部位于山东省青岛市。依托抖音、快手、微博、微信、火山、美拍等几十个互联网社交媒体平台，古麦嘉禾致力于为广大用户提供多元化的优质短视频内容。截至 2021 年 7 月，古麦嘉禾拥有全约优质艺人近千人，其中在抖音平台拥有千万级粉丝的艺人共十名（如表 1 所示）。古麦嘉禾擅长打造爆款、孵化超级 IP，连续多月获得抖音 MCN 综合排名第一。古麦嘉禾作为业内领先的网红内容生产机构，拥有完善的短视频达人培养、孵化和发展机制，以及公会主播发掘、培训和内容赋能能力，是全平台 TOP3 级别战略合作 MCN 机构。

从古麦嘉禾相关负责人透露的信息来看，该公司善于把握互联网内容生产的风口，能够较为敏锐地捕捉到网络内容的发展趋势。据相关负责人

* 于爱山，古麦嘉禾科技有限公司创始人；高睿，古麦嘉禾科技有限公司合伙人。

介绍，古麦嘉禾从事网络内容生产最早受兴趣驱使，始于 2009 年前后。在粉丝经济的浪潮下，古麦嘉禾开始运营人人网公共主页，积累了一定的网络内容生产经验。2012 年，随着微信的兴起，古麦嘉禾开始运营微信公众号，但这一阶段原创能力较弱，内容以转载为主。

2016 年，古麦嘉禾决策层认为微信公众号红利期行将结束，继续将经营重点放在微信公众号可能会使公司面临瓶颈，于是开始创作横屏情景搞笑短剧，转向网络视听领域。然而，情景搞笑短剧的创作需要一支富有创意且形成稳定工作流程的团队，在资源上容易枯竭。即便是搜狐、优酷、万合天宜等网络视听内容的头部企业，也无法长时间支撑情景搞笑短剧的创作（优酷投资、万合天宜制作的《万万没想到》共播出四季）。面对流量下滑的局面，古麦嘉禾最终放弃了横屏短剧的制作。

2017 年底，随着抖音的崛起，古麦嘉禾开始切入竖屏短视频领域。初期，公司处于亏损状态。2019～2020 年，受新冠肺炎疫情影响，抖音流量激增，为古麦嘉禾发展带来了机遇。该公司团队人数从 150 人发展至 400 人，扩张速度持续加快。古麦嘉禾现已成为短视频领域的头部企业。

（二）机构组织结构

与一般的互联网创业企业类似，古麦嘉禾的组织结构较为扁平，除了人事、财务等职能部门外，目前以“总经理办公室—团队负责人（主理人）—团队”的三级架构运营。其中，总经理办公室作为公司决策层，决定公司发展的整体方向，根据团队的体量安排架构并进行利益分成。内容创作与利益分配最核心的一环在团队负责人（主理人）。主理人负责抖音账号的运作，与公司签约艺人和后期团队直接对接，在工作规划、内容编排、人员调配等方面有较多的自主权，总经理办公室对内容生产的直接干预较少。目前，古麦嘉禾共有 11 个团队，其中有约 40％的团队盈利，这一比例在行业内部同类型公司中已处于领先地位。

古麦嘉禾组织架构的扁平化也体现在办公场所的安排上。其办公场所的整体环境温馨、整洁，符合工作团队以年轻人为主的年龄结构。古麦嘉禾按照剪辑、策划等工种的不同而非级别高低进行办公室布局。其团队负责人并不像传统企业一样拥有独立办公室，而是与团队成员在一起，由此充分发挥了带头人的引领激励作用。在工种内部，工作人员之间没有挡板隔断，确保了创意火花的实时碰撞。

为了减少拍摄成本，也为了达成策划团队与摄制团队的高效对接，古麦嘉禾的化妆间、配音室、摄影棚等素材采集与生产场所就设置在办公场所内。摄影棚按照不同账号的属性与定位，分别布置成居家生活环境、教室课堂环境、办公地点环境等。将各工种集合在同一办公场所内，不必租赁专门的摄影场地或外景拍摄基地，实现了策划、拍摄与后期制作的无缝衔接，极大地提升了内容生产与公司运作的效率。

二、内容生产

（一）选题策略

作为一家以营利为目的的商业公司，古麦嘉禾在选题上以用户兴趣和市场需求为主要导向。根据播放、点赞、转发、评论等数据反馈情况，古麦嘉禾团队对什么样的内容受用户欢迎，什么样的内容能够吸引客户投资广告进行了详细的研判，并根据不同账号的属性进行用户画像，形成了一套成体系的选题策划机制。用户对内容的偏好为公司提供了巨大的流量，公司以流量为依据，寻找匹配账号调性和用户消费习惯的广告主进行投放。广告主的投放为公司的长效运营提供了经济基础，使内容的生产日趋精良。不夸张地说，“用户兴趣—巨大流量—广告投放—优质内容”的运作模式，是古麦嘉禾成为山东乃至全国领先的短视频 MCN 机构的关键。

（二）剧情策略

经过近些年的探索，古麦嘉禾形成了“剧情＋人设”的剧情创作思路。“剧情”为短视频故事发展的主要脉络，是内容生产的主线；“人设”则为短视频账号的突出特点，是吸引用户关注的关键点。根据前文所述的主要受众群体的内容消费习惯，古麦嘉禾在都市情感、侦探推理、家庭伦理、职场工作四类细分领域的剧情设计方面有所建树，并根据不同的剧情设计为账号打造各具特色的人物设定。都市情感类主推深情人设，聚焦当前都市男女在情感方面的问题，为用户提供情感上的放松与娱乐；侦探推理类主推睿智人设，通过缜密的剧情设计，使用户置身探案现场；家庭伦理类主推幽默人设，突出亲情的温暖与美好;职场工作类主推智慧人设,通过描述贴近生活的职场环境,拉近与用户的距离。

在迅猛发展的短视频领域,大量内容生产者以流量为唯一导向。其为了获取短时间的经济效益,盲目追求市场热点,甚至打色情、暴力的“擦边球”。这种内容生产方式虽然可能会为机构获得短期收益,但长此以往将受到政策等的多种限制而被市场抛弃。古麦嘉禾在短视频剧情设计方面始终坚持正确的政治思想导向,能够实现经济效益与社会效益的平衡。古麦嘉禾定期对全体工作团队进行培训,学习国家相关政策与平台管理要求,确保内容生产的导向正确。古麦嘉禾同时与抖音、快手等头部平台定期沟通,准确把握平台的审核标准,确保内容生产符合相关规定。

对于网络流行的热点信息与爆款视频,古麦嘉禾表示,由于国家和平台对热点的把控比较严格,盲目追求热点不但不会带来预期的流量增长,反而会被热点“反噬”,甚至带来账号被关停的风险,并不利于公司的可持续发展。因此,古麦嘉禾保持“学习爆款但不追随热点”的态度,不将热点作为自身内容生产的主要来源,而是注重分析爆款短视频产品引发用户关注、吸引广告主投资、产生良好社会反响的内在逻辑。通过总结其中的内容引爆点,将其运用到公司内部的选题策划与剧情设计中。“以我为主,为我所用”,以此优化既有的短视频产品生产流程。

为了突出正确的价值导向,古麦嘉禾的短视频剧情策划在安排上注重制造戏剧冲突,通过反转、对比等形式在故事中注入主流价值观,以短小的视频弘扬正能量,引导用户向善。在细节层面,古麦嘉禾重视对用户的行为引导,避免用户模仿剧情中人物的行为造成不良影响。例如在拍摄汽车场景时,团队会在醒目位置标注“本视频在封闭道路拍摄”;为了剧情需要拍摄饮酒场景时,团队会标注“过量饮酒,有害健康,请勿模仿”。

在单一的账号之外,为了实现规模效益,古麦嘉禾根据不同的剧情分类,依托主打账号中的人物角色构建账号矩阵与衍生账号群。古麦嘉禾多账号策略能够形成“联动势能”,以灵活的内容方向触及更多类型的用户。

三、人才队伍

在人才队伍方面,作为一家内容供应商,古麦嘉禾的核心在于其人才队伍，人才队伍的核心在于编导团队。与其他主打网络红人的 MCN 不同，古麦嘉禾认为，就现阶段而言，网红虽然能够在短时间内以爆款内容带动公司“起势”，但对公司的长远发展不起决定性作用，真正支撑公司行稳致远的是富有创意和持续生产能力的编导团队。目前，古麦嘉禾的人才队伍较为年轻，以 20 岁出头的年轻人为主。其能够较为敏锐地捕捉当前互联网内容行业的前沿发展趋势，保障团队整体的活力与创造力。

在人才招聘与培养的过程中，古麦嘉禾将专业知识与管理能力作为人才招聘的标准，更倾向于招聘具有广播电视编导等学科背景的应届毕业生，同时也欢迎其他专业的毕业生加入团队，丰富人才队伍的知识背景。以此为基础，公司采取“师傅带徒弟”的模式，使新入职的员工尽快熟悉企业文化与工作流程，成为内容生产相关岗位中的一员。在经济下行压力加大、区域经济发展不平衡加剧的环境下，古麦嘉禾也面临人才吸引力不强、骨干人才流失等问题。

四、用户情况

通过用户画像，古麦嘉禾得出公司的主要用户群体为 18～35 岁的年轻女性，这部分用户也是当前短视频内容的主要消费群体。从数据出发，古麦嘉禾发现，这一群体渴望心灵慰藉，对于情感类内容的需求较高，故因此推出系列内容，获得了目标用户群的广泛关注。

在经营层面，如前所述，古麦嘉禾主要依靠广告投放赢利。古麦嘉禾的主体用户具有较强的消费能力，较受广告主欢迎，能够将庞大的流量有效变现，实现经济效益的提升。主体用户也反映在广告合作品牌上，古麦嘉禾的主要合作伙伴集中在电子商务（天猫、京东、唯品会、拼多多等）、数码电子（海尔、海信、美的）、快速消费品（宝洁、联合利华、百事可乐）等领域。这与主要用户群体购物频次高、金额大、追求时尚潮流的日常消费习惯高度吻合。

五、面临的问题及解决措施

（一）专业技术人才方面

古麦嘉禾是短视频 MCN 领域的头部企业，工资待遇、工作环境、福利保障等方面在同行业、同区域内具有较强的竞争力。相比互联网平台公司、专业影视制作公司和国有企事业单位等机构，古麦嘉禾对于人才特别是拥有专业背景的人才吸引力仍然偏弱。对此，古麦嘉禾试图通过校企合作、校园招聘等方式与青岛本地高校对接。但公司与校方未能形成有效的对接沟通机制，相关工作往往流于形式，无法真正实现公司招才引智、扩充人才队伍的目标。

(二)政府扶持力度方面

作为一座以制造业为支柱产业的港口城市，青岛对于文化创意行业特别是短视频内容生产行业的扶持力度相较于长三角、珠三角以及长江中游城市群的城市而言偏弱。虽然省、市两级针对文化产业的发展现状，在财政税收、人才招聘等方面推出了相关扶持规定，但在实际落地的操作过程中，优惠政策难以真正落实到古麦嘉禾这样的一线企业。

附录一　全国网络视听大事记

2019 年

1 月

1 月 6 日，国家广播电视总局（以下简称“广电总局”）印发《关于加强广播电视公共服务体系建设的指导意见》，要求采取切实有效措施，提升网络视听节目特别是涉农节目的质量；发挥广播电视和网络视听的内容生产核心优势，满足人民高质量、多样性、个性化视听需求等。

1 月 9 日，广电总局发布《网络短视频平台管理规范》和《网络短视频内容审核标准细则》，从机构把关和内容审核两个层面为规范短视频传播秩序提供依据。

1 月 15 日，受中宣部委托，广电总局组织编制并审查的《县级融媒体中心省级技术平台规范要求》发布实施，中宣部和广电总局联合发布《县级融媒体中心建设规范》。

1 月 25 日，中共中央政治局就全媒体时代和媒体融合发展举行第十二次集体学习。习近平总书记提出了“四全媒体”概念，即全程媒体、全息媒体、全员媒体、全效媒体。要从维护国家政治安全、文化安全、意识形态安全的高度，加强网络内容建设，使全媒体传播在法治轨道上运行。

2 月

2 月 15 日起，根据广电总局于 2018 年 12 月发布的《关于网络视听节目信息备案系统升级的通知》，重点网络影视剧（包括网络剧、网络电影、网络动画片）开始制作前，需由制作机构登录“重点网络影视剧信息备案系统”进行备案。对比之前，新规变化主要体现在备案主体由视频平台改为制作机构，拍摄前规划备案号与招商/首页推荐前上线备案号“双备案”缺一不可。另外，此次从操作层面上要求制作机构对演员片酬等信息进行登记。

2月19日，中央广播电视总台举办“全国县级融媒体智慧平台”暨央视网新版全终端上线启动仪式，100家县级融媒体中心矩阵号入驻平台。

3月

3月28日，国家网信办指导组织“抖音”“快手”“火山小视频”等短视频平台试点上线青少年防沉迷系统。该系统内置于短视频应用中，进入“青少年模式”后，用户使用时段受限、服务功能受限、在线时长受限，而且只能访问青少年专属内容池。

4月

4月11日，中宣部新闻局和广电总局科技司联合发布《县级融媒体中心网络安全规范》《县级融媒体中心运行维护规范》《县级融媒体中心监测监管规范》。这三个规范与此前发布的《县级融媒体中心建设规范》《县级融媒体中心省级技术平台规范要求》共同构成县级融媒体中心建设的标准体系。

4月25日，广电总局在京举办网络视听庆祝中华人民共和国成立70周年宣传活动，组织全国网络视听新媒体，对庆祝中华人民共和国成立70周年庆祝大会、阅兵式、群众游行，以及首都国庆联欢活动等重大活动网上转播工作做出部署。

5月

5月16日，广电总局副局长高建民出席“亚洲网络视听传播政策对话与合作成果发布活动”开幕式并致辞，本活动为亚洲文明对话大会的配套活动。高建民建议，亚洲各国主管部门加强政策对话，推动亚洲文化和世界文化在网络视听空间的互学互鉴、共同繁荣，在打击网络盗版、保障权益、保护信息安全等方面广泛开展交流合作，完善网络传播治理体系建设，努力构建公平合理、开放包容的网络信息传播新秩序。

5月28日，国家网信办统筹指导西瓜视频、好看视频、全民小视频、哔哩哔哩、秒拍、梨视频、微博等14家短视频平台，以及腾讯视频、爱奇艺、优酷、

PP视频等四家网络视频平台统一上线“青少年防沉迷系统”。加上此前试点的抖音、快手、火山小视频平台，国内已有21家主要网络视频平台上线了“青少年防沉迷系统”。

5月28日，中宣部副部长，广电总局局长、党组书记聂辰席在第七届中国网络视听大会上就网络视听行业发展提出四点意见：一是聚焦主题主线，做大做强正面宣传，努力营造庆祝新中国成立70周年的浓厚氛围；二是不负时代重托，打造精品力作，努力为人民提供高品质精神食粮；三是践行新发展理念，持续推进创新性发展，增强网络视听行业动力活力；四是强化责任落实，严格规范管理，让网络空间更加清朗。

6月

6月26日，广电总局发布《总局关于推动国家广播电视和网络视听行业基地(园区)建设发展的通知》，推动和规范广播电视和网络视听行业基地(园区)充分发挥示范先导作用，增强集聚和规模效应。一时间，青岛5G高新视频实验园、湖南马栏山视频文创产业园、湖北网络视听行业园等多省市优秀网络视听行业基地(园区)脱颖而出。

7月

7月19日，广电总局下发《关于加强网上谈话(访谈)类节目管理的通知》，要求对所有谈话类节日进行全面排查，问题节目禁止上线播出；所有新上线谈话类节日执行两次审核、两次备案，完成成片审核获得“上线备案号”后才能上线。

8月

8月11日，广电总局发布《关于推动广播电视和网络视听行业高质量发展的意见》，鼓励网络视听旗舰企业发起设立股权投资基金，积极参与市场并购重组。优先支持符合条件的网络视听企业整合优质经营资源上市融资，尽快利用资本市场做强做大。

10月

10月14日，国家网信办继续深入推进青少年网络防沉迷工作。至此，国内共有53家平台上线“青少年模式”，网络防沉迷工作基本覆盖国内主要网络直播和视频平台。

10月21日，腾讯视频、爱奇艺、优酷三家视频平台联合六家影视公司共同发布《加强行业自律，促进影视行业健康发展》的联合倡议，针对少数经纪人、明星的“劣习清单”提出了行业自律措施。

10月29日，广电总局办公厅印发《国家广播电视总局办公厅关于加强“双11”期间网络视听电子商务直播节目和广告节目管理的通知》，要求各网络视听节目服务机构通过短视频、直播电商等手段，助力产业扶贫。要求各网络视听节目服务机构要坚守底线红线，严禁出现低俗内容，严禁丑闻劣迹者发声出镜等。

11月

11月18日，广电总局发布《网络音视频信息服务管理规定》等标准，进一步加强对网络视听内容行业的管理。

12月

12月3日，抖音联合湖南卫视、江苏卫视等20余家省级卫视推出“抖音融媒体联盟”计划。各卫视平台可以通过合作接入抖音开放平台，打通在抖音的发布系统和内容通道，从基础能力、内容、数据、服务等层面互动，获得更高效便捷的服务。

12月20日，国家网信办发布《网络信息内容生态治理规定》，自2020年3月1日起施行。《网络信息内容生态治理规定》针对网络信息内容生产者、网络信息内容服务平台、网络信息内容服务使用者、网络行业组织的网络行为制定了相关细则。网络信息内容服务使用者和生产者、平台不得开展网络暴力、人肉搜索、深度伪造、流量造假、操纵账号等违法活动。

12月26日，国家卫生健康委、中宣部、广电总局、中央网信办等12部门印发《健康中国行动——儿童青少年心理健康行动方案（2019～2022年）》，提出要加大对网络内容的监管力度，及时发现清理网上与儿童青少年有关的非法有害出版物及信息，重点清查问题较多的网络游戏、网络直播、短视频、教育类App等，打击网络赌博、血腥暴力、色情低俗等网站和App，为儿童青少年营造良好的网络环境。

2020年

1月

1月1日，广电总局组织网络视听平台推出“让这些金句照亮属于我们的时代”专题、《2019，领袖的足迹》等，各类作品上线后反响强烈，当天总播放量超过 3 亿次。

1 月 3 日，广电总局印发《全国广播电视和网络视听行业领军人才工程实施方案》《全国广播电视和网络视听行业青年创新人才工程实施方案》，鼓励培养全国优秀网络视听人才。

1 月 3～4 日，2020 年全国广播电视工作会议在北京召开。会议提出 2020 年广播电视工作要深入实施“六大工程”，即舆论引导能力提升工程、新时代精品工程、智慧广电建设工程、视听中国播映工程、安全播出工程、管理优化工程。

1 月 6 日，广电总局印发《关于加强广播电视公共服务体系建设的指导意见》，要求采取切实有效措施，提升网络视听节目质量；发挥网络视听内容生产核心优势，满足人民需求；等等。

1 月 13 日，广电总局设立重大题材网络影视剧项目库。

1 月下旬，针对突如其来的新冠肺炎疫情，广电总局推进网络视听疫情防控宣传工作。多家网络视听平台推出了一系列中小体量的云录制节目，调动分散资源，满足广大观众居家隔离期间的精神需求，与疫情防控宣传有效呼应。

2 月

2 月 2 日，在“央视频”平台同步“云监工”火神山、雷神山医院建设的用户超过 9000 万人，近 1.2 亿次网民打卡留言。此后，节目《慢直播　云守望：见证此刻期待春暖花开》通过景观广角镜头 24 小时不间断为用户实时直播武汉“此时此刻”的状态。“云监工”成为年度十大热词。

2 月 6 日，广电总局印发《关于进一步加强电视剧网络剧创作生产管理有关工作的通知》，要求在申报备案公示时制作机构须向有关广播电视主管部门承诺已基本完成剧本创作等。

2 月 6 日，广电总局指导网络视听平台开展在线教育“云课堂”，为疫情防控期间“停课不停学”提供支持。

2 月 21 日，中国网络视听节目服务协会发布《网络综艺节目内容审核标准细则》，从不同维度提出了 94 条具有较强实操性的标准。

3 月

3 月 1 日，国家互联网信息办公室印发的《网络信息内容生态治理规定》正式施行。

3 月 2 日，广电总局召开会议，贯彻落实中宣部等 9 部委联合印发的《全国有线电视网络整合发展实施方案》，加快推动全国有线电视网络整合和广电 5G 建设一体化发展，就“全国一网”整合工作进行动员部署、提出工作要求。

3 月 4 日，广电总局开展 2020 年“网络视听节目精品创作传播工程”扶持项目评审，重点聚焦决胜全面小康、决战脱贫攻坚、庆祝中国共产党成立 100 周年等重大主题主线。

3 月 13 日，广电总局印发《关于统筹疫情防控和推动广播电视行业平稳发展有关政策措施的通知》，推出包括加强对疫情防控和复工复产宣传舆论的引导支持、加大对内容创作生产传播的支持力度等在内的 12 项举措。

3 月 31 日，“5G 高新视频多场景应用国家广播电视总局重点实验室”在马栏山视频文创产业园举行挂牌仪式。

4 月

4 月 13 日，国家互联网信息办公室、广电总局等 12 部门联合制定的《网络安全审查办法》公布，自 2020 年 6 月 1 日起实施，《网络产品和服务安全审查办法(试行)》同时废止。信息基础设施运营者采购网络产品和服务，影响或可能影响国家安全的，应当进行网络安全审查。

4 月 15 日，广电总局办公厅印发《关于组织参加第 32 届中国电视剧“飞天奖”评奖工作的通知》，并首次将网剧纳入评选范围。

4 月 24 日，广电总局印发新修订的《广播电视和网络视听统计调查制度》，增加并强化了网络视听、手语栏目、高清、超高清、智能终端、产业基地(园区)等统计指标。《广播电视和网络视听统计调查制度》自 5 月 1 日起实施。

5 月

5 月 6 日，歌华有线在超高清视频(北京)制作技术协同中心使用华为 5G 宏站、室分及终端，完成全球首次 8K 直播测试。

5 月 18 日，全国“两会”前夕，新华社客户端首次推出 5G 全息异地同屏系列访谈,使用5G网络传输和全息成像技术,让相隔千里的全国人大代表与记者跨越时空"相见"。

5月20日,为迎接2020年全国"两会",中央广播电视总台成功进行了国内首次"5G+8K"实时传输和快速剪辑集成制作。

5月20日,全国首个区块链新闻编辑部在云端成立。该编辑部由12家省级媒体组成。

6月

6月1日,中国互联网协会主办"防范未成年人沉迷网络公益公开课",并公开发布《防范未成年人沉迷网络倡议书》。

6月5日,广电总局等部门印发《国家网信办、全国"扫黄打非"办等8部门集中开展网络直播行业专项整治行动 强化规范管理》的通知。

6月12日,广电总局发展研究中心编制的《中国(长沙)马栏山视频文创产业园产业发展规划》正式出台。这是国内首部视频文创产业园详尽发展规划,提出了"新型产业生态布局"和"马栏山虚拟视频文创产业园"概念,明确了"国际化智慧视频文创产业园"的园区定位。

6月24日,中国广告协会发布《网络直播营销行为规范》,对直播电商中各级主体的行为均做了全面的定义和规范。该规范于2020年7月1日起施行。

8月

8月25日,广电总局办公厅印发《广播电视和网络视听大数据标准化白皮书(2020版)》,指出发挥标准在广播电视和网络视听领域大数据体系构建中的引领和规范作用。

8月28日,广电总局发布互动视频、沉浸式视频、VR视频和云游戏四份5G高新视频系列技术白皮书,培育打造更高技术格式、更新应用场景、更美视听体验的5G高新视频新产品、新服务、新业态。

9月

9月11日,国家发改委、科技部、工信部、财政部联合印发《关于扩大战略性新兴产业投资 培育壮大新增长点增长极的指导意见》,首次明确将"构建新时代大视听全产业链市场发展格局"纳入战略性新兴产业投资领域。

10 月

10 月 1 日，由抖音、快手、京东 3 家企业共同发布的《网络直播和短视频营销平台自律公约》开始执行。

10 月 12 日，中国广电网络股份有限公司揭牌成立。

10 月 13 日，中宣部副部长，国家广播电视总局党组书记、局长聂辰席出席第八届中国网络视听大会开幕式并发表演讲，强调网络视听行业要努力在五个方面赋能：唱响时代旋律，为巩固壮大主流思想舆论赋能；打造精品力作，为繁荣先进文化赋能；培育新业态新模式，为促进经济社会发展赋能；加强技术创新，为推动行业优化升级赋能；加强阵地管理，为建设清朗网络空间赋能。

10 月 14 日，广电总局党组成员、副局长高建民出席第八届中国网络视听大会“网络视听精品创作高峰论坛”并发表演讲，要求：提高政治站位，聚焦主题主线；铸就时代之魂，唱响时代旋律；把握网络特点，勇于推动创新；强化机制保障，形成整体合力。

10 月 28 日，广电总局印发《防范和惩治广播电视和网络视听统计造假、弄虚作假责任制规定》，全面防范和严肃惩治统计造假等行为，健全落实广播电视和网络视听统计工作责任制。

11 月

11 月 5 日，《国家广播电视总局关于推动新时代广播电视播出机构做强做优的意见》印发，该意见支持网络视听新媒体在内容创意、制作生产、节目播出、运营开发等方面加快深度合作。

11 月 6 日，《市场监管总局关于加强网络直播营销活动监管的指导意见》印发。

11 月 13 日，中国网络视听节目服务协会第二次会员代表大会暨二届理事会一次会议在京召开。会议总结了协会第一届理事会的工作，选举产生了第二届理事会、常务理事会，圆满完成换届工作。聂辰席当选中国网络视听节目服务协会第二届理事会会长，高建民当选常务副会长。

11 月 14 日，国家互联网信息办公室会同有关部门起草了《互联网直播营销信息内容服务管理规定》。

11 月 23 日，广电总局发布《关于加强网络秀场直播和电商直播管理的通知》。

12月

12月3日，广电总局党组成员、副局长孟冬出席2020短视频大会并致辞，指出要深刻认识短视频在构建主流舆论格局中的重要地位和作用，坚持守正创新，增强社会责任，巩固壮大主流舆论、构建清朗网络空间、加强精品创作传播、赋能经济社会发展，以高质量发展更好地满足人民群众需要，更好地服务党和国家工作大局。

12月8日，中国电视剧制作产业协会发布《关于电视剧（网络剧）制作“去浮华浮躁、重创作规律”的几点意见》。

12月26日，“同一个信仰”网络视听献礼中国共产党百年华诞系列快闪活动启动仪式在沪举行。快闪活动由中国网络视听节目服务协会和人民网主办。

（杨雅童，根据网络公开资料整理）

附录二　山东省网络视听大事记

2019 年

1 月

1 月 24 日，山东省广播电视局在济南召开全省广播电视工作会议，会议对网络视听工作做出相关部署。

2 月

2 月 21 日，第二届山东政务新媒体年会暨“海报”政务号上线仪式在大众传媒大厦举行。

3 月

3 月 7 日，山东省广播电视局发布《2019 年全省广播电视工作要点》，工作要点对网络视听工作进行了相关部署。

4 月

4 月 25 日，青岛市政府办公厅通过青岛政务网发布了《青岛市超高清视频产业发展行动计划(2019～2022 年)》，旨在加快推动本市超高清视频产业发展，打造具有全球竞争力的超高清视频产业体系，率先建成国家超高清视频应用示范区。

4 月 26 日，山东省广播电视局在济南召开全省广电和电信企业 IPTV 专项整治工作会议，贯彻落实全国 IPTV 建设管理工作会议精神，总结经验、分析问题，安排部署 IPTV 专项整治工作。

5月

5月8～9日，第十七届齐鲁论道“启智·视听”暨“中国IPTV/OTT视听产业高峰论坛”在济南举行。

5月29日，山东影视精品创作及产业发展座谈会在青岛举行。此次会议深入学习贯彻习近平总书记关于文艺工作的重要讲话精神，围绕影视创作和产业发展进行研讨交流，进一步提升山东影视精品创作生产水平，加快山东影视产业高质量发展。

6月

6月19日，山东省县级融媒体中心建设（东部片区）现场推进会议在潍坊市昌乐县融媒体中心举行。同时，昌乐县融媒体中心正式投入运行，成为继威海市环翠区、青岛市黄岛区、德州市宁津县之后，省内第4个全流程打通运行的县级融媒体中心。

6月29日，以“5G元年，看世界，听未来”为主题的2019智能视听大会在山东青岛国际会议中心举办。

7月

7月19日，山东省政府新闻办在新闻发布会上介绍，山东将以“数字产业化，产业数字化”为主线，促进新一代信息技术与实体经济深度融合。

8月

8月6日，山东省广播电视局发布消息，国家广播电视总局公布了“庆祝新中国成立70周年”推荐播出参考剧目名单共86部，山东省7部优秀电视剧作品入选。

8月25日，国家广播电视总局“面向5G高新视频企业座谈会”在山东青岛召开。

8月26日，中国广电·青岛5G高新视频实验园区备忘录签署及揭牌仪式在青岛西海岸新区星光岛会议中心举行。2019青岛国际影视博览会同时启幕。

9月

9月19日，第八届山东国际文化产业博览交易会在山东国际会展中心举办。本届文博会共设置9大展区和1个供需洽谈区。

9月中旬，由山东省广播电视局主办，齐鲁网、大众网承办的“壮丽70年精彩新山东”——庆祝新中国成立 70 周年山东省优秀网络视听作品展播活动正式启动。

10 月

10 月 28 日，山东电影发行放映集团有限公司在济南揭牌成立。

11 月

11 月 26 日上午，第七届中国新兴媒体产业融合发展大会在济南开幕。此次大会以“5G 时代，万物为媒”为主题，聚焦人工智能、大数据、5G 产业与技术等新科技，通过“会”“展”“演”，搭建集产业盛会、前沿展示、交流研讨、智能体验于一体的交流合作平台。

12 月

12 月 3 日，中央网信办官网指出，在改革开放 40 周年宣传活动中，“风从海上来・改革进行时”网络主题活动由烟台胶东在线策划、山东网信办推荐，最终成为中央网信办网络新闻信息传播局、沿海开放城市省(市、区)网信办主办，胶东在线承办的一次全国性主题宣传活动。在为期 4 个月的时间里，10 个省(市、区)、14 个沿海开放城市和中央及地方 40 余家网站接力宣传，共刊发原创稿件 3800 余篇，阅读量超 4 亿次。

2020 年

1 月

1 月 6 日，山东省广播电视局印发了《关于加快推动我省广播电视和网络视听产业高质量发展的实施意见》，针对如何加快推动山东省广播电视和网络视听产业高质量发展提出了要求。

2 月

2 月 4 日，大众报业集团融媒体中心推出的具有新闻性、实用性、交互性的大数据融媒体产品“众志成城　抗击疫情”上线。

3 月

3 月 23 日，山东省广播电视局发布关于开展 2020 年“弘扬社会主义核心价值观　共筑中国梦”主题原创网络视听节目征集活动暨“中国梦・齐鲁情”山东省第七届原创网络视听节目大赛的通知。

4 月

4 月 10 日，山东省广播电视局印发《2020 年山东省网络视听工作要点》。

5 月

5 月 18 日，山东省广播电视局发布消息，省局联合大众网、齐鲁网自 2 月 14 日起，组织开展了“抗击疫情　我们在行动”——山东省抗击疫情主题优秀网络视听作品评选展播活动。活动共征集作品 380 余部，遴选《守护》等 44 部优秀作品在大众网、齐鲁网和海报新闻、闪电新闻客户端及山东 IPTV 等重点视听节目平台进行展播。

6 月

6 月 1 日，按照国家网信办统一部署，山东网信办即日起在全省范围内开展“清朗”专项行动。

6 月 28 日，山东省广播电视局发布《关于推行省级广播电视和网络视听行政审批事项“全程网办”的通知》。

7 月

7 月 22～24 日，山东省网络视听主播培训在济南开班。来自全省 22 家融媒体中心、网络视听媒体机构的共 110 名从业人员参加了此次培训。

8 月

8 月 14 日，山东省广播电视局召开全省网络视听行业专项统计调查视频调度会议，各市广播电视行政管理部门、省属集团单位统计部门负责同志和统计工作人员参加会议。会议传达学习了国家和山东省关于统计工作的新部署新要求，听取了部分市局、集团单位前期工作进展情况，就进一步推进网络视听专项统计工作进行了部署安排。

9 月

9 月 24 日，山东省广播电视局发布《关于做好我省网络视听（短视频）基地建设申报工作的通知》。

10 月

10 月 22 日，山东省网络视听（短视频）基地评审工作结束。经各市广播电视行政管理部门、各有关单位推荐及专家组评审，山东省广播电视局评选出 2020 年山东省网络视听（短视频）基地入围单位 10 个，其中短视频内容生产传播类基地 5 个、短视频行业发展研究类基地 1 个、短视频行业服务培育类 4 个。

11 月

11 月 6 日，山东省广播电视局转发国家广播电视总局《防范和惩治广播电视和网络视听统计造假、弄虚作假责任制规定》的通知，要求各市文化和旅游局(新闻出版广电局)，山东广播电视台、山东广电网络有限公司、山东影视传媒集团，有关广播电视和网络视听单位认真遵照执行，抓好学习贯彻，深化责任落实，严守统计数据质量底线。

11 月 17 日，由山东卫视传媒有限公司领衔出品的网络电影《春来怒江》在济南举办展映仪式。

11 月 19 日，山东省广播电视局发布消息称，随着广播电视、网络视听及新媒体的发展，管理和监测数据维度不断丰富，数据量高速增长。为深入破除“信息孤岛”和“数据烟囱”，山东省广播电视局积极打造数据应用典型场景，探索数据开放共享路径，搭建数据可视化综合监管云平台。

11 月 23 日，济南市文化市场综合行政执法支队举办 2020 年网络视听以案施训。

11 月 30 日，山东省广播电视局印发《关于切实加强全省广播电视公共服务体系建设的实施意见》，这是提升网络视听公共服务水平的重要举措。

12 月

12 月 14～16 日，山东省广播电视局在济南市举办全省网络视听节目精品创作传播研讨培训班，各市文化和旅游局负责同志、网络视听节目制作机构人员、网络视听节目服务机构负责人共 70 余人参加培训。

（崔志源，根据网络公开资料整理）

参考文献

一、著作

[1]国家广播电视总局网络视听节目管理司、国家广播电视总局发展研究中心编著:《中国视听新媒体发展报告(2019)》,中国广播影视出版社 2019 年版。

[2]国家广播电视总局网络视听节目管理司、国家广播电视总局发展研究中心编著:《中国视听新媒体发展报告(2020)》,中国广播影视出版社 2020 年版。

[3]国家广播电视总局网络视听节目管理司、国家广播电视总局发展研究中心编著:《中国视听新媒体发展报告(2021)》,中国广播影视出版社 2021 年版。

二、期刊文章

[1]《二零二一年山东省广播电视工作会议召开》,《现代视听》2020 年第 12 期。

[2]《山东省网络视听节目服务行业协会第二次会员代表大会暨二届一次理事会召开》,《现代视听》2021 年第 2 期。

[3]聂辰席:《牢记初心使命　传承红色基因　推动网络视听奋进新征程　实现新跨越——在第九届中国网络视听大会的主旨演讲》,《中国有线电视》2021 年第 6 期。

[4]聂辰席:《用心用情用功打造新时代精品力作》,《中国广播电视学刊》2021 年第 3 期。

[5]聂辰席:《坚持守正创新赋能美好生活　推动网络视听持续健康发展——在第八届中国网络视听大会上的主旨演讲》,《中国有线电视》2020 年第 11 期。

[6]聂辰席、田进等:《打造网络视听新媒体》,《传媒》2017 年第 12 期。

[7]白杨:《地市台移动网络视听发展浅析》,《新闻传播》2016 年第 3 期。

[8]曹爱民:《网络音频的整治:问题与对策》,《湖南大众传媒职业技术学院学报》2020 年第 1 期。

[9]陈淼:《县级融媒体中心新闻生产与传播的困境与路径》,《传媒》2020 年第 13 期。

[10]崔忠芳:《互联网影视峰会:三大报告齐发,"圆桌对话"热议网络视听新使命》,《中国广播影视》2021 年第 13 期。

[11]杜玉辉:《对传播新格局下视听新媒体监管问题的思考》,《广播电视信息》2019 年第 7 期。

[12]冯伟、孙海波:《IPTV 现状及发展思考》,《广播电视信息》2021 年第 7 期。

[13]高子轩:《猎奇类网络直播乱象对青少年价值观的影响及对策》,《科技资讯》2021 年第 13 期。

[14]关诗濛:《5G 时代短视频平台的发展初探》,《新闻传播》2021 年第 16 期。

[15]冷成琳:《打造具有全国竞争力和影响力的视听产业发展新高地——专访山东省委宣传部副部长,山东省广播电视局党组书记、局长李昌文》,《中国广播影视》2021 年第 2 期。

[16]林沛:《2019 年广电与网络视听内容政策研究报告》,《中国广播影视》2019 年第 23 期。

[17]刘俊:《技术视野下网络视听发展的进路与规律——基于接受与创作的互动》,《西南民族大学学报》(人文社会科学版)2021 年第 9 期。

[18]罗子盈:《论网络直播的现状、问题及对策》,《记者摇篮》2019 年 11 期。

[19]彭锦:《网络视听行业“十三五”发展回顾》,《中国广播电视学刊》2021 年第 6 期。

[20]佘江松:《中国 MCN 的发展困境及提升路径探析》,《新媒体研究》2021 年第 6 期。

[21]宋守山:《2020 年度山东省优秀网络视听节目及融媒产品作品评析》,《现代视听》2021 年第 7 期。

[22]孙吉国:《山东省文化产业高质量发展如何实现“五年取得突破”》,《山东干部函授大学学报(理论学习)》2021 年第 2 期。

[23]孙杏林、倪广宏、周琛:《山东省广播电视和网络视听产业高质量发展调研报告》,《现代视听》2020 年第 5 期。

[24]王刚:《网络视频剪辑的侵权问题研究》,《中国编辑》2021 年第 5 期。

[25]严三九:《上海市网络视听专业人才情况调查》,《华东师范大学学报》(哲学社会科学版)2009 年第 6 期。

[26]叶齐心:《短视频的生存机遇及发展问题研究》,《传媒论坛》2021 年第 9 期。

[27]余梵:《网络直播带货下的消费者权益问题》,《河北企业》2021 年第 9 期。

[28]赵文晶、樊丽:《县级融媒体中心人才困境与解决路径》,《中国出版》2021 年第 8 期。

[29]郑晓青:《视频网站超前点播模式的影响与未来发展探析》,《新闻研究导刊》2021 年第 13 期。

三、报纸文章

[1]《习近平在全国宣传思想工作会议上强调:举旗帜聚民心育新人兴文化展形象　更好完成新形势下宣传思想工作使命任务》,《人民日报》2018 年 8 月 23 日。

[2]常湘萍、杜一娜:《普及社会责任报告制度　促进媒体行业自律》,《中国新闻出版广电报》2021 年 7 月 20 日。

[3]李国生:《高质量建成广播电视和网络视听强省》,《中国新闻出版广

电报》2021 年 8 月 27 日。

四、电子文献

[1]《中共中央办公厅、国务院办公厅印发〈关于加快推进媒体深度融合发展的意见〉》，2020 年 9 月 26 日，http://www.gov.cn/zhengce/2020-09/26/content_5547310.htm。

[2]国家广播电视总局：《2020 年全国广播电视行业统计公报》，2021 年 4 月 19 日，http://www.nrta.gov.cn/art/2021/4/19/art_113_55837.html。

[3]国家广播电视总局：《2019 年全国广播电视行业统计公报》，2020 年 7 月 8 日，http://www.nrta.gov.cn/art/2020/7/8/art_113_52026.html。

[4]国家广播电视总局：《2018 年全国广播电视行业统计公报》，2019 年 4 月 23 日，http://www.nrta.gov.cn/art/2019/4/23/art_113_42604.html。

[5]国家广播电视总局：《2017 年全国广播电视行业统计公报》，2018 年 6 月 5 日，http://www.nrta.gov.cn/art/2018/6/5/art_113_38021.html。

[6]《国家广播电视总局办公厅关于举办首届广播电视和网络视听人工智能应用创新大赛（MediaAIAC）的通知》，2021 年 3 月 10 日，http://www.nrta.gov.cn/art/2021/3/10/art_113_55361.html。

[7]《国家广播电视总局办公厅关于推荐“激情·奉献·廉洁——2021 年全国广播电视和网络视听先进事迹报告会”人选和集体的通知》，2021 年 3 月 31 日，http://www.nrta.gov.cn/art/2021/3/31/art_113_55614.html。

[8]《国家广播电视总局办公厅关于开展 2021 年网络视听节目季度推优工作的通知》，2021 年 2 月 24 日，http://www.nrta.gov.cn/art/2021/2/24/art_113_55195.html。

[9]《国家广电总局办公厅关于开展第二批国家广播电视和网络视听行业发展项目库申报工作的通知》，2020 年 12 月 1 日，http://www.nrta.gov.cn/art/2020/12/1/art_113_54056.html。

[10]《国家广播电视总局办公厅关于开展 2021 年“网络视听节目精品创作传播工程”扶持项目评审的通知》，2021 年 3 月 9 日，http://www.nrta.gov.cn/art/2021/3/9/art_113_55335.html。

[11]《国家广播电视总局办公厅关于开展 2020～2021 年度中外电视

(网络视听)合拍项目扶持评审的通知》,2021 年 6 月 25 日,http://www.nrta.gov.cn/art/2021/6/25/art_113_56933.html。

[12]《广电总局印发 2020 年度全国广播电视和网络视听行业领军人才工程、青年创新人才工程入选名单》,2021 年 7 月 9 日,http://www.nrta.gov.cn/art/2021/7/9/art_114_57114.html。

[13]《广电总局创新推动新疆生产建设兵团广播电视和网络视听专业人才队伍建设》,2021 年 3 月 31 日,http://www.nrta.gov.cn/art/2021/3/31/art_114_55623.html。

[14]《广电总局网络影视剧 IP 征集平台建设加快推进》,2021 年 9 月 16 日,http://www.nrta.gov.cn/art/2021/9/16/art_114_57914.html。

[15]《总局印发〈关于推动广播电视和网络视听行业高质量发展的意见〉的通知》,2019 年 8 月 19 日,http://www.nrta.gov.cn/art/2019/8/19/art_113_47132.html。

[16]《总局首次举办线上国际媒体研修项目》,2020 年 11 月 27 日,http://www.nrta.gov.cn/art/2020/11/27/art_114_54028.html。

[17]国家新闻出版广电总局办公厅:《关于进一步规范网络视听节目传播秩序的通知》,2019 年 5 月 29 日,https://www.cnrmobile.com/home/newsdetail/id=313342。

[18]网络视听节目管理司:《持续推进网络视听高质量发展》,2021 年 6 月 3 日,http://www.nrta.gov.cn/art/2021/6/3/art_112_56711.html。

[19]网络视听节目管理司:《牢记初心使命　传承红色基因　推动网络视听奋进新征程　实现新跨越》,2021 年 6 月 3 日,http://www.nrta.gov.cn/art/2021/6/3/art_183_56705.html。

[20]《东盟与中日韩(10+3)网络视听行业论坛召开》,2020 年 11 月 8 日,http://www.nrta.gov.cn/art/2020/11/18/art_114_53904.html。

[21]《孟冬出席乌兹别克斯坦广播电视网络视听线上研修班开班仪式》,2021 年 6 月 2 日,http://www.nrta.gov.cn/art/2021/6/2/art_112_56692.html。

[22]北京市广播电视局:《北京市广播电视局 2020 年法治政府建设年度情况报告》,2021 年 3 月 31 日,http://www.beijing.gov.cn/gongkai/fzzfjsbg/sjbm/sgbdsj/202103/t20210330_2337270.html。

[23]《北京市广播电视局关于印发〈北京市广播电视局关于加强广播电视网络视听公共服务体系建设的实施意见(2021年～2025年)〉的通知》,2021年6月23日,http://www.beijing.gov.cn/zhengce/zhengcefagui/202111/t20211117_2538891.html。

[24]山东省广播电视局:《山东加快推进媒体深度融合发展》,2021年5月7日,http://sd.iqilu.com/share/article/7761664.html。

[25]《山东局开展网络视听(短视频)基地评审工作》,2020年11月12日,http://www.nrta.gov.cn/art/2020/11/12/art_114_53800.html。

[26]《山东局广播电视和网络视听节目共享平台引领县级融媒体中心创新发展》,2021年9月24日,http://www.nrta.gov.cn/art/2021/9/24/art_114_57998.html。

[27]《山东广电局出台〈山东省广播电视媒体融合发展三年行动计划(2021～2023年)〉》,2021年7月29日,http://www.nrta.gov.cn/art/2021/7/29/art_114_57284.html。

[28]《山东局启动"红星耀百年"短视频创作行动》,2021年2月1日,http://www.nrta.gov.cn/art/2021/2/1/art_114_54979.html。

[29]《山东广电局启动网络视听行业服务能力提升工程展》,2021年5月7日,http://www.nrta.gov.cn/art/2021/5/7/art_114_56317.html。

[30]《广电总局:网络视听节目信息备案系统升级》,2019年2月13日,https://www.sohu.com/a/294586533_351788。

[31]《〈粤港澳大湾区建设背景下广东网络视听行业发展研究暨2019年广东网络视听产业发展"祥云"指数报告〉正式发布》,2021年1月22日,https://www.iimedia.cn/c1040/76636.html。

[32]艾媒咨询:《2018～2019中国在线直播行业研究报告》,2019年1月23日,https://www.iimedia.cn/c400/63478.html。

[33]《互撕谩骂、反向圈钱、浪费资源…… "饭圈"如何成"怪圈"?》,2021年9月14日,https://baijiahao.baidu.com/s? id=1710833868948113522&wfr=spider&for=pc。

[34]王囡囡:《整顿"饭圈"乱象　还网络一片净土》,2021年9月10日,https://new.qq.com/omn/20210910/20210910A0E56H00.html。